Dictionnaire des prénoms

Tout savoir sur son prénom, et celui que l'on va donner

Cette édition du *Dictionnaire des prénoms*
est publiée par les Éditions de la Seine
avec l'aimable autorisation de Actualité de l'Histoire
© 2000, Actualité de l'Histoire SARL

Thomas Decker

Dictionnaire des prénoms

Tout savoir sur son prénom, et celui que l'on va donner

Chiffre, fête, origine, histoire, caractère, célébrités et anecdotes...

Étymologie, histoire, et description du caractère des prénoms... Cet ouvrage s'appuie sur une recherche réalisée à partir de dictionnaires étymologiques, d'ouvrages historiques sur la vie des saints et saintes, et sur la science numérologique. Il a été réalisé avec la collaboration de Géraldine Souloumiac et de Gabriel Lechevallier

À la mémoire de René Baudoin

ABEL

CHIFFRE : **2** FÊTE : 5 AOÛT

ORIGINE
Abel vient de l'hébreu *helvel*, synonyme de fragile.

HISTOIRE
Irlandais, Abel vient en Gaule au VIIIe siècle avec des missionnaires. Ses prédications l'entraînent jusqu'en Frise. Nommé évêque de Reims, il occupe le siège épiscopal trois ans, avant d'en être chassé par un usurpateur. Il se retire à l'abbaye de Lobles (Pays-Bas), dont il devient l'abbé. Il y reprend sa mission d'évangélisateur, à Liège et le Hainaut. Il y meurt vers 760.

CARACTÈRE
Sensible et imaginatif, il est doué pour les relations sociales, parce que très intuitif. Il sait s'entourer d'amis. Sa sentimentalité peut lui occasionner des peines de cœur. Sa gaîté, souvent, cache de l'anxiété ; son enthousiasme de la nervosité. Esprit inventif, il est apprécié pour son entregent et s'il est ambitieux, il se garde de trop le montrer. Il peut se révéler un peu trop dépensier.

CÉLÉBRITÉS ET ANECDOTES
Parce qu'il avait évangélisé les païens de l'actuelle Belgique, saint Abel était invoqué pour chasser le démon.

Autre Abel (fête le 2 janvier), celui de la Bible, le fils d'Adam et Ève. Berger, il est tué par son frère Caïn, qui travaille la terre, et jaloux de lui car Dieu a préféré son offrande (un agneau immolé) à la sienne (une partie de sa récolte). Les moribonds l'invoquaient, car il a été le premier mort de l'humanité.

ABÉLARD

CHIFFRE : **7** FÊTE : 5 AOÛT

ORIGINE
Abélard est un dérivé d'*Abel*. Voir ce prénom.

CARACTÈRE
Séducteur, il est instable dans sa vie affective, mais très apprécié de ses nombreux amis. C'est un rebelle qui a des difficultés à se plier à une discipline. Il est brillant, dans sa profession, et généreux au point de promettre ce qu'il n'a pas.

CÉLÉBRITÉS ET ANECDOTES
Abélard était un prénom fréquent au Moyen Âge. Le plus célèbre d'entre eux est Abélard (1079-1142), un théologien professeur à Paris. Amoureux d'Héloïse, l'une de ses élèves, il l'épouse en secret. Mais l'oncle d'Héloïse, l'abbé Fulbert, fait émasculer Abélard qui, par ailleurs, esprit trop en avance sur son époque, a été réprimandé par le pape à la suite de querelles religieuses. Il se fait moine, et Héloïse entre au couvent. La Révolution française les réunira dans la même tombe.

ABRAHAM

CHIFFRE : **8** FÊTE : 20 DÉCEMBRE

ORIGINE
Abraham vient de l'hébreu *ab raam*, Père des nations.

HISTOIRE
Abraham est un personnage important de la Bible. Patriarche des Hébreux, il quitte avec eux, deux millénaires avant l'ère chrétienne, le pays d'Ur (Chaldée) pour le pays de Canaan. Ancêtre des Juifs et des Arabes, il

n'hésite pas à sacrifier son fils Isaac sur l'ordre de Dieu (au dernier moment, un bélier lui est substitué).

CARACTÈRE

Il aime la solitude. C'est un introverti, capable de dévouement et de générosité, malgré une apparente sévérité. C'est un excellent mari, fidèle et prévenant. Il aime le travail bien fait. Minutieux, il sait prendre son temps, et sa rigueur est appréciée, en affaires.

CÉLÉBRITÉS ET ANECDOTES

Saint Abraham (fête le 15 juin), était invoqué pour faire tomber la fièvre. Il vécut au Ve siècle ; d'origine égyptienne, prisonnier de pirates, il put s'enfuir en Gaule. Il fonda un monastère en Auvergne.

ACHILLE

CHIFFRE : **2** FÊTE : 12 MAI

ORIGINE

Du grec *Akhilleus* héros homérique de la guerre de Troie.

HISTOIRE

Achille est le fils d'un roi et d'une nymphe ; sa mère, pour le rendre immortel, l'a plongé dans le fleuve des enfers, en le tenant par le talon. C'est là qu'il recevra la flèche qui le tuera, pendant la guerre de Troie, lui le meilleur guerrier grec.

CARACTÈRE

C'est un grand sensible. Imaginatif et brouillon, il sait séduire, mais, aussi, être volage. Son esprit inventif et son à-propos lui permettent d'exceller dans les métiers de commerce. Mais son manque de rigueur parfois, peut le desservir. Toutefois il finit toujours par retomber sur ses pieds ; la chance, qui aime les séducteurs, est avec lui.

CÉLÉBRITÉS ET ANECDOTES

Saint Achillas, (fête le 7 novembre), évêque d'Alexandrie au IVe siècle. Les hommes l'invoquaient pour retrouver leur virilité.

ADALBERT

CHIFFRE : **9** FÊTE : 23 AVRIL

ORIGINE

Adalbert est la forme d'*Albert*, du germanique *adal*, noble, *bert*, célèbre.

HISTOIRE

Saint Adalbert, à la fin du Xe siècle, fut évêque de Prague et l'un des évangélisateurs des Magyars, lesquels le tuèrent.

CARACTÈRE

Il est doué d'une grande faculté d'adaptation. Tenace et prudent, il sait mener à bien ses entreprises. Créatif, il préfère agir seul, après une longue élaboration de ses projets. Son dynamisme est complété par une intuition très sûre.

CÉLÉBRITÉS ET ANECDOTES

Saint Adalbert, protecteur de nourrissons, était invoqué pour les aider à trouver le sommeil.

ADAM

CHIFFRE : **1** FÊTE : 24 DÉCEMBRE

ORIGINE

Adam vient de l'hébreu *adama*, fait de glaise.

HISTOIRE

Adam est le père de l'humanité. C'était tout sauf un saint, puisqu'Ève lui ayant fait croquer la pomme de la Connaissance, il fut chassé du Paradis terrestre et obligé de gagner son pain, lui et ses descendants, à la sueur de son front.

CARACTÈRE

Il s'épanouit facilement en société. Il tombe aussi fréquemment amoureux. Il aime l'indépendance, mais sait aussi écouter, et obéir. C'est un inventif qui déteste la routine.

CÉLÉBRITÉS ET ANECDOTES

À saint Adam, patron des jardiniers, on demandait du soleil.

ADÉLAÏDE

CHIFFRE : **5** FÊTE : 16 DÉCEMBRE

ORIGINE

Adélaïde est un dérivé d'*Adèle* Voir ce prénom.

HISTOIRE

Fille d'un roi de Bourgogne, Adélaïde fut, à 16 ans, mariée au roi d'Italie (947). Veuve, elle fut emprisonnée par un usurpateur. S'étant enfuie, elle épousa l'empereur d'Allemagne qui la vengea en envahissant l'Italie. Épouse, puis mère d'empereur, régente de son petit-fils, Adélaïde les aida de ses conseils, et traita charitablement leurs sujets. Elle avait transformé son palais en couvent. Elle mourut dans une abbaye alsacienne qu'elle avait fondée, en 999, partageant sa fortune entre des monastères et les pauvres.

CARACTÈRE

Elle est affectueuse, mais peut se montrer infidèle, tant elle aime la nouveauté, et l'aventure… Idéaliste, elle hésite constamment entre les chaînes du grand amour et son besoin de liberté. Elle aime les voyages. Dynamique et douée de l'esprit d'initiative, elle est appréciée de son entourage, et de ses clients, car elle excelle dans le commerce. Cette "bosseuse" qui, sous une apparente décontraction, cache une grande application, est parfois trahie par sa nervosité qui se manifeste en cas de grosse fatigue.

CÉLÉBRITÉS ET ANECDOTES

Une sainte Adélaïde, originaire de Bruxelles, au XIIIe siècle, connut, dans son couvent, la cécité et la lèpre sans jamais se plaindre, affirmant que ses souffrances soulageaient celles des âmes du purgatoire. Elle était invoquée pour… faire repousser les ongles !

Deux princesses de France furent prénommées Adélaïde : une fille de Louis XV, qui s'opposa à ses favorites (d'où le surnom - affectueux - donné par son père, *Madame Torchon*), et Madame Adélaïde, sœur et conseillère du roi Louis-Philippe.

L'épouse de l'explorateur Dumont d'Urville se prénommait Adélaïde : en son honneur, il baptisa *Terre Adélaïde* (devenue *Terre Adélie*) le territoire antarctique qu'il venait de découvrir.

ADÈLE

CHIFFRE : **9** FÊTE : 24 DÉCEMBRE

ORIGINE

Adèle vient du haut allemand *adel*, noble.

HISTOIRE

Sainte Adèle, fille de Dagobert II, roi fainéant assassiné par un maire du palais, fut, au VIIIe siècle, l'abbesse du couvent qu'elle avait fondé près de Trèves.

CARACTÈRE

C'est une passionnée qui recherche l'amour et l'amitié dans des relations sans complication. Courageuse et audacieuse, elle sait séduire par son équilibre et son dynamisme. Elle a une grande vitalité et une grande capacité de travail. Devant un obstacle, elle ne le contourne pas, elle l'affronte.

CÉLÉBRITÉS ET ANECDOTES

Adèle de Champagne (morte en 1206) mère de Philippe-Auguste, qu'elle remplaça sur le trône pendant la IIIe croisade.

ADELINE

CHIFFRE : **5** FÊTE : 20 OCTOBRE

ORIGINE

Adeline est un dérivé d'*Adèle*. Voir ce prénom.

HISTOIRE

Sainte Adeline fut la première abbesse des "Dames Blanches" de Mortain, dans le Cotentin, au VIIe siècle. Son père, Vital, avait fondé un monastère en forêt bretonne.

CARACTÈRE

Elle a un caractère bouillonnant, voire brouillon, tant elle aime la vie. Intuitive, elle est aussi fantaisiste. Émotive et sensuelle, elle est capable, malgré son attrait pour la nouveauté, d'une grande fidélité. Même si elle déteste la vie sédentaire. C'est un feu follet dont l'éclat illumine son entourage.

ADOLPHE

CHIFFRE : **6** FÊTE : 30 JUIN

ORIGINE

Adolphe vient du haut allemand *adal*, noble et *wolf*, loup.

HISTOIRE

Saint Adolphe fut, au XIIIᵉ siècle, évêque d'Osnabrück, en Allemagne. Il s'y distingua par sa vie austère et son esprit de charité.

CARACTÈRE

Il se laisse guider par son cœur et ses sentiments. C'est un tendre, un séducteur, aussi. Il veut qu'on l'admire et qu'on l'aime, et s'y emploie avec autant d'habileté que de charme. Esthète, il a le sens de la beauté et de la grâce, autant dans ses relations amoureuses que professionnelles, même si l'argent lui file entre les doigts…

CÉLÉBRITÉS ET ANECDOTES

Adolphe Thiers, historien et politique du XIXᵉ siècle. *Adolphe* roman de Benjamin Constant, en 1816, bible des Romantiques. Depuis Adolf Hitler, responsable de la IIᵉ guerre mondiale, ce prénom est moins à la mode…

ADRIEN

CHIFFRE : **6** FÊTE : 8 SEPTEMBRE

ORIGINE

Adrien de la racine latine *Hadria*, une ville de Vénétie, racine que l'on retrouve aussi dans le nom de la mer *Adriatique*.

HISTOIRE

Officier de l'armée impériale, Adrien persécute des chrétiens à Nicomédie (Turquie). mais, pour l'amour de Nathalie, chrétienne, il se convertit. Emprisonné avec ceux qu'auparavant, il condamnait, il est martyrisé le 4 mars 306, sous Dioclétien.

CARACTÈRE

Il peut se montrer sévère et réservé, mais, quand il vous accorde sa confiance, c'est un ami proche et sensible, plein de délicatesse et d'humour. D'esprit lucide, il aspire aussi bien à une réussite professionnelle que familiale. Ce qui peut parfois le faire paraître sans ambition. Mais il se soucie peu du regard des autres, et suit sa route sans en dévier. C'est souvent un chercheur, un homme de science.

CÉLÉBRITÉS ET ANECDOTES

Saint Adrien est le patron des bourreaux, des bouchers, des gardiens de prison et des brasseurs de bière !

Un autre saint Adrien (fête le 4 mars), lui aussi d'origine romaine, fut un évêque envoyé en Écosse pour y convertir les populations, au IXe siècle. Il y fut mis à mort par les Normands. On l'invoquait pour ressouder les jambes cassées.

ADRIENNE

CHIFFRE : 7 FÊTE : 8 SEPTEMBRE

ORIGINE

Adrienne est un dérivé d'*Adrien*. Voir de prénom.

CARACTÈRE

Elle a tendance, sentimentalement, à trop vite s'emporter, puis à se laisser dévorer par l'incertitude. Elle est affectueuse et sait que, pour recevoir, il faut aussi donner. Elle déteste la routine, et réussit dans les professions où l'on se remet constamment en cause. Sa situation financière s'en ressent ; il y a des hauts, mais aussi des bas… Mais elle sait qu'elle peut compter sur ses amis, qui sont nombreux…

AGATHE

CHIFFRE : 6 FÊTE : 5 FÉVRIER

ORIGINE

Agathe vient du grec *agathos*, bon.

HISTOIRE

Sainte Agathe, vierge de Sicile au IIIe siècle, était si belle qu'un juge romain voulut l'épouser. Mais parce qu'elle avait repoussé ses avances, il la fit flageller comme chrétienne. Elle ne céda pas. Alors il lui fit couper les seins. Mais, dans sa prison, Agathe fut guérie de ses blessures par saint Pierre. Ses bourreaux la déchirèrent alors avec des griffes de fer et l'achevèrent en la traînant sur des charbons ardents. Les artistes, souvent, la montrent présentant ses seins sur un plat.

CARACTÈRE

Elle est aussi émotive que volontaire, ce qui peut faire croire à son entourage qu'elle est futile. Subtile et spirituelle, quoique timide, ses réparties font mouche, quand elle se sent en confiance, et sa conversation est recherchée. Son charme et son intelligence n'empêchent pas simplicité et modestie, gentillesse et bonté. Son solide sens pratique se double d'une obstination qui peut aller jusqu'à l'entêtement. Au paraître elle préfère l'efficacité. C'est plus une femme de l'ombre qu'un porte-drapeau, mais avec elle, professionnellement ou sentimentalement, c'est "du solide".

CÉLÉBRITÉS ET ANECDOTES

Sainte Agathe, très populaire en Sicile, dont elle est la patronne, passait pour protéger l'île des éruptions de l'Etna quand on portait ses reliques au pied du volcan. Patronne des nourrices, à cause de ses seins coupées, elle était invoquée pour donner du lait, et pour avoir de beaux… chiots !

Anglaise du XXe siècle qui doit sa célébrité non à un martyre mais à Hercule Poirot, détective belge : Agatha Christie.

AGNÈS

CHIFFRE : **1** FÊTE : 21 JANVIER

ORIGINE

Agnès vient du grec *hagnos*, pureté.

HISTOIRE

Sainte Agnès, à 13 ans, préféra mourir plutôt que de renoncer à sa foi, après avoir été dénoncée par des jeunes gens dont elle avait repoussé les avances. D'après les Romains, elle fut arrêtée, lacérée par des griffes de fer. Des hommes proposèrent de l'épouser pour mettre fin à son supplice. mais elle refusa, préférant la virginité et la mort. Le bourreau, excédé, lui trancha la tête (ou lui plongea un glaive dans le cœur). Selon les Grecs, comme elle ne voulait pas renoncer à sa foi chrétienne, elle fut conduite dans une maison de passe. Mais le premier homme qui s'approcha d'elle tomba, foudroyé (devint aveugle, selon une autre version). Agnès le guérit, et se rendit elle-même sur un bûcher où elle fut brûlée vive. C'était à Rome vers l'an 300. Ses reliques y sont toujours conservées.

CARACTÈRE

Agnès est simple et sophistiquée à la fois. Sensible et émotive, elle est franche dans les situations amoureuses. Toujours prête à rendre service, elle a parfois, à trop se replier sur elle-même, tendance à se couper des réalités. Sa gentillesse fait qu'on lui pardonne volontiers ses changements d'humeur. Elle ne confond jamais sa vie professionnelle avec sa vie privée.

CÉLÉBRITÉS ET ANECDOTES

Agnès était invoquée par les jeunes filles lorsqu'elles pressentaient, en des circonstances douteuses, leur virginité menacée, ou pour surmonter l'angoisse des premières règles.

Plus de dix saintes portent le prénom d'Agnès. Agnès Sorel (1422-1450), la *Dame de Beauté*, maîtresse de Charles VII, auquel elle donna quatre filles, fut sa conseillère éclairée lorsqu'il fallut reconstruire le royaume de France, à la fin de la Guerre de Cent Ans.

AHMED

CHIFFRE : **3**

ORIGINE

Ahmed vient de l'arabe *hammad*, rendre grâce.

CARACTÈRE

Il aime les voyages et le rêve, d'où, souvent une certaine inconstance qui l'amène à trop se disperser. Mais ce grand communiquant sait faire marche arrière, quand il est allé trop loin. Toujours impatient, que ce soit en amour ou en affaires (pour lesquelles il est très doué), il joue de sa séduction pour activer les choses.

CÉLÉBRITÉS ET ANECDOTES

Plusieurs sultans ottomans ont porté ce prénom, dont celui qui fit construire à Constantinople la mosquée qui porte son nom.

AÏCHA

CHIFFRE : 5

HISTOIRE

Seconde épouse du prophète Mahomet, Aïcha (614-678) joua un rôle important tant du vivant de son mari (qu'elle avait épousé à 10 ans) qu'après sa mort (elle avait 18 ans) ; elle intervint dans la querelle de succession contre le calife Ali, qui la battit avec ses partisans à la *Bataille du chameau* (656, à Bassora). Les Sunnites, qui la vénèrent, l'ont surnommée la *mère des croyants*.

CARACTÈRE

Aïcha est affectueuse, et aime la vie familiale. Elle fait passer son romantisme avant son désir d'autonomie. Ce qui ne l'empêche pas d'apprécier le changement, et, s'il ne survient pas assez vite, de le provoquer. Séductrice discrète mais efficace, elle donne sa chaleur sans compter. À l'argent et à la réussite, elle préfère l'amour et la sincérité.

AIGNAN

CHIFFRE : 1 FÊTE : 17 NOVEMBRE

ORIGINE

Aignan est la francisation du nom latin *Anianus*.

HISTOIRE

Saint Aignan, d'origine hongroise (sa famille avait fui les Goths) évêque d'Orléans au Ve siècle après avoir été ermite, organisa avec succès en 451 la résistance de la ville à Attila. Aignan y mourut le 17 novembre 453, à l'âge de 95 ans. Saint Louis avait pour lui une dévotion particulière.

CARACTÈRE

Mari fidèle, il ne s'épanouit bien qu'en société. Sa liberté et son esprit d'indépendance, il les met au service de la collectivité, qui apprécie son esprit d'initiative et son dévouement.

CÉLÉBRITÉS ET ANECDOTES

Saint Aignan, patron des cordonniers, était invoqué pour faire cesser la pluie !

AIMÉ

CHIFFRE : **1** FÊTE : 13 SEPTEMBRE

ORIGINE
Aimé vient du latin *amatus*, aimé.

HISTOIRE
Saint Aimé, né vers 560 à Grenoble, est un Gallo-romain qui entre très jeune dans les ordres monastiques. Retiré dans le Valais, il vit dans une cellule isolée, au sommet d'un rocher, pieds nus, vêtu d'une peau de mouton, buvant l'eau des sources et se nourrissant de l'orge qu'il cultive. Envoyé convertir les païens dans les Vosges, il y implante un couvent de femmes avant de repartir vivre en ermite dans une caverne, recevant sa nourriture au moyen d'une corde. Sentant la mort venir, il rejoint ses disciples, s'étend sur un lit de cendres et meurt le 13 septembre 627.

CARACTÈRE
Il est, contrairement à son saint patron, épanoui, et porté sur les autres. Il aime la vie en famille, privilégie le mariage aux aventures sans lendemain. Gros travailleur, adepte du principe "mieux vaut un petit chez soi qu'un gros chez les autres", il préfère garder son indépendance, quitte à renoncer à ses ambitions. Bon gestionnaire, il sait où il va, quitte, parfois, à désorienter son entourage, qu'il ne met pas toujours dans la confidence.

CÉLÉBRITÉS ET ANECDOTES
Saint Aimé est aussi appelé Amé ou Amat, selon les régions.

AIMÉE

CHIFFRE : **6** FÊTE : 20 FÉVRIER

ORIGINE
Forme féminine d'*Aimé*. Voir ce prénom

HISTOIRE
Nièce de sainte Claire d'Assise, fondatrice de l'ordre des Clarisses, sainte Aimée, au XIIIe siècle, comme sa tante se consacra à la religion et à la charité. À noter que ses riches parents, qui s'étaient déjà violemment opposés à l'entrée dans les ordres de Claire, leur sœur, cherchèrent par tous les

moyens à contrarier sa propre vocation religieuse ; preuve que le fait d'être d'Assise, comme saint François, n'était pas une garantie de piété.

CARACTÈRE

Aimée, qui est sûre de l'être, est parfois infidèle et capricieuse. Mais son dévouement et sa générosité finissent toujours par l'emporter. Elle a besoin de coups de tête, pour devenir raisonnable. Esthète, aimant les jeux de hasard, elle réagit davantage au sentiment qu'à la raison, à l'intuition qu'à une attitude mûrement réfléchie. Elle savoure la vie avec gourmandise, mais sans la gaspiller.

CÉLÉBRITÉS ET ANECDOTES

Sainte Aimée était invoquée par ceux qui n'avaient pas le courage de résister aux plaisirs futiles, et qui comptaient sur le soutien de la sainte pour s'en détacher.

ALAIN / ALAN

CHIFFRE : **1** FÊTE : 9 SEPTEMBRE

ORIGINE

Alain vient du latin *Alanus*, nom d'une peuplade scythe vaincue par l'empereur Justinien, puis qui, poussée par les Huns, envahit la Gaule au début du Ve siècle, avant d'être battue par les Wisigoths. Alan est une forme anglo-saxonne d'Alain.

HISTOIRE

Prédicateur dominicain, Alain de la Roche, né en Bretagne en 1428, répandit le chapelet à travers la France, l'Allemagne, et les Pays-Bas, où il mourut en 1475, après avoir fondé de nombreuses confréries du Rosaire (récitation du chapelet).

CARACTÈRE

Peu émotif et logique, il est tout d'un bloc, voire têtu. La justice et la droiture ne sont pas des vains mots pour lui. Son caractère entier rend sa vie sociale parfois compliquée mais il sait écouter et reconnaître ses erreurs. Travailleur, il peut toutefois quitter tôt son bureau pour aller au stade. Sa vie familiale et amicale est très dense, mais il ressent parfois le besoin de partir seul pour sauvegarder son équilibre.

ALBAN

CHIFFRE : **3** FÊTE : 22 JUIN

ORIGINE
Alban vient du latin *Albus*, blanc.

HISTOIRE
Sous Dioclétien, saint Alban est le premier martyr chrétien en Angleterre. Issu d'une famille patricienne, et ayant donné asile à un prêtre chrétien, il se convertit et prend sa place quand des soldats viennent l'arrêter. Il est condamné à être décapité, le 22 juin 303. Au VIIIe siècle, à l'endroit de son supplice, sera édifiée une abbaye bénédictine et une ville, Saint-Alban.

CARACTÈRE
Très sociable et agréable à vivre, il a de nombreux amis. Sa vie sentimentale tumultueuse ne l'empêche pas d'être sérieux dans son travail. Il s'engage dans des causes qu'il estime justes au risque parfois de se trouver en conflit avec son entourage. Entier, il sait retourner une situation à son avantage. Ses principaux défauts sont le bavardage et l'humour mal maîtrisé. Il est tendre envers ceux qui l'entourent.

CÉLÉBRITÉS ET ANECDOTES
Alban Berg (1885-1935) auteur de l'opéra *Lulu* a été l'un des créateurs de la musique dodécaphonique sérielle.

ALBANE

CHIFFRE : **8** FÊTE : 22 JUIN

ORIGINE
Forme féminine d'*Alban*. Voir ce prénom.

CARACTÈRE
Elle aime l'absolu au point d'envisager sans amertume le célibat. Mais lorsqu'elle se met en ménage, elle s'emploie avec talent à maintenir l'harmonie dans son couple. Généreuse, dévouée, elle ne semble pas donner prise à la fatigue. Elle apprécie les tâches de longue haleine et, sans être passéiste, aime ce qui est ancien.

ALBERT

CHIFFRE : **4** FÊTE : 15 NOVEMBRE

ORIGINE

Albert vient du haut allemand *adal*, noble et *bert*, brillant.

HISTOIRE

Saint Albert, dominicain surnommé le Grand Albert, fut, au VIIIe siècle, un théologien allemand et un scientifique de renom. L'un de ses disciples fut saint Thomas d'Aquin, mort à Cologne le 15 novembre 1280. La place Maubert, à Paris, lui fut dédiée (*Maubert* contraction de maître Albert).

CARACTÈRE

Très adaptable, il mène sa vie professionnelle avec prudence et ténacité. Original et créatif, les idées nouvelles le dynamisent et son intuition lui permet de poursuivre les projets les plus fous. Son besoin d'isolement peut parfois créer des tensions dans son travail. Solitude qui se retrouve dans sa vie intime. Le secret qu'il entretient sur ses rencontres et ses amours le rend attirant auprès des femmes, et il s'en amuse. Mais ce mystérieux a le culte de l'amour vrai, et de l'amitié.

CÉLÉBRITÉS ET ANECDOTES

Albert, qui étudia le soufre, l'acide nitrique et la potasse, laissa des écrits qui furent détournés par des charlatans en traités de magie, *Grand Albert* ou *Petit Albert* qui ne doivent rien à ce docteur de l'Église, mais profitèrent de son renom.

Autre saint Albert (fête le 7 août), un moine de Sicile qui convertit les Juifs de Messine, au début du XIVe siècle ; on l'invoquait en cas de défaillance sexuelle.

Plusieurs rois d'Allemagne, d'Autriche et de Belgique ont porté ce prénom. Et Schweitzer, Einstein et Camus.

ALBERTINE

CHIFFRE : **5** FÊTE : 15 NOVEMBRE

ORIGINE

Forme féminisée d'*Albert*. Voir ce prénom.

CARACTÈRE

Elle est gaie et capricieuse, et, si elle est infidèle, c'est plus par curiosité que par désamour. Son besoin d'autonomie se double d'un besoin de protection. Albertine donne généreusement de sa tendresse. Sa vivacité fait merveille dans la vie professionnelle, surtout quand il lui faut voyager ou fréquemment changer d'air, de bureau. Elle déteste la routine.

CÉLÉBRITÉS ET ANECDOTES

Sainte Alberte (fête le 20 octobre) sœur de sainte Foi, originaire d'Agen, fut martyrisée au IIIe siècle. Ayant assisté à la mise à mort d'un évêque (saint Caprais, devenu patron d'Agen), elle alla au-devant du bourreau, avec ses deux frères, et demanda à partager le sort du supplicié. Son exemple en ayant suscité d'autres, la moitié de la foule qui assistait à l'exécution se convertit et mourut, elle aussi, sous les coups des bourreaux ou de l'autre partie de la foule.

ALBIN

CHIFFRE : **2** FÊTE : 1ER MARS

ORIGINE

Forme dérivée d'*Alban*. Voir ce prénom.

HISTOIRE

Saint Albin, au VIe siècle, fut évêque d'Angers. Il protesta contre les mœurs incestueuses des seigneurs francs qui, pour s'emparer d'héritages, épousaient leurs sœurs et leurs nièces.

CARACTÈRE

C'est un grand sentimental. Imaginatif autant qu'intuitif, il a la séduction facile, même s'il sait qu'il s'expose à des déceptions amoureuses. Son esprit inventif lui permet de dominer les obstacles, son sens de l'autre lui permet de briller dans les relations sociales. Bon financier, mais trop sûr de lui, il n'est pas à l'abri d'erreurs de gestion, et de dépenses inconsidérées.

CÉLÉBRITÉS ET ANECDOTES

Saint Albin était invoqué lorsqu'on ne savait comment rembourser ses dettes !

ALBINA

CHIFFRE : **3** FÊTE : 16 DÉCEMBRE

ORIGINE

Forme féminine d'*Alban*. Voir ce prénom.

HISTOIRE

Sainte Albina, une jeune Romaine d'une riche famille patricienne fut, au IIIe siècle, martyrisée parce que chrétienne.

CARACTÈRE

C'est une impatiente, en amour comme en affaires. Cette nerveuse, pleine de vivacité, se lasse vite de ses soupirants, et s'épuise à trop se disperser. Mais quand elle a trouvé l'âme sœur pour son foyer et le compagnon sûr dans son travail, elle est d'une fidélité et d'une efficacité méconnaissables. Plutôt que d'avouer ses angoisses, elle préfère jouer la maladroite, et cacher son sérieux sous une apparente futilité.

ALDO

CHIFFRE : **8**

ORIGINE

Aldo, répandu en Italie, vient de l'allemand *adal*, noble.

CARACTÈRE

Ccélibataire endurci ? Ce séducteur aime sa liberté. De plus, il n'a pas toujours bon caractère, et son sourire ravageur ne suffit pas toujours à le réconcilier avec les autres, et avec lui-même. Mais quand il a trouvé la femme de sa vie, et les amis qu'il mérite, son dévouement et sa générosité sont exemplaires. Il se révèle un être délicat et harmonieux. Au travail, c'est un bulldozer. Les tâches ingrates et de longue haleine ne l'effraient pas. Il sait s'organiser en conséquence, et, parce qu'il n'a qu'une parole, tenir ses promesses.

ALETH

CHIFFRE : **1** FÊTE : 4 AVRIL

ORIGINE

Aleth est un dérivé d'*Aliette*. Voir ce prénom.

CARACTÈRE

Elle trouve son épanouissement auprès des autres. Sa sérénité et son enthousiasme sont communicatifs. Pour elle, le bonheur est dans le pré, pas sous les dorures des palais. Son ambition, c'est d'être heureuse. Mais ce n'est pas parce qu'elle fait des concessions, pour éviter les tracas, qu'il faut la croire faible ; sous sa douceur apparente, c'est un roc.

ALEX

CHIFFRE : **6** FÊTE : 22 AVRIL – 3 MAI

ORIGINE

Alex est un diminutif d'*Alexandre*. Voir ce prénom.

CARACTÈRE

Il est gai, vif, mais peut se révéler capricieux, infidèle. Il aime le jeu et la nouveauté, la découverte en bonne compagnie. Car s'il a besoin d'autonomie pour se réaliser, c'est tout le contraire d'un solitaire. Il est généreux de sa personne, et sait donner souvent plus qu'il ne reçoit. En amour (où c'est un tendre) comme dans sa vie professionnelle (où il a tendance à être trop confiant en son entourage).

ALEXANDRA

CHIFFRE : **8** FÊTE : 20 MARS – 2 OCTOBRE

ORIGINE

Forme féminine d'*Alexandre*. Voir ce prénom.

HISTOIRE

La première Alexandra est une martyre romaine du IIIe siècle (2 mars), l'autre est une mystique d'Alexandrie du IVe siècle (2 octobre).

CARACTÈRE

Elle est plus volontaire qu'imaginative, plus passionnée que sentimentale. Elle aime la gloire, et la fidélité. Avec elle, en amour comme en affaires, pas de tricheries ou de faux-semblants ; elle va droit au but, et s'il y en a qui redoutent sa franchise, de nombreux autres apprécient sa sérénité. Exigeante avec elle, elle l'est aussi avec les autres, avant d'accorder sa confiance, son amitié ou son amour.

CÉLÉBRITÉS ET ANECDOTES

Sainte *Alexandrine* est l'une des 7 vierges d'Ancyre. Dans cette ville de Galatie, vivaient, en communauté religieuse, sept vieilles femmes lorsqu'en 304, un édit de Dioclétien exigea que tous les chrétiens soient mis à mort. Les soldats s'emparèrent des 7 vieilles et voulurent les obliger à devenir prêtresses de Diane. Elles refusèrent. Le gouverneur les fit attacher des grosses pierres autour du cou et jeter dans un lac. Un cabaretier ayant voulu leur donner une sépulture fut dénoncé et mis à mort lui aussi.

La tzarine Alexandra de Russie fut massacrée lors de la Révolution bolchevique. Alexandra David Neel fut la première Européenne à explorer le Tibet.

ALEXANDRE

CHIFFRE : **3** FÊTE : 22 AVRIL – 3 MAI

ORIGINE

Alexandre vient du grec *Alexein*, qui repousse les ennemis, et *andros*, qui protège les hommes.

HISTOIRE

Difficile, avec Alexandre, de savoir à quel saint se vouer !

— Saint Alexandre, fête le 3 mai, fut un prêtre romain qui par son éloquence convertit des patriciens, dont un préfet, sa famille et ses esclaves. L'empereur Adrien en prit ombrage, et Alexandre, lié sur un chevalet, fut transpercé de coups de poinçon jusqu'à ce que mort s'ensuive, le 3 mai 119.

— Saint Alexandre, fête le 21 juillet, était au IIIe siècle soldat à Marseille. Son tribun, Victor, chrétien, ayant été emprisonné, il alla le trouver dans sa cellule afin qu'il le convertisse. Le tribun et son soldat moururent décapités.

— Saint Alexandre, fête le 24 avril, martyrisé à Lyon au IIe siècle on lui ouvrit le bas-ventre à coups de fouet. Était invoqué, à cause de son ventre déchiré, contre les coliques., et la douleur due à un coup dans les testicules.

— Saint Alexandre, fête le 9 février, martyrisé à Rome au IVe siècle, était invoqué contre les tremblements.

— Saint Alexandre, fête le 27 mars, soldat romain en Europe centrale au IIIe siècle. Était invoqué, pour lutter contre les blessures à la tête.

— Saint Alexandre, fête le 18 mars, évêque de Jérusalem martyrisé au IIIe siècle, auteur des premiers catéchismes. Était invoqué contre le ramollissement cérébral dû à la vieillesse.

— Saint Alexandre, fête le 11 août, philosophe au IIIe siècle, avant d'être désigné évêque en Asie mineure. Afin de rester humble, il livrait du charbon lorsqu'il n'enseignait pas.

— Saint Alexandre, fête le 26 février. Patriarche d'Alexandrie au IVe siècle. Il fut l'un de ceux qui établirent le dogme de la Sainte Trinité. Arius, son disciple, se détacha de lui et fonda l'arianisme, hérésie qui divisa l'Église pendant plusieurs siècles. On l'invoquait contre les moustiques !

— Saint Alexandre, l'Acémète, fête le 15 janvier. Moine en Syrie au Ve siècle, il fonda un monastère où 400 religieux, les *Moines insomniaques*, se relayaient dans la chapelle nuit et jour afin que l'office divin ne soit jamais interrompu. Il était sollicité par ceux qui ne voulaient pas s'endormir.

CARACTÈRE

Conquérant, Alexandre l'est dans tous les aspects de sa vie. Ce fonceur oublie parfois de regarder derrière lui. Ambitieux, mais pas pour autant opportuniste, il sait ce qu'il veut. Quand il prend le temps de regarder autour de lui, il sait se montrer généreux, et d'une droiture exemplaire. Ce tendre caché est en fait un grand maladroit. Pour son équilibre, il a besoin d'un environnement familial chaleureux et serein, même si, parfois, il ne peut résister à la tentation et se révèle volage.

CÉLÉBRITÉS ET ANECDOTES

Alexandre le Grand, qualifié de *dieu vivant*, roi de Macédoine au IVe siècle avant J.-C., et qui de la Grèce aux Indes, conquit un empire. Plusieurs papes et tsars ont porté ce prénom. Comme les Dumas père et fils. C'est aussi le nom du roi de trèfle, aux cartes.

ALEXIS

CHIFFRE : **7** FÊTE : 17 JUILLET

ORIGINE

Alexis vient du grec *alexein*, qui repousse les ennemis. Prénom dérivé d'Alexandre, il apparaît au IVe siècle à Rome.

HISTOIRE

Saint Alexis, né à Rome vers 350, a une vie si exemplaire que même les chrétiens, des siècles plus tard, l'ont trouvée trop belle pour être vraie. Fils de sénateur, le soir de son mariage, qu'il refuse de consommer, il part vivre d'aumônes, désirant trouver Dieu par la pauvreté. Il vit 17 ans sous le porche d'une église, à Édesse, puis, en haillons, revient à Rome, chez lui, en se faisant passer pour un mendiant. Personne ne le reconnaît, et il vit encore 17 ans de la charité des siens qui ne savent son identité qu'à sa mort : il a écrit son histoire sur un morceau de parchemin qu'il lâche en expirant...

Autre saint Alexis, un marchand de Florence qui vendit tous ses biens pour se mettre au service des pauvres et fonder l'ordre des Servites de Marie. Il mourut centenaire en 1310.

CARACTÈRE

Plutôt calme et réfléchi, il peut s'entêter. Sa franchise est souvent déconcertante. Indolent, il a tendance à se laisser porter par les événements, mais pallie ce défaut par une grande intuition. Ayant peu confiance en lui, il a besoin d'être rassuré. Chez cet émotif, la colère monte aussi vite qu'elle redescend. Fidèle en amitié comme en amour, presque possessif, il s'engage toujours avec beaucoup de conviction ; on peut compter sur lui, quand on est membre de son clan.

CÉLÉBRITÉS ET ANECDOTES

Saint Alexis (le mendiant romain) était invoqué par ceux et celles qui voulaient échapper au mariage.

Saint Alexis (le marchand de Florence), qui dénonça le relâchement des mœurs, était invoqué par les mères vertueuses pour que leurs enfants acquièrent de hautes qualités morales.

ALFRED

CHIFFRE : **2** FÊTE : 15 AOÛT

ORIGINE

Alfred vient du haut allemand *all*, tout, et *fried*, paix. Autre hypothèse : d'*alf*, elfe, et de *rath*, conseil.

HISTOIRE

Saint Alfred fut évêque d'Hildesheim, au IXe siècle, et évangélisa la région de Hanovre. Un autre saint Alfred fut, lui, évêque de Munster.

CARACTÈRE

Sous des dehors assurés, c'est un grand sensible, jusqu'à l'anxiété. Imaginatif, fringant, voire désinvolte, il adore séduire. Son à-propos lui permet d'exceller dans les métiers de commerce. Mais son manque de rigueur parfois, peut le desservir. Toutefois, il finit toujours par retomber sur ses pieds ; la chance, qui aime les séducteurs, est de son côté. Surtout qu'il est prêt à la bousculer, et à aider le hasard à lui être favorable, par des moyens pas toujours très orthodoxes…

CÉLÉBRITÉS ET ANECDOTES

Alfred le Grand (849-899), le "Charlemagne anglais" roi anglo-saxon enleva Londres aux Danois. Homme de guerre et érudit - il traduisit des textes religieux -, il favorisa l'implantation de l'Église et en fut béatifié.

Deux poètes romantiques du XIXe siècle : Alfred de Musset, et Alfred de Vigny. Un Alfred dont on reparle chaque année, parce qu'avec l'argent gagné à fabriquer des explosifs, il dote des prix de la paix, de la littérature, de la médecine… : Nobel.

ALI

CHIFFRE : **8**

ORIGINE

Prénom du 4e successeur du Prophète, le calife Ali, signifie *celui qui est en haut*.

CARACTÈRE

Il aime la solitude, même s'il est d'un contact agréable. C'est un introverti, capable d'un grand dévouement et de beaucoup de générosité, malgré une apparente distance dès que l'on s'intéresse à sa vie privée. C'est un bon compagnon, fidèle (jusqu'à sa prochaine conquête) et prévenant. Professionnellement, il est minutieux, appliqué. Il sait prendre le temps de vivre ; son ambition, c'est le bonheur dans la simplicité.

CÉLÉBRITÉS ET ANECDOTES
Cousin de Mahomet, et époux de Fatima, sa fille, le calife Ali fut vainqueur d'Aïcha et de ses partisans à la *bataille du chameau*. Assassiné en 661, il est considéré comme l'héritier de Mahomet par les Chiites.

CÉLÉBRITÉS ET ANECDOTES
Ali est un prénom très répandu dans le monde arabe. Ali Baba et ses 40 voleurs, bien sûr, mais aussi de nombreux pachas. Et le boxeur américain Mohammed Ali, ex Cassius Clay.

ALICE

CHIFFRE : **3** FÊTE : 9 JANVIER

ORIGINE
Alice vient du grec *Alixo* se défendre. C'est la version féminine du prénom masculin en vieux français *Aalis*, puis *Alis*.

HISTOIRE
Sainte Alice fonda, au XVIIe siècle à Nancy, la Congrégation de Notre-Dame, afin d'éduquer les jeunes filles, riches ou pauvres.

CARACTÈRE
Gaie, sensible et timide, elle aime rire des autres mais est très susceptible quand on se moque d'elle. Imaginative, ses idées inattendues séduisent son entourage, qu'il soit familial ou professionnel. Intelligente et émotive, elle reste secrète en ce qui concerne ses sentiments amoureux. Elle fait toujours de son mieux pour atteindre les buts qu'elle se fixe ou qu'on lui fixe. Si la colère n'est pas l'un de ses arguments, pour se faire entendre, elle peut se montrer violente devant l'injustice.

CÉLÉBRITÉS ET ANECDOTES
Une sainte Alice (fête le 11 juin), religieuse et lépreuse, au XIIIe siècle, vivait à Bruxelles au fond d'un cachot. C'est là que le Christ, à plusieurs reprises, lui rendit visite... *Alice*, fillette envoyée *au pays des merveilles* par Lewis Carroll.

ALIÉNOR

CHIFFRE : **7** FÊTE : 25 JUIN

ORIGINE

Aliénor est un dérivé d'*Éléonore*. Voir ce prénom.

CARACTÈRE

Elle a tendance, sentimentalement, à trop vite s'emporter, puis à se laisser dévorer par l'incertitude. Mais l'instabilité amoureuse n'est pas pour déplaire à cette romantique qui n'oublie pas que pour recevoir, il faut aussi donner. Et comme elle aime les cadeaux:... Elle sait, car d'une grande honnêteté intellectuelle, se remettre fréquemment en cause.

CÉLÉBRITÉS ET ANECDOTES

Aliénor d'Aquitaine (1122-1204), après un mariage avec le roi de France Louis VII, et une croisade (au cours de laquelle elle se montra infidèle), fut répudiée et épousa Henri II d'Angleterre, apportant en dot à le sud-ouest de la France, ce qui provoquera la guerre de Cent Ans.

ALIETTE

CHIFFRE : **7** FÊTE : 4 AVRIL

ORIGINE

Aliette est un dérivé d'*Alice*. Voir ce prénom.

HISTOIRE

Sainte Aliette, épouse d'un seigneur bourguignon du XIe siècle, fut canonisée pour avoir élevé de façon exemplaire ses enfants dans la foi chrétienne (plusieurs se firent moines), notamment saint Bernard de Clairvaux, qui prêcha la seconde croisade et fut le conseiller des papes de son temps.

CARACTÈRE

Chaleureuse, elle possède un profond sens de l'amitié. Elle est aussi passionnée que secrète, et apprécie sans ostentation les plaisirs de la vie. Son intuition la trompe rarement ; elle aime les optimistes et les dynamiques, même si elle parait, contrairement à eux, réservée. Sa sérénité rend discrets les plus arrogants.

ALINE

CHIFFRE : **5** FÊTE : 9 SEPTEMBRE

ORIGINE

Aline est une forme féminine d'*Alain*. Voir ce prénom.

CARACTÈRE

Elle est gaie, vive. Capricieuse jusqu'à l'infidélité. Elle aime s'amuser de ce qui est nouveau. D'une grande curiosité, elle aime faire ses découvertes en bonne compagnie. Si elle a besoin d'autonomie, elle n'en est pas pour autant une fanatique de la solitude. À ceux qui savent la comprendre, Aline donne généreusement de sa tendresse, et de son amour.

ALIX

CHIFFRE : **9** FÊTE : 9 JANVIER

ORIGINE

Alix est un dérivé d'*Alice*. Voir ce prénom.

CARACTÈRE

Elle est douée d'une grande faculté d'adaptation. Tenace et prudente, charmeuse et réservée, elle sait mener à bien ses entreprises. Créative, elle préfère agir seule. Sous son apparente indifférence, elle mûrit longuement ses projets, car elle est fière, et n'aime pas l'échec. Son dynamisme est complété par une intuition très sûre.

ALPHONSE

CHIFFRE : **9** FÊTE : 1ER AOÛT

ORIGINE

Alphonse vient du germanique *adal*, noble, et *funs*, rapide.

HISTOIRE

Saint Alphonse Marie de Liguori naquit à Naples en 1696, dans une famille noble. À 17 ans, il était déjà docteur en droit canon ! Les plus riches familles lui présentaient leurs filles à marier, mais il avait choisi le célibat, et prit l'habit monastique en 1722. Il prêcha autour de Naples, et fonda la Congrégation du Très-Saint-Rédempteur pour assister les malheureux. Lors d'une famine, il vendit ses biens pour aider les pauvres de son diocèse (il avait été nommé évêque). Il mourut à 91 ans et fut proclamé docteur de l'Église en 1839.

CARACTÈRE

Il est doué d'une intelligence vive, mais il le sait, et parfois s'entête dans ses idées, les estimant les meilleures... Les difficultés le stimulent. C'est un battant, capable de rudesse contre ceux qui se mettent en travers de sa route. Mais il peut aussi, dans l'intimité, se révéler sensible, fin et spirituel, surtout avec celles qu'il veut - et sait - séduire.

CÉLÉBRITÉS ET ANECDOTES

Saint Alphonse était invoqué par ceux qui se sentaient devenir malhonnêtes, mais avaient encore assez de lucidité, ou de prudence, pour tenter de revenir dans le droit chemin...

Plusieurs rois d'Espagne ont été prénommés Alphonse. Trois Alphonse dans les Lettres françaises : Lamartine pour la poésie, Daudet pour le roman, Allais pour l'humour.

AMANDA

CHIFFRE : **7** FÊTE : 9 JUILLET

ORIGINE

Amanda vient du latin *amanda*, aimable.

CARACTÈRE

Timide au premier abord, elle est énergique et passionnée quand elle entre en compétition. Consciencieuse, travailleuse, elle fait la conquête de son entourage professionnel. Elle sait faire preuve de beaucoup de compréhension et d'intelligence auprès de son entourage tout en restant discrète sur elle-même. Séduisante sans en dévoiler trop, elle plaît. Solitaire et mystérieuse, elle a tendance parfois à rechercher trop de perfection chez l'autre.

AMBROISE

CHIFFRE : 3 FÊTE : 7 DÉCEMBRE

ORIGINE

Ambroise vient du grec *ambroisios*, l'ambroisie, nourriture des dieux.

HISTOIRE

Fils d'un préfet des Gaules, saint Ambroise naquit à Trèves vers 340, dans une famille romaine, mais chrétienne. Avocat réputé, il fut choisi comme évêque par la foule sans l'avoir demandé. Il accepta la charge et mit son érudition au service de l'Église, déjà agitée de mouvements schismatiques, et sa fortune au service des pauvres. Il introduisit le chant religieux dans les cérémonies religieuses. Mort le 14 avril 394, il fut déclaré docteur de l'Église. Il fut l'un des artisans de la conversion de saint Augustin.

CARACTÈRE

Ambroise est d'une nature sensible. Ce timide gai aime les contacts, mais ne s'engage jamais en entier. Il séduit par son imagination, son intelligence et sa sensibilité. Il se dédouble : d'un côté l'homme brillant, de l'autre l'introverti cultivant dans le calme son jardin secret.

CÉLÉBRITÉS ET ANECDOTES

Saint Ambroise, qui avait tout donné aux pauvres, était invoqué par les avares… Mais il était aussi invoqué par ceux qui avaient des ruches : le saint était le protecteur des abeilles car, lorsqu'il prêchait, sa parole était si suave que les abeilles se posaient sur lui, croyant y butiner du nectar…

Autre saint Ambroise (fête le 16 août), un légionnaire romain martyrisé en 303 ; on le fit périr d'étouffement dans un réduit surchauffé. Il était invoqué par ceux qui avaient du mal à supporter les canicules…

Ambroise Paré, chirurgien de la Renaissance, fut le premier à ligaturer veines et artères pour soigner les plaies, au lieu de les cautériser au fer rouge. Ce fut lui qui tenta de guérir de sa blessure le roi Henri II, mort d'un coup de lance dans l'œil.

AMÉDÉE

CHIFFRE : **2** FÊTE : 30 MARS

ORIGINE

Amédée vient du bas latin *Amadeus*, aimé de Dieu.

HISTOIRE

Saint Amédée (1435-1472) était duc de Savoie. Marié à Yolande de France, il fut obligé, à cause de ses crises d'épilepsie, de lui abandonner le pouvoir, ce qui provoqua la jalousie de ses frères, qui firent appel au duc de Bourgogne, Charles le Téméraire. Détaché des affaires politico-guerrières, Amédée IX nourrissait les pauvres, faisait bâtir des hôpitaux et des couvents. Il mourut le 30 mars, veille de Pâques et ses sujets en firent un saint.

CARACTÈRE

Amédée, bien qu'apparemment sûr de lui, est un grand sensible, un anxieux. Imaginatif, et désinvolte, il adore séduire. Son charme un peu rustique, qui le fait croire naïf (ce qu'il n'est pas) et sincère (ce qu'il n'est pas toujours) le sert dans la vie professionnelle. Si son manque de rigueur, en revanche, peut le desservir, il finit toujours par retomber sur ses pieds…

CÉLÉBRITÉS ET ANECDOTES

Saint Amédée était invoqué pour lutter contre l'épilepsie (dit aussi mal caduc) dont il avait, lui aussi, souffert… Autre saint Amédée, lui aussi savoyard, un moine du XIIe siècle qui dirigea l'abbaye de Hautecombe (Savoie) et fut évêque de Genève.

AMÉLIE

CHIFFRE : **9** FÊTE : 10 JUILLET

ORIGINE

Amélie vient du haut allemand *amal*, puissant.

HISTOIRE

Amélie était la fille de Pépin d'Héristal, un maire du palais du royaume d'Austrasie (Lorraine, Bavière…) au VIIe siècle. Mariée à un seigneur austrasien, elle eut trois enfants qui furent canonisés. Son mari étant entré dans un monastère, elle prit le voile à Maubeuge et y mourut en 690.

CARACTÈRE

Belle et charmante, elle est dotée d'un fort caractère, proche de l'entêtement. Avec elle, il faut faire preuve de patience! Gracieuse, elle ne fait mystère ni de ses déconvenues, ni de ses joies. Elle veut être la meilleure en tout et elle met tout en œuvre pour y arriver. Elle aime les voyages pour les contacts avec les autochtones, et se lie vite d'amitié avec les étrangers. L'amour est pour elle une source d'apaisement et d'équilibre.

ANAÏS

CHIFFRE : **5** FÊTE : 26 JUILLET

ORIGINE

Anaïs est une forme méridionale d'*Anne*. Voir ce prénom.

CARACTÈRE

Elle est gaie et vive. Capricieuse, souvent. Elle s'amuse de ce qui est nouveau. D'une grande curiosité, elle aime faire ses découvertes en bonne compagnie, surtout masculine. Elle a bon cœur, à tous les sens du terme. Si elle a besoin d'autonomie, d'indépendance, elle n'en est pas pour autant une fanatique de la solitude. À ceux qui savent la comprendre, elle donne si généreusement de sa tendresse, et de son amour qu'on lui pardonne d'être parfois légère, voire infidèle.

ANASTASE

CHIFFRE : **4** FÊTE : 22 JANVIER, 27 AVRIL

ORIGINE

Anastase vient du grec *anastasis*, après avoir disparu.

HISTOIRE

Saint Anastase était soldat du roi de Perse au VIIᵉ siècle ; il participa à un pillage de Jérusalem. Ayant été en contact avec un morceau de la vraie croix, il se convertit au christianisme et reçut Anastase comme nom de baptême. Après avoir vécu dans un monastère, il fut fouetté, puis torturé à mort pour avoir refusé de revenir vers ses anciens dieux, le 22 janvier

628. Il était l'un des patrons des orfèvres. Un autre saint Anastase fut pape de 398 à 402. Il lutta contre les hérésies, et exhorta les évêques à répandre l'Évangile. Saint Jérôme, qui parlait d'or, disait de lui qu'il était d'une riche pauvreté !

CARACTÈRE

Très adaptable, il mène sa vie avec prudence et ténacité. Original et créatif, les idées nouvelles le dynamisent et son intuition lui permet de poursuivre les projets les plus fous. Son besoin d'isolement peut parfois créer des tensions dans son travail. Solitude qui se retrouve souvent dans sa vie intime. Le secret qu'il entretient sur ses rencontres et ses amours le rend attirant auprès des femmes, et il s'en amuse. Mais ce mystérieux a le culte de l'amour vrai, et de l'amitié.

CÉLÉBRITÉS ET ANECDOTES

Saint Anastase (fête le 7 septembre), martyrisé au IVe siècle à Venise pour avoir manifesté son soutien aux chrétiens en peignant une croix sur sa porte, était invoqué pour les blessures aux mains… Saint Anastase (fête le 21 avril), abbé d'un monastère sur le mont Sinaï, au VIIIe siècle, auteur d'ouvrages de piété à l'usage des jeunes gens, était invoqué par ceux qui étaient importunés par des homosexuels. Saint Anastase (fête le 11 janvier) abbé d'un monastère italien au VIe siècle, était invoqué en cas d'orage…

ANASTASIA

CHIFFRE : **2** FÊTE : 25 DÉCEMBRE

ORIGINE

Anastasia est une forme féminine d'*Anastase*, dérivée d'*Anastasie*.

HISTOIRE

Deux saintes Anastasie ont connu des destins identiques. Issues de riches familles romaines, elles furent suppliciées parce que chrétiennes, au IIIe siècle. La première (fête le 28 octobre) eut les flans brûlés avec des torches, les ongles et la langue arrachés, les dents cassées ; comme elle implorait Dieu en levant les mains, on les lui coupa aussi, avant de la décapiter. L'autre (fête le 25 décembre) fut brûlée vive. Elle est la patronne des femmes brutalisées par leurs époux.

CARACTÈRE

L'intelligence est sa qualité principale. Peu coquette, elle ne manque pas cependant de charme et de séduction. Elle recherche avec passion le vrai dans ses relations. Réaliste, elle sait faire preuve d'audace dans son milieu professionnel. Souvent mélancolique et rêveuse, elle n'en laisse rien voir au dehors, souriante et joyeuse.

CÉLÉBRITÉS ET ANECDOTES

Sainte Anastasie était invoquée pour le traitement des tumeurs du sein, et les maladies de la langue. Une des filles du tsar Nicolas II, assassiné par les Bolcheviks avec sa famille, portait ce prénom. *Anastasia*, femme revêche armée de ciseaux, est le surnom donné à la censure, en France (parce qu'Anastasie eut la langue arrachée?).

ANATOLE

CHIFFRE : **8** FÊTE : 3 JUILLET

ORIGINE

Anatole vient du grec *anatolé*, l'orient; ainsi était désignée l'Anatolie, à l'est de la Grèce.

HISTOIRE

Grec d'Alexandrie au IIIe siècle, il enseignait la doctrine d'Aristote. Il sauva une partie des habitants d'Alexandrie lors d'un siège par les Romains en organisant leur fuite. Il fut aussi évêque de Césarée.

CARACTÈRE

Il aime la solitude, même s'il est d'un contact agréable. C'est un introverti capable de beaucoup de générosité, malgré une apparente distance dès que l'on s'intéresse à sa vie privée. C'est un compagnon fidèle et prévenant. Il est minutieux, appliqué, et sait prendre le temps de vivre; son ambition, c'est le bonheur dans la simplicité, pas dans la richesse.

CÉLÉBRITÉS ET ANECDOTES

Saint Anatole, qui fut un grand mathématicien, était invoqué par les étudiants qui séchaient devant des problèmes de mathématique. Un saint Anatole fut évêque du Jura lors de son évangélisation.

Anatole France fut libre-penseur et prix Nobel de littérature en 1921.

ANDRÉ

CHIFFRE : **6** FÊTE : 30 NOVEMBRE

ORIGINE

André vient du grec *antropos*, et du latin *andreas*, homme.

HISTOIRE

André est l'un des douze apôtres de Jésus-Christ, pêcheur sur le lac de Tibériade, comme son frère Simon, qui devint saint Pierre. Après avoir évangélisé la Grèce, il fut crucifié à Patras sur une croix en forme de X, dite depuis *croix de saint André* (celle que l'on retrouve sur le drapeau du Royaume-Uni).

CARACTÈRE

L'équilibre dont il fait preuve en toutes les circonstances fait dire de lui qu'il est solide. Peu timide, il aime la polémique, et ses adversaires peuvent devenir des amis. Les siens peuvent compter sur lui. Il sait faire partager son optimisme, et distribuer les encouragements. Sérieux dans son travail, aimant plaire et séduire les femmes, il est cependant d'une fidélité exemplaire avec ceux - et celle - qu'il aime.

CÉLÉBRITÉS ET ANECDOTES

Saint André a sous son patronage la Grèce, l'Écosse, la Russie mais aussi les bouchers, les cordiers et tous les métiers relatifs au poisson, référence à son premier métier. Il était invoqué pour soigner les maux de gorge, mais aussi par les filles en mal de mari. Elles devaient, avant de se coucher, croquer la moitié d'une pomme (on reconnaît l'influence éternelle d'Ève !), placer l'autre moitié sous leur oreiller, et faire une prière à saint André. Le bon saint, pendant leur sommeil, leur indiquait un moyen infaillible pour appâter le futur mari, comme on pêche un gros poisson !

Un saint André né à Naples, au XVIe siècle (fête le 10 novembre), réforma les ordres monastiques en Italie. Il refusa par humilité un poste d'évêque, combattit avec dureté l'hérésie protestante, et fut l'un des auxiliaires les plus zélés de l'Inquisition. Il mourut d'une crise d'apoplexie alors qu'il disait la messe, le 10 novembre 1608. Il était invoqué par ceux qui redoutaient une crise d'apoplexie, et par ceux qui voulaient perdre l'habitude de mentir (car avant d'être moine, il avait été avocat, métier avec lequel il avait rompu après avoir constaté le pouvoir de la parole sur l'interprétation du droit) !

Saint André Corsini (fête le 4 février), d'une famille de Florence au XIVe siècle, de joueur et noceur, se fit carme et devint un modèle de compassion pour les pauvres. Il était invoqué par ceux qui voulaient se délivrer du démon du jeu.

ANDRÉA

CHIFFRE : **7** FÊTE : 30 NOVEMBRE

ORIGINE

Andréa est un dérivé féminin d'André. Voir ce prénom.

Elle est susceptible, et ses colères sont spectaculaires. Peu rigoureuse, elle a du mal à aller au bout de ses projets. Mais bien entourée, et mise en confiance, elle fait preuve de beaucoup de pertinence et de dynamisme. L'action et le concret ne lui font pas peur. Elle a le goût de l'humour et du rire. Généreuse en amour et amitié, elle partage volontiers son énergie. Heureux celui qui réussira à la convaincre de renoncer à son indépendance : c'est une compagne agréable, mais qui joue volontiers à se faire désirer.

ANDRÉE

CHIFFRE : **2** FÊTE : 30 NOVEMBRE

ORIGINE

Andrée est un dérivé féminin d'André. Voir ce prénom.

CARACTÈRE

C'est une grande sentimentale. Imaginative autant qu'intuitive, elle a la séduction facile, même si elle s'expose à des revers et à des déceptions amoureuses. Son esprit inventif lui permet de dominer les obstacles, son sens de l'autre lui permet de briller dans les relations sociales. Elle ne sait pas être économe, et de ses efforts, et de ses deniers ; cela la conduit parfois à de grosses fatigues, et à quelques difficultés bancaires parce que, trop sûre d'elle, elle a entrepris des dépenses inconsidérées.

ANGE

CHIFFRE : **5** FÊTE : 14 FÉVRIER, 5 MAI

ORIGINE

Ange vient du latin *angelus*, lui-même issu du grec *eggelos*, le messager.

HISTOIRE

Saint Ange est un prédicateur grec assassiné au XIIIe siècle en Sicile par un notable incestueux auquel il reprochait son inconduite. Déjà nourrisson, il se mortifiait en refusant le sein maternel ! Il aurait, alors qu'il évangélisait en Palestine, arrêté le cours du Jourdain et ressuscité un mort ! (fête le 5 mai.) Le second saint Ange, un ermite né et mort en Italie au début du XIVe siècle, outre une gentillesse "angélique" se distingua en faisant le pèlerinage de Saint-Jacques de Compostelle pieds nus. C'est pourquoi on l'invoquait lorsqu'on avait les pieds - ou les chevilles - enflés.

CARACTÈRE

Il est affectueux et aime la vie familiale. Il fait passer son romantisme et sa soif d'absolu avant son désir d'autonomie. Ce qui ne l'empêche pas d'apprécier le changement, et, s'il ne survient pas assez vite, de le provoquer. Ce séducteur, discret mais efficace, aime à regrouper autour de lui ceux qu'il aime, auxquels il donne sa chaleur sans compter. À l'argent et à la réussite, il préfère amour et sincérité.

CÉLÉBRITÉS ET ANECDOTES

Michel-Ange, artiste, qui a aussi peint des anges...

ANGÈLE

CHIFFRE : **8** FÊTE : 27 JANVIER

ORIGINE

Angèle est un dérivé féminin d'*Ange*. Voir ce prénom.

HISTOIRE

Sainte Angèle, née en Italie du Nord en 1474, orpheline à 16 ans, utilise sa fortune pour créer un ordre religieux, les Ursulines, consacré à l'éducation des jeunes filles. Lors d'un pèlerinage à Jérusalem, elle est frappée de cécité, parcourt la ville sainte sans la voir, mais retrouve la vue en repassant par l'endroit où elle l'a perdue. Elle meurt en 1540.

CARACTÈRE

Angèle, dont il faut se méfier des tendances au mysticisme, aime l'absolu au point d'envisager sans amertume le célibat. Mais lorsqu'elle se met en ménage, elle s'emploie avec talent, par sa fidélité et sa passion, à maintenir l'harmonie dans son couple. Généreuse, dévouée, elle ne semble pas donner prise à la fatigue. Elle apprécie les tâches de longue haleine et, sans être passéiste, apprécie ce qui est ancien.

CÉLÉBRITÉS ET ANECDOTES

Sainte Angèle, grande éducatrice, était invoquée par les parents pour aider les jeunes filles à conserver leur virginité.

ANGELINE

CHIFFRE : **4** FÊTE : 27 JANVIER

ORIGINE

Angeline est dérivé d'*Angèle*, lui-même dérivé d'*Ange*. Voir ce prénom.

CARACTÈRE

Adaptable comme un caméléon, elle mène sa vie avec prudence et ténacité. Originale et créative, dynamique, elle poursuit les projets les plus fous. Son besoin d'isolement peut parfois créer des tensions dans son travail. Solitude qui se retrouve souvent dans sa vie intime. Le secret qu'elle entretient sur ses rencontres et ses amours l'amuse, et elle en joue. Mais cette mystérieuse a le culte de l'amour vrai, et de l'amitié.

ANGÉLIQUE

CHIFFRE : **1** FÊTE : 27 JANVIER

ORIGINE

Angélique est dérivé d'*Angèle*, et d'*Ange*. Voir ce prénom.

CARACTÈRE

Elle fait preuve d'une grande imagination. Affectueuse et sensible, lle calme lui est indispensable pour se retrouver. Ses passions restent secrètes, et, l'amour lui fait souvent perdre la tête. Les déceptions ne l'empêche pas de réagir avec lucidité et dynamisme. La vie quotidienne avec elle est un charmant casse tête : c'est une femme d'extérieur.

CÉLÉBRITÉS ET ANECDOTES

Angélique Marquise des Anges suite romanesque et cinématographique des années 1960-70. L'*angélique* est une plante aromatique utilisée en confiserie. *Angélique* est aussi l'adjectif de ceux auxquels l'on donne le bon Dieu sans confession…

ANICET

CHIFFRE : **3** FÊTE : 17 AVRIL

ORIGINE

Anicet vient du grec *a-niketos*, l'invincible.

HISTOIRE

Saint Anicet, Syrien de naissance, fut élu pape en 157, et mourut en 168, lors des persécutions sous Marc-Aurèle.

CARACTÈRE

Très sociable et agréable à vivre, Anicet a de nombreux amis. Sa vie sentimentale parfois tumultueuse ne l'empêche pas d'être sérieux dans son travail. Il s'engage dans des causes qu'il estime juste au risque parfois de se trouver en conflit avec son entourage. Entier et réservé, il sait très vite retourner une situation à son avantage. Ses principaux défauts sont le bavardage et l'humour exagéré. Charmeur, il fait preuve d'une grande tendresse envers ceux qui l'entourent.

ANNABELLE

CHIFFRE : **8** FÊTE : 26 JUILLET, 27 FÉVRIER

ORIGINE

Annabelle est la contraction d'*Anne* et d'*Isabelle*. Voir ces prénoms.

CARACTÈRE

Elle est plus volontaire qu'imaginative, plus passionnée que sentimentale. Elle aime la gloire, et la fidélité. Avec elle, en amour comme en affaires, pas de tricheries ou de faux-semblants ; elle va droit au but, et s'il y en a qui redoutent sa franchise, nombreux sont ceux apprécient sa sérénité et son sens de l'honneur. Exigeante avec elle, elle l'est aussi avec les autres, avant d'accorder son amitié ou son amour.

CÉLÉBRITÉS ET ANECDOTES
Annabelle a été l'épouse et muse du peintre Bernard Buffet.

ANNA

CHIFFRE : **3** FÊTE : 26 MARS

ORIGINE
Anna est un dérivé méditerranéen d'*Anne*. Voir ce prénom.

HISTOIRE
Sainte Anna fut brûlée vive dans une église en Crimée dans la première moitié du IVe siècle lors de persécutions.

CARACTÈRE
C'est une impatiente, en amour comme en affaires. Cette nerveuse, pleine de vivacité, se lasse vite de ses soupirants, et s'épuise à trop se disperser. Mais quand elle a trouvé l'âme sœur, elle est d'une fidélité et d'une efficacité qui la rendent méconnaissable. Plutôt que d'avouer ses angoisses, elle préfère jouer la maladroite, et cacher le sérieux de ses projets sous une apparente futilité.

ANNE

CHIFFRE : **7** FÊTE : 26 JUILLET

ORIGINE
Anne vient de l'hébreu *Hannah*, grâce.

HISTOIRE
Anne, de la tribu de Juda, épouse de Joachim, un riche propriétaire de troupeaux, supplie Dieu, après de longues années de stérilité, de lui donner un enfant, lequel lui envoie un ange pour la rassurer sur sa maternité future : ce sera Marie, la mère de Jésus-Christ, qu'elle aura à l'âge de 67 ans…

CARACTÈRE

Femme d'affaire et créatrice, elle n'a pas peur de voir trop loin ou trop grand. Ses capacités intellectuelles sont à la mesure de ses ambitions. Volontaire, elle met beaucoup d'énergie et de patience dans sa vie de couple. D'un tempérament fier, elle cache en réalité une grande sensibilité. Sa famille, si elle n'est pas prioritaire dans sa vie, n'en est pas moins importante. Droite et franche, son jugement et sa pertinence sur les autres sont appréciés par son entourage.

CÉLÉBRITÉS ET ANECDOTES

Sainte Anne, mère à l'âge d'être grand-mère, était invoquée par les femmes contre la stérilité. Elle était patronne des métiers de couture, des marins, des meuniers et des ébénistes. Plusieurs reines et princesses ont porté ce prénom, très répandu, notamment en Bretagne.

ANNICK / ANNIE

CHIFFRE : **7** FÊTE : 26 JUILLET

ORIGINE

Annick et Annie sont des dérivés d'Anne. Voir ce prénom.

CARACTÈRE

Elle a tendance, sentimentalement, à trop vite s'emporter, puis à se laisser dévorer par l'incertitude. Mais l'instabilité amoureuse n'est pas toujours pour déplaire à cette affectueuse qui sait que pour recevoir, il faut aussi donner. Elle déteste la routine, et réussit dans les professions où l'on se remet constamment en cause. Sa situation financière s'en ressent ; il y a des hauts, mais aussi des bas… Mais elle sait qu'elle peut compter sur ses amis, qu'elle a nombreux…

ANNOUK

CHIFFRE : **3** FÊTE : 26 JUILLET

ORIGINE

Annouk est un dérivé d'Anne. Voir ce prénom.

CARACTÈRE

Gaie et souriante, elle est agréable de la côtoyer. D'un tempérament solide et déterminé, elle n'hésite pas à réagir sur tout ce qui la dérange ou la choque. Son charme tient à son style, qui n'appartient qu'à elle. Prête à tout pour conquérir l'homme qu'elle aime, elle sait lui rester fidèle et fait preuve parfois d'une jalousie excessive à son égard.

ANSELME

CHIFFRE : **8** FÊTE : 21 AVRIL

ORIGINE

Anselme, *protégé de Dieu*, vient du germanique *ans*, divinité, et *helm*, protection.

HISTOIRE

Né en 1030 en Italie, saint Anselme s'enfuit de chez lui, erre jusqu'en Normandie où il prend l'habit monastique. Il est nommé archevêque de Cantorbery en 1093, où il subit les exactions des rois d'Angleterre. À plusieurs reprises, il doit se réfugier à Rome. Il meurt le 21 avril 1109.

CARACTÈRE

Il aime la solitude, même s'il est d'un contact agréable. C'est un introverti, mais capable d'un grand dévouement., un compagnon fidèle et prévenant. Il est minutieux, appliqué, et sait prendre le temps de vivre.

CÉLÉBRITÉS ET ANECDOTES

Saint Anselme aidait à trouver les sources…

ANTHONY

CHIFFRE : **7** FÊTE : 17 JANVIER, 13 JUIN

ORIGINE

Anthony est la version anglo-saxonne d'*Antoine*.

CARACTÈRE

Plutôt calme et réfléchi, sa franchise est souvent déconcertante. Légèrement indolent, il a tendance à se laisser porter par les événements, mais pallie ce défaut par une grande intuition. Ayant insuffisamment confiance en lui, il a besoin d'être rassuré. Chez cet émotif, la colère monte aussi vite qu'elle redescend. Fidèle en amitié comme en amour, presque possessif, on peut s'appuyer sur lui, quand on est membre de son clan.

ANTOINE

CHIFFRE : **6** FÊTE : 17 JANVIER, 13 JUIN

ORIGINE
Antoine vient du latin *Antonius*, celui qui affronte l'adversité.

HISTOIRE
Saint Antoine (fête le 17 janvier), naît en Égypte vers 250 dans une famille de riches chrétiens. À 20 ans, il vend ses terres pour aider les pauvres, et se retire en plein désert, en Thébaïde. Pendant trente ans, il va lutter contre les démons de la chair (le diable lui envoyant des visions érotiques), priant à longueur de nuit. Des disciples le rejoignent. Dès qu'ils sont trop nombreux, saint Antoine s'enfonce davantage dans le désert. Par deux fois, il sort de sa retraite pour combattre les hérétiques, prêchant sur les places publiques. Il serait mort plus que centenaire, en 356.

Saint Antoine de Padoue : né dans la noblesse portugaise, il entre chez les Augustins, puis rejoint les Franciscains, qu'il va réformer. Il s'installe dans la région de Padoue où il meurt de maladie, à 36 ans, en 1231.

CARACTÈRE
Fier et confiant, plutôt calme, il est difficile pour son entourage de savoir ce qu'il pense réellement. Cependant, la franchise et la brutalité de certaines de ses décisions dans des moments stratégiques ne sont jamais remises en cause. Sa force, sa vitalité et sa volonté peuvent être épuisantes pour son entourage. Jamais en repos, jamais satisfait, il vaut mieux le connaître en dehors de son activité professionnelle. Passionné et fidèle en amour, il n'apprécie pas les femmes trop sûres d'elles (à son image) et trop sophistiquées.

CÉLÉBRITÉS ET ANECDOTES
Saint Antoine le Grand (celui de la tentation) était invoqué pour soigner les maladies de peau, dont une sorte de gale dite *feu de saint Antoine*. Il

était, à cause de son cochon, patron des bouchers, mais aussi celui des moissonneurs. Saint Antoine de Padoue était invoqué lors des accouchements, mais aussi pour retrouver les objets perdus, à condition de lui faire une offrande. Un saint Antoine (fête le 13 décembre) prêtre en Italie au XVIIe siècle était invoqué contre l'orage car lui-même avait été foudroyé, ce qui lui avait donné le don de lire dans les pensées et de déceler les menteurs, lors des confessions.

ANTOINETTE

CHIFFRE : **4**

ORIGINE
Antoinette est un dérivé féminin d'*Antoine*. Voir ce prénom.

HISTOIRE
Sainte Antoinette fut martyrisée en Asie mineure au IIIe siècle. Pendue par un bras, elle agonisa durant trois jours (fête le 4 mai), On l'invoquait pour les blessures.

CARACTÈRE
Très adaptable, Antoinette mène sa vie avec prudence et ténacité. Originale et créative, son intuition lui permet de poursuivre les projets les plus fous. Exigeante en amour et en amitié, elle est exclusive avec ses proches, qu'elle protège avec une férocité de lionne.

ANTONIN

CHIFFRE : **1** FÊTE : 2 MAI

ORIGINE
Antonin vient du latin *Antoninus*, nom d'une lignée qui donna 7 empereurs romains.

HISTOIRE
Fils d'un notaire de Florence, saint Antonin entra à 16 ans chez les Dominicains. Il en dirigea plusieurs monastères avant d'être archevêque de Florence (dont il est depuis le patron). Pour qu'il accepte cette fonction,

dont il ne voulait pas, évoquant sa santé fragile, le pape menaça de l'excommunier ! Il s'illustra en organisant des secours lors d'une famine et fut l'auteur d'ouvrages de théologie avant de mourir en 1459.

CARACTÈRE
Il aime le contact avec autrui, ne s'épanouit qu'en société. Mari fidèle, il apprécie la notoriété, le succès. La collectivité saura récompenser l'esprit d'initiative et le dévouement de cet altruiste.

APOLLINAIRE

CHIFFRE : 7 FÊTE : 23 JUILLET

ORIGINE
Apollinaire vient d'*Apollon*, le dieu gréco-romain du soleil.

HISTOIRE
Lorsque saint Pierre s'installa à Rome, il amena avec lui des disciples, dont Apollinaire, qui fut le premier évêque de Ravenne. Condamné au bannissement, il revint à Ravenne ou il fut incarcéré. Pour qu'il cesse de prier Dieu pendant son procès, les juges lui firent briser la mâchoire. Mais un ange le guérit (aussi ceux qui souffraient d'un défaut de prononciation l'invoquaient-ils). S'étant évadé, il fut reconnu par la populace qui le maltraita tant qu'il en mourut, en 79.

CARACTÈRE
Séducteur, il est instable dans sa vie affective, mais très apprécié de ses amis. C'est un rebelle qui a des difficultés à se plier à une discipline. Il est brillant, dans ses études et sa profession, et généreux au point de promettre ce qu'il n'a pas.

CÉLÉBRITÉS ET ANECDOTES
Un saint Apollinaire (fête le 8 janvier), évêque en Phrygie au IIe siècle était invoqué contre les piqûres…

Saint Apollinaire (fête le 5 octobre) fut au Ve siècle évêque de Valence (France) dont il devint le patron, et l'artisan de la conversion du roi de Bourgogne, jusqu'alors arien.

Guillaume Apollinaire, le poète d'*Alcools*…

APOLLINE

CHIFFRE : 7 FÊTE : 9 FÉVRIER

ORIGINE
Apolline est un dérivé féminin d'Apollinaire. Voire ce prénom.

HISTOIRE
Sainte Apolline, gardienne d'une église d'Alexandrie, au IIIe siècle, lors des persécutions, eut les dents brisées parce qu'elle refusait de rendre hommage aux dieux romains. Puis on menaça de la brûler vive si elle s'obstinait. Profitant de l'inattention de ses bourreaux, elle courut au bûcher et se jeta d'elle-même dans le brasier.

CARACTÈRE
Apolline a tendance, sentimentalement, à trop vite s'emporter, puis à se laisser dévorer par l'incertitude. Affectueuse, elle sait que pour recevoir, il faut aussi donner. Elle déteste la routine, et réussit dans les professions où l'on se remet constamment en cause. Elle sait qu'elle peut compter sur ses amis, et elle en a beaucoup…

CÉLÉBRITÉS ET ANECDOTES
Sainte Apolline était invoquée contre les caries, et contre les tentations de gourmandise, qui donne des caries… Toujours à cause de ses dents brisées, elle était la patronne des dentistes et des arracheurs de dents.

ARIANE

CHIFFRE : 3 FÊTE : 17 SEPTEMBRE

ORIGINE
Ariane vient du grec *Ariadné*, prénom de la fille du roi de Crète qui aide Thésée à vaincre le Minotaure.

HISTOIRE
Sainte Ariane (ou Ariadne) est, au IIe siècle, l'esclave chrétienne d'un prince grec ; pour avoir refusé de participer à des cérémonies païennes, elle est poursuivie par des soldats jusque dans une grotte. Dès qu'elle y est entrée, un énorme bloc se détache miraculeusement de la montagne pour en boucher l'accès, lui permettant d'échapper à ses persécuteurs.

CARACTÈRE

C'est une impatiente, en amour comme en affaires. Cette nerveuse, pleine de vivacité, se lasse vite de ses soupirants, et s'épuise à trop se disperser. Mais avec l'âme sœur, elle est d'une fidélité et d'une efficacité qui la rendent méconnaissable. Plutôt que d'avouer ses angoisses, elle préfère jouer la maladroite, et se cacher sous une apparente futilité.

CÉLÉBRITÉS ET ANECDOTES

Sainte Ariane était invoquée par ceux qui, égarés dans une grotte, n'en trouvaient plus la sortie.

Ariane, fille de Minos, roi de Crète, tombe amoureuse de l'Athénien Thésée, venu combattre le Minotaure, un monstre enfermé dans un labyrinthe. Pour aider Thésée à en sortir, elle lui confie *le fil d'Ariane*, qu'il déroule dans le dédale au fur et à mesure de sa progression. Lorsque Thésée repart à Athènes, il emmène Ariane, mais l'abandonne, au cours d'une tempête, sur l'île de Naxos, où elle meurt de désespoir. Le volage Thésée épousera sa sœur Phèdre. Selon une autre version, Ariane épouse Dionysos.

ARIELLE

CHIFFRE : **8**

ORIGINE

Arielle est un dérivé féminin du prénom Ariel, en hébreu *arie-el*, le lion de Dieu.

CARACTÈRE

Arielle est éprise d'absolu. Ella l'audace et le goût du pouvoir de ceux qui sont avides de réussite. Mais cet appétit n'est-il pas un complexe d'infériorité déguisé ? Lorsqu'elle se met en ménage, elle s'emploie avec talent à maintenir l'harmonie dans son couple. Généreuse, dévouée, elle ne semble pas donner prise à la fatigue. Elle apprécie les tâches de longue haleine et, sans être passéiste, aime ce qui est ancien.

CÉLÉBRITÉS ET ANECDOTES

Ariel, qui désigne, notamment, un ange déchu, est un prénom biblique. Le prophète Isaïe donne ce surnom à Jérusalem.

ARISTIDE

CHIFFRE : **6** FÊTE : 31 AOÛT

ORIGINE
Aristide vient du grec *aristos*, le meilleur, et *eidos*, fils de.

HISTOIRE
Saint Aristide, philosophe grec du IIe siècle converti au christianisme, est l'auteur d'une *Apologie de la religion chrétienne*.

CARACTÈRE
Aristide peut se montrer sévère et réservé, mais c'est un ami proche et sensible, plein de délicatesse et d'humour. Lucide et conciliant, il aspire aussi bien à la réussite professionnelle que familiale. Ce qui peut parfois le faire paraître sans ambition. Mais il se soucie peu du regard des autres.

CÉLÉBRITÉS ET ANECDOTES
Aristide le Juste fut un général et démocrate athénien qui au Ve siècle avant J.-C. fut un stratège de la bataille de Marathon contre les Perses.

ARLETTE

CHIFFRE : **9** FÊTE : 17 JUILLET

ORIGINE
Arlette est un dérivé de *Charlotte*. Voir ce prénom.

CARACTÈRE
Belle et charmante, elle est dotée d'un fort caractère. Avec elle, il faut faire preuve de patience ! Sincère, elle ne fait mystère ni de ses déconvenues, ni de ses joies. Volontaire, elle aime être la meilleure en tout. L'amour est, pour cette idéaliste, une source d'apaisement et d'équilibre.

CÉLÉBRITÉS ET ANECDOTES
Arlette, fille d'un tanneur, était la mère de Guillaume le Conquérant, dit le Bâtard.

ARMAND

CHIFFRE : **6** FÊTE : 8 JUIN

ORIGINE

Armand du haut allemand *hart*, dur, et *man*, homme.

HISTOIRE

Armand fut, au XIIe siècle, un évêque bavarois, qui mourut en Italie, après avoir réformé des communautés monastiques.

CARACTÈRE

Intelligent, réfléchi, calculateur, il a une volonté de fer pour aller au but qu'il s'est fixé. Il s'attendrit difficilement. Gros travailleur, il est pourtant, sous sa rude apparence, un être cultivé, sensible, grand amateur d'art.

ARMEL

CHIFFRE : **1** FÊTE : 16 AOÛT

ORIGINE

Armel vient du celtique *arz*, l'ours, et *moel*, le prince.

HISTOIRE

Saint Armel, moine gallois, prêcha en Bretagne où il fonda la ville de Plou-Armel (Ploërmel). Il mourut vers 550.

CARACTÈRE

Armel s'épanouit en société. Il tombe fréquemment amoureux. Il aime l'indépendance, a le goût de l'action, mais sait aussi écouter, et obéir, même s'il a un peu trop confiance en lui. C'est un inventif que les échecs stimulent.

CÉLÉBRITÉS ET ANECDOTES

Saint Armel était invoqué lors des épidémies, pour se protéger de la contagion.

ARNAUD

CHIFFRE : **5** FÊTE : 10 FÉVRIER

ORIGINE
Arnaud vient du haut allemand *arn*, l'aigle, et *walden*, le chef.

HISTOIRE
Saint Arnaud était abbé d'un monastère à Padoue au XIII siècle, alors dirigée par Ezzelino le féroce. Il s'en prit à Arnaud, qui dut s'enfuir. Il en revint lorsqu'il apprit la chute d'Ezzelino. Mais ce dernier ayant repris le pouvoir, il fit torturer et jeter Arnaud en prison, où il mourut, sept ans plus tard.

CARACTÈRE
D'apparence calme et réservée au premier abord, il est en fait dans l'intimité un étourdi. Intelligent et persuasif, il séduit les plus récalcitrants. Grand travailleur et toujours en bonne santé, on a beaucoup de mal à l'arrêter. Beau et plaisant, il n'abuse pas de ses atouts. Les décisions que prend cet ambitieux sont toujours mûrement réfléchies, et efficaces. Capricieux parfois, sans s'en rendre compte. Discret, il n'apprécie ni les fanfarons ni les femmes trop sophistiquées.

CÉLÉBRITÉS ET ANECDOTES
Arnaud de Brescia, au XII siècle, s'opposa au pouvoir temporel des papes en prêchant la pauvreté évangélique. Il fit chasser de Rome le pape Eugène III, mais son successeur s'empara de lui et le fit brûler vif, comme hérétique.

ARNOLD

CHIFFRE : **1** FÊTE : 14 AOÛT

ORIGINE
Arnold est un dérivé d'*Arnaud*. Voir ce prénom.

HISTOIRE
Saint Arnold, de la famille des comtes de Flandre, fut d'abord le chevalier Arnold le Fort : lors des tournois, il se servait d'un mât de navire comme lance, et pouvait soulever un chariot de foin ! Las de guerroyer, il entra au monastère à Soissons, où il vécut en reclus pendant trois ans, jusqu'à ce que les moines en fassent leur abbé. Nommé évêque de Soissons, il servit

de médiateur entre l'Église et les barons de Flandre. Il fonda une abbaye bénédictine, où il mourut le 15 août 1087.

CARACTÈRE

Il aime le contact avec autrui. Il ne s'épanouit bien qu'en société. Mari fidèle, il apprécie la notoriété, le succès. Sa liberté et son esprit d'indépendance, il est capable de les mettre au service de la collectivité, qui saura récompenser l'esprit d'initiative et le dévouement de cet altruiste.

CÉLÉBRITÉS ET ANECDOTES

Saint Arnold, patron des brasseurs de bière, était invoqué contre les piqûres de ronces. Un autre Arnold (fête le 19 septembre), évêque de Gap, était invoqué contre le torticolis.

ARSÈNE

CHIFFRE : **7** FÊTE : 19 JUILLET

ORIGINE

Arsène vient du grec *arsenias*, viril.

HISTOIRE

Patrice romain, saint Arsène fut appelé en 383 pour être le précepteur des fils de l'empereur de Byzance Théodose. Malgré les honneurs dont il était couvert, il s'embarqua clandestinement sur un bateau qui partait à Alexandrie où là, il se fit ermite. Il passait ses nuits à genoux, les mains tendues vers le ciel. Il ne s'arrêtait qu'à l'aube, pour dormir une heure, avant de reprendre ses prières. Il vécut ainsi jusqu'à 95 ans

CARACTÈRE

Séducteur, il est instable dans sa vie affective, mais très apprécié de ses nombreux amis, quand il daigne les écouter. C'est un rebelle qui a du mal à se plier à une discipline. Il est brillant, et généreux au point de promettre ce qu'il n'a pas.

CÉLÉBRITÉS ET ANECDOTES

Saint Arsène, patron des pédagogues, était invoqué pour donner le goût de l'étude aux enfants. Arsène Lupin, gentleman cambrioleur, personnage romanesque de Maurice Leblanc.

ARTHUR

CHIFFRE : **2** FÊTE : 15 NOVEMBRE

ORIGINE

Arthur vient du celtique *arz*, l'ours.

HISTOIRE

Saint Arthur fut un religieux anglais assassiné en 1539 sur ordre du roi d'Angleterre Henri VIII' pour s'être opposé à la rupture avec Rome, d'où allait naître la religion anglicane.

CARACTÈRE

Respectueux de la liberté des autres et de leur intimité, il est volontaire, réfléchi et honnête. On lui reproche même parfois d'en faire un peu trop. L'exigence qu'il a pour son travail agace souvent ses collègues ou subalternes. Très tranché sur ce qui est bien ou mal, il n'apprécie pas les beaux parleurs. D'un caractère entier, il sait se montrer ambitieux aux moments propices, et apprécie qu'on lui résiste (mais pas trop). L'amour, quand il le trouve, le rend tendre et beaucoup moins exigeant. Il est sincère en amour comme en amitié.

CÉLÉBRITÉS ET ANECDOTES

Le légendaire souverain celte Arthur, roi des Chevaliers de la Table ronde ; plusieurs rois de Bretagne ont porté ce prénom. Arthur Rimbaud, poète précoce des *Illuminations*.

ASSAD

CHIFFRE : **8**

ORIGINE

Assad vient de l'arabe *asad*, le lion.

CARACTÈRE

Il aime la solitude, même s'il est d'un contact agréable. C'est un introverti, capable de dévouement et de générosité, malgré une apparente distance dès que l'on fait mine de s'intéresser à sa vie privée. Bon compagnon, fidèle (jusqu'à sa prochaine conquête) et prévenant. Professionnellement, il a le goût du pouvoir, mais il sait prendre le temps de vivre.

ASTRID

CHIFFRE : **8** FÊTE : 27 NOVEMBRE

ORIGINE

Astrid vient du germanique *asa*, le dieu, et *trud*, la fidélité.

CARACTÈRE

Elle est éprise d'absolu et de réussite. Mais cet appétit n'est-il pas un complexe d'infériorité déguisé ? Lorsqu'elle se met en ménage, elle s'emploie avec talent à maintenir l'harmonie dans son couple. Généreuse, dévouée, elle ne semble pas donner prise à la fatigue.

CÉLÉBRITÉS ET ANECDOTES

Astrid, mère du roi de Norvège, au Xe siècle, fut à l'origine de la conversion de ce dernier. Astrid, reine de Belgique d'origine suédoise, mourut en 1935 dans un accident de voiture.

ATHANASE

CHIFFRE : **2** FÊTE : 2 MAI

ORIGINE

Athanase vient du grec *athanatos*, immortel.

HISTOIRE

Né à Alexandrie à la fin du IIIe siècle, saint Athanase fut évêque de cette ville et lutta contre les ariens. Pour leur échapper, il dut se réfugier dans le désert, vivant 5 ans caché dans une grotte, puis dans un caveau. Il mourut le 2 mai 373.

CARACTÈRE

C'est un grand sensible. Imaginatif et brouillon, il sait séduire. Son esprit inventif et son à-propos lui permettent d'exceller dans les métiers de communication. Mais son manque de rigueur peut le desservir. Toutefois, la chance, qui aime les séducteurs, est avec lui.

CÉLÉBRITÉS ET ANECDOTES

Saint Athanase était invoqué contre les hémorroïdes.

AUBIN

CHIFFRE : **4** FÊTE : 1ER MARS

ORIGINE

Aubin est un dérivé d'*Albin*. Voir ce prénom.

CARACTÈRE

Très adaptable, il mène sa vie professionnelle avec prudence et ténacité. Le travail ne lui fait pas peur. Original et créatif, les idées nouvelles le dynamisent et son intuition lui permet de poursuivre les projets les plus fous. Son besoin d'isolement peut parfois créer des tensions dans son entourage, ainsi que sa tendance au pessimisme, et à l'entêtement. Mais ce mystérieux a le culte de l'amour vrai et de l'amitié.

AUDE

CHIFFRE : **4** FÊTE : 18 NOVEMBRE

ORIGINE

Aude vient d'une racine germanique *alda*, ancien.

HISTOIRE

Le culte de sainte Aude débute lorsque saint Louis revient de Terre sainte avec les reliques de la Passion. Lors de la procession, les chanoines portent une châsse "renfermant le corps de sainte Aude". Qui est-elle ? Une compagne de Geneviève, lors du siège de Paris par les Huns, au Ve siècle ?

CARACTÈRE

Volontaire et possessive, sa vie amoureuse est intense. Active, elle ne tient pas en place. Sa moralité s'adapte aux situations qu'elle affronte. Capricieuse, elle peut changer d'avis à chaque instant. L'amitié sincère la touche et fait ressortir ce qu'il y a de meilleur en elle. Sensible et douce, elle ne le montre que très rarement ne souhaitant pas trop dévoiler cette fragilité. Amoureuse, elle est exclusive. Pour autant, cela ne l'empêche pas d'être lucide et exigeante sur ses relations de couple.

CÉLÉBRITÉS ET ANECDOTES

La belle Aude aux bras blancs, fiancée du preux Roland, neveu de Charlemagne, mort à Roncevaux.

AUDREY

CHIFFRE : **2** FÊTE : 23 JUIN

ORIGINE
Audrey vient du celtique *alt*, puissant et *rœn*, royal.

HISTOIRE
Sainte Audrey, fille d'un roi d'un État d'Angleterre, au VIIᵉ siècle, voulait être religieuse. Son père, lui, voulait la marier. Après un premier mari qui accepta un mariage blanc, elle dut en épouser un autre qui voulut consommer leur union. Audrey, pour préserver sa vertu, préféra s'enfuir et fonder un monastère dans l'Est de l'Angleterre, où elle s'éteignit.

CARACTÈRE
C'est une grande sentimentale. Imaginative autant qu'intuitive, elle a la séduction facile, malgré les déceptions amoureuses. Son esprit inventif lui permet de dominer les obstacles, son sens d'autrui lui permet de briller en société.

CÉLÉBRITÉS ET ANECDOTES
Sainte Audrey était invoquée contre les maux de gorge.

AUGUSTA

CHIFFRE : **9** FÊTE : 28 AOÛT

ORIGINE
Augusta est un dérivé d'*Auguste*. Voir ce prénom.

CARACTÈRE
D'une grande sensibilité de cœur et toujours prête à rendre service, elle apporte toujours beaucoup aux autres. C'est l'amour et non l'ambition qui la fait agir, pour aller au bout de ses combats et espoirs. Sa séduction naturelle et sa sincérité sont ses armes. Sa franchise lui vaut parfois des remarques désobligeantes, mais elle peut compter sur le soutien de ses amis en cas de besoin. Les échecs ne lui font pas peur. Cependant, on a parfois du mal à comprendre sa soudaine brusquerie et ses enfantillages.

AUGUSTE

CHIFFRE : **4** FÊTE : 7 OCTOBRE

ORIGINE

Auguste vient du latin *augustus*, vénérable.

CARACTÈRE

Très adaptable, il mène sa vie avec prudence et ténacité. Original et créatif, son intuition lui permet de poursuivre les projets les plus fous. Son besoin d'isolement peut parfois créer des tensions. Le secret qu'il entretient sur ses rencontres et ses amours le rend attirant auprès des femmes, et il s'en amuse. Ce mystérieux a le culte de l'amour vrai, et de l'amitié.

CÉLÉBRITÉS ET ANECDOTES

Auguste Comte le philosophe, Auguste Rodin le sculpteur, Auguste Renoir le peintre. César Auguste, le premier empereur de droit divin.

AUGUSTIN

CHIFFRE : **4** FÊTE : 28 AOÛT

ORIGINE

Augustin est un dérivé d'*Auguste*. Voir ce prénom.

HISTOIRE

Saint Augustin, né en 354 en Numidie est un riche païen qui, sous l'influence de sa mère sainte Monique, se convertit au christianisme après avoir étudié diverses religions. Il devint évêque d'Hippone (Bône, Algérie), où il mourut le 28 août 430, à 77 ans, alors que la ville était assiégée par les Vandales. Il laissa des ouvrages qui ont été à la base de la théologie chrétienne.

CARACTÈRE

Volontaire et possessif, sa vie amoureuse est intense. Actif, il ne tient pas en place, ce qui déplaît à son entourage. Sa moralité s'adapte aux situations qu'il affronte. Insatisfait, il peut changer d'opinion ou de projet à chaque instant. L'amitié sincère le touche profondément et fait ressortir ce qu'il y a de meilleur en lui. Sensible, il ne le montre que très rarement, ne souhaitant pas dévoiler ce qu'il prend pour une fragilité. Il est lucide et exigeant sur ses relations de couple.

CÉLÉBRITÉS ET ANECDOTES

Saint Augustin, quand il était invoqué, faisait fuir les rats, et purifiait la vigne de ses parasites. Augustin de Cantorbery (fête le 26 mai), d'origine romaine, à la fin du VIe siècle, avec 40 moines convertit les Saxons d'Angleterre au christianisme. Il mourut à Cantorbery le 26 mai 605.

Augustin, *le Grand Meaulnes* d'Alain Fournier.

AUGUSTINE

CHIFFRE : **1** FÊTE : 28 AOÛT

ORIGINE

Augustine est un dérivé féminin d'*Auguste*. Voir ce prénom.

CARACTÈRE

Elle s'épanouit facilement en société. Elle tombe aussi fréquemment amoureuse. Elle aime l'indépendance, a le goût de l'action, mais sait aussi écouter, et obéir, même si elle a un peu trop confiance en elle. C'est une imaginative qui préfère la création à la routine, et que les échecs stimulent.

AURÉLIE

CHIFFRE : **5** FÊTE : 15 OCTOBRE

ORIGINE

Aurélie est un dérivé féminin d'*Aurélien*. Voir ce prénom.

HISTOIRE

La légende la prétend fille du roi Hugues Capet. Née vers 950, sainte Aurélie, fiancée malgré elle, s'enfuit et trouve refuge auprès de saint Wolfgang, évêque de Ratisbonne. Elle construit un ermitage où elle vivra 52 ans sans jamais en sortir. À sa mort, l'ermitage devient une chapelle miraculeuse.

CARACTÈRE

Sa volonté de réussir ne l'empêche pas d'être fidèle et disponible. Ses activités professionnelles et amicales sont toujours à rebondissements ; querelles, rencontres et réconciliations. Les apparences comptent peu pour elle mais le beau l'attire et elle aime transmettre ses engouements aux autres.

AURÉLIEN

CHIFFRE : **4** FÊTE : 16 JUIN

ORIGINE

Deux traductions pour ce prénom. Une d'origine latine, *aurum*, l'or. Et une autre d'origine grecque *aura*, souffle léger.

HISTOIRE

Évêque d'Arles au VIᵉ siècle, saint Aurélien créa en Gaule deux monastères, où il imposa l'enseignement de la lecture et de l'écriture, et mourut à Lyon le 16 juin 551.

CARACTÈRE

Possédant le sens de l'amitié, il est agréable à vivre. Il sait être le confident idéal en cas de besoin. D'un tempérament dynamique et impatient, il est parfois incompris de ses proches qui n'adhèrent pas automatiquement à ses projets ou à ses changements. Drôle et fin d'esprit, il a l'habitude de séduire son assistance aussi bien masculine que féminine. Sa morale et sa droiture sont à toute épreuve. L'amour est un jeu pour lui, et il garde de très bonnes relations avec ses anciennes compagnes.

CÉLÉBRITÉS ET ANECDOTES

Saint Aurélien était invoqué par les goinfres pour éviter l'indigestion. Un autre saint Aurélien, évêque de Limoges au IIIᵉ siècle (fête le 10 mais), aidait les sourds à mieux entendre.

AURORE

CHIFFRE : **6** FÊTE : 15 OCTOBRE

ORIGINE

Aurore vient du nom latin *Aurora*, la déesse du jour.

CARACTÈRE

Aussi émotive que volontaire, ce qui peut faire croire à son entourage qu'elle est futile. Subtile et spirituelle, quoique timide, ses réparties font mouche, quand elle se sent en confiance, et sa conversation est recherchée. Son charme et son intelligence n'empêchent pas simplicité et modestie, gentillesse et bonté. Son solide sens pratique se double d'une obstination qui peut aller jusqu'à l'entêtement. Au paraître elle préfère l'efficacité. Avec elle, professionnellement ou sentimentalement, c'est "du solide".

CÉLÉBRITÉS ET ANECDOTES
Aurore, le vrai prénom de George Sand

AVA

CHIFFRE : **6** FÊTE : 29 AVRIL

ORIGINE
Deux traductions possibles pour ce prénom. Une d'origine latine, *avitus*, nom d'une famille romaine. Et un dérivé des prénoms Éva, ou Ève. Voir ce prénom.

CARACTÈRE
Elle est affectueuse, et aime la vie familiale. Elle fait passer son romantisme avant son désir d'autonomie. Ce qui ne l'empêche pas d'apprécier le changement, et, s'il ne survient pas assez vite, de le provoquer. Cette séductrice efficace, aime à regrouper autour d'elle ceux qu'elle aime, auxquels elle donne sa chaleur sans compter. À l'argent et à la réussite, elle préfère l'amour et la sincérité

CÉLÉBRITÉS ET ANECDOTES
Ava Gardner, beauté fatale et hollywoodienne.

AXELLE

CHIFFRE : **5** FÊTE : 21 MARS

ORIGINE
Dérivé féminin d'Axel, un prénom hébreu contraction d'*alba*, le père, et *shalom*, la paix.

CARACTÈRE
Elle est affectueuse, mais peut se montrer infidèle, tant elle aime la nouveauté, et l'aventure… Idéaliste, dynamique et douée de l'esprit d'initiative, elle est appréciée de son entourage, et de ses clients, car elle excelle

dans le commerce. Cette "bosseuse" qui, sous une apparente décontraction, cache une grande application, est parfois trahie par sa nervosité qui se manifeste en cas de grosse fatigue.

CÉLÉBRITÉS ET ANECDOTES
Saint Axel, au XIIe siècle, archevêque conseiller du roi du Danemark contribua à la fondation de Copenhague.

AZIZ

CHIFFRE : **8**

CARACTÈRE
Conquérant, il l'est dans tous les aspects de sa vie. Ce fonceur oublie de regarder derrière lui. Ambitieux, mais pas pour autant opportuniste, il prend le temps d'écouter ; il sait se montrer généreux, et d'une droiture exemplaire. Ce tendre caché est en fait un grand maladroit. Pour son équilibre, il a besoin d'un environnement familial chaleureux et serein, même si, parfois, il ne peut résister à la tentation et se révèle volage.

AZIZA

CHIFFRE : **9**

ORIGINE
Dérivé féminin d'Aziz.

CARACTÈRE
Possédant le sens de l'amitié, elle est agréable à vivre. Elle est la confidente idéale. D'un tempérament dynamique et impatient, elle est parfois incomprise de ses proches qui n'adhèrent pas automatiquement à ses projets ou à ses changements. Drôle et fine d'esprit, elle a l'habitude de séduire son assistance aussi bien masculine que féminine. Sa morale et sa droiture sont à toute épreuve. L'amour est un jeu pour elle.

BALTHAZAR

CHIFFRE : **7** FÊTE : 6 JANVIER

ORIGINE

Balthazar vient de *Bel Shar Ousour*, nom d'un roi de Babylone auquel le prophète Daniel prédit une mort prochaine.

HISTOIRE

Balthazar, représentant la race noire est, avec Gaspard et Melchior, l'un des trois rois mages venus d'Orient, guidés par une étoile jusqu'à la grotte de Bethléem où Jésus venait de naître.

CARACTÈRE

Séducteur, il est instable dans sa vie affective, mais très apprécié de ses amis. C'est un rebelle qui a des difficultés à se plier à une discipline. Il est brillant, dans ses études et sa profession, et généreux au point de promettre ce qu'il n'a pas.

CÉLÉBRITÉS ET ANECDOTES

Saint Balthazar, patron des joueurs de cartes, était invoqué contre l'épilepsie.

BAPTISTE

CHIFFRE : **7** FÊTE : 24 MAI

ORIGINE
Baptiste vient du grec *baptizein*, immerger.

HISTOIRE
Il n'y a pas de saint Baptiste. Le saint patron, c'est Jean le Baptiste. Vivant dans le désert, sur les bords du Jourdain, il baptise ceux qui veulent se purifier dans l'attente du Messie, dont il annonce la venue imminente. Lorsque Jésus, son cousin, se présente à lui, il le reconnaît, grâce à une colombe descendue au-dessus de sa tête. Ayant reproché au roi Hérode d'avoir séduit Hérodiade, la femme de son frère, il est emprisonné. Salomé, fille d'Hérodiade, ayant subjugué Hérode en dansant devant lui, il promet de lui accorder tout ce qu'elle voudra. Sur les conseils de sa mère, elle demande la tête de Jean le Baptiste. Le quel est aussitôt décapité, et s tête présentée à Salomé sur un plateau d'argent.

CARACTÈRE
D'une morale et d'une·honnêteté irréprochable, il est cependant indulgent pour les autres, même quand ils ne l'imitent pas. De bon conseil en général, on n'hésite pas a lui demander son avis. Sa carrière se passe sans heurt, rien ne l'arrête sur le chemin de la réussite. Sa timidité et sa réserve surprennent ; distingué et fin dans ses rapports avec les femmes, il ne sait pas dire non de manière directe. Sensible et fidèle, c'est un compagnon avec qui il est agréable de vivre.

BARBARA

CHIFFRE : **7** FÊTE : 4 DÉCEMBRE

ORIGINE
Barbara vient du latin *barbarus* ; ainsi les Romains désignaient-ils les étrangers. Voir *Barbe*.

CARACTÈRE
D'un caractère plutôt capricieux, elle a une haute opinion d'elle-même. Invivable pour son entourage, elle sait pourtant se montrer affectueuse

et gentille. On a beaucoup de mal à lui refuser quoi que ce soit. Intelligente, elle sait exactement ce qu'elle veut être et rien ne semble pouvoir la détourner de ses ambitions. L'amour tient moins de place dans sa vie que sa réussite professionnelle.

CÉLÉBRITÉS ET ANECDOTES
Barbara, grande chanteuse "rive gauche".

BARBE

CHIFFRE : **1** FÊTE : 4 DÉCEMBRE

ORIGINE
Diminutif de *Barbara*. Voir ce prénom.

HISTOIRE
Sainte Barbe, fille d'un notable de Nicomédie (Turquie), au IIIe siècle, reçoit une éducation raffinée, mais païenne. Mais, secrètement, elle se fait chrétienne. Son père s'étonnant de la voir repousser plusieurs demandes en mariage découvre les croix qu'elle a peintes sur les murs. Fou de rage, son père la dénonce au gouverneur qui la fait supplicier : on la brûle avec des lames rougies au feu, on lui meurtrit la tête à coups de marteau, on lui arrache les seins avec des griffes de fer. Son père, le 4 décembre 235, finit par lui couper lui-même la tête. C'est alors que la foudre du ciel s'abat sur lui et le gouverneur, les carbonisant tous les deux !

CARACTÈRE
Elle est simple et sophistiquée à la fois. Sensible et émotive, elle a un goût très prononcé pour la justice, et se montre toujours franche et directe dans les situations amicales et amoureuses. Toujours prête à rendre service, elle a parfois, à trop se replier sur elle-même, tendance à se couper des réalités. Sa conversation spirituelle fait qu'on lui pardonne bien volontiers ses changements d'opinion. Elle ne confond jamais sa vie professionnelle, dans laquelle elle se montre très active, et sa vie privée.

CÉLÉBRITÉS ET ANECDOTES
Sainte Barbe, patronne des artilleurs, des cuisiniers, des fossoyeurs et des pompiers, était invoquée par ceux qui craignaient une mort subite.

BARNABÉ

CHIFFRE : **3** FÊTE : 11 JUIN

ORIGINE
Barnabé vient de l'hébreu *bar nabas*, fils de prophète.

HISTOIRE
Saint Barnabé, l'un des 72 disciples de Jésus, originaire de Chypre, aida saint Paul à faire éclore le christianisme à Antioche, et prêcha en Asie mineure, en Italie (il aurait été le premier évêque de Milan) avant de retourner à Chypre où il fut martyrisé en 61.

CARACTÈRE
Agréable à vivre, il a de nombreux amis. Sa vie sentimentale tumultueuse ne l'empêche pas d'être sérieux dans son travail. Il sait retourner une situation à son avantage. Ses principaux défauts sont le bavardage et un humour souvent exagéré. Laq tendresse est l'arme de ce charmeur.

CÉLÉBRITÉS ET ANECDOTES
Saint Barnabé, patron des fabricants de baquets, était invoqué pour retrouver des objets perdus. En effet, au XIe siècle, saint Barnabé apparut en rêve à l'archevêque de Belley pour lui annoncer où il était enterré. On ouvrit la tombe : le corps du saint se trouvait bien là !

BARTHÉLEMY

CHIFFRE : **1** FÊTE : 24 AOÛT

ORIGINE
Barthélemy vient de l'hébreu *bar tolomaï*, fils de Tolomaï.

HISTOIRE
Saint Barthélemy de Galilée est un des douze apôtres. Érudit, il voyagea vers l'Orient pour répandre le christianisme, et en Arménie, où on l'écorcha vif.

CARACTÈRE
Il s'épanouit facilement en société. Il tombe aussi fréquemment amoureux. Il aime l'indépendance, mais sait aussi écouter, et obéir aux autres, pour apprendre. C'est un inventif qui préfère la création à la routine.

CÉLÉBRITÉS ET ANECDOTES

Saint Barthélemy, dont la fête, le 24 août 1572, donna lieu, lors des noces d'Henri IV avec la fille de Catherine de Médicis, au massacre des protestants, était connu, avant ce carnage, pour être le patron des… bouchers, et tanneurs de peau (martyre oblige). On l'invoquait comme réveille-matin : le soir, lors d'une prière à son intention, on précisait l'heure à laquelle on pouvait être réveillé par ses soins !

BASILE

CHIFFRE : **1** FÊTE : 2 JANVIER

ORIGINE

Basile vient du grec *Basileus*, roi.

HISTOIRE

Saint Basile, docteur de l'Église, né en Cappadoce en 329, est avocat, avant de se retirer dans une communauté où le temps est partagé entre l'étude et le travail de la terre. Évêque de Césarée en 365, il continue, vêtu d'une grossière tunique, à se nourrir de glands et de légumes, servant les malades et prêchant. Il tient tête à l'empereur, rétablit, en dialoguant avec le pape, l'unité entre les Églises de Rome et d'Orient et meurt le 2 janvier 379.

CARACTÈRE

Il aime le contact avec autrui, ne s'épanouit bien qu'en société. Même mari fidèle, il apprécie la notoriété, le succès, et préfère la collectivité à l'intimité.

CÉLÉBRITÉS ET ANECDOTES

Le père de saint Basile, autre saint Basile, dit *l'Ancien*, par opposition à son fils dit *le Grand* (fête le 30 mai), était invoqué par ceux qui, expulsés, cherchaient un nouveau toit. Saint Basile (fête le 22 mars), fut, en Anatolie, au IVe siècle, martyrisé sous Julien l'Apostat ; on lui arracha toutes les dents ; raison pour laquelle on l'invoquait lors des rages de dents. Chaque jour, on lui enlevait sept lanières de peau. Quand il eut toute la chair à vif, on le fit griller. Saint Basile (fête le 1er janvier), évêque d'Aix-en-Provence au Ve siècle, était invoqué lors de douleurs hémorroïdales.

BASTIEN

CHIFFRE : **7** FÊTE : 20 JANVIER

ORIGINE

Bastien est un diminutif de Sébastien. Voir ce prénom.

CARACTÈRE

Ambitieux et honnête, c'est un travailleur rigoureux et organisé, qui aime le travail bien fait. D'un tempérament solitaire, les femmes l'intimident ; mis en confiance, c'est un séducteur discret, un compagnon attentionné.

BASTIENNE

CHIFFRE : **8** FÊTE : 20 JANVIER

ORIGINE

Bastienne est un diminutif féminin de Sébastien. Voir ce prénom.

CARACTÈRE

Elle est généreuse et femme de caractère. Gaie et communicative, à la fois tempérée et fonceuse, elle a appris à séduire sans être pour autant provocante. Lucide sur ses capacités, elle sait mettre en avant ce qu'elle a de meilleur. L'amour est paradoxalement indispensable à cette indépendante.

BAUDOUIN

CHIFFRE : **7** FÊTE : 17 OCTOBRE

ORIGINE

Baudouin vient du germanique *bald*, audacieux, et *win*, ami.

HISTOIRE

Saint Baudouin fut un moine flamand disciple de saint Bernard de Clairvaux qui fonda un monastère cistercien en Belgique, où il mourut en 1205.

CARACTÈRE

Plutôt calme et réfléchi, il peut s'entêter. Sa franchise est souvent déconcertante. Indolent, il a tendance à se laisser porter par les événements, mais pallie ce défaut par une grande intuition. Chez cet émotif, la colère monte aussi vite qu'elle redescend. Fidèle en amitié comme en amour, possessif, il s'engage avec beaucoup de conviction et on peut s'appuyer sur lui, quand on est membre de son clan.

CÉLÉBRITÉS ET ANECDOTES

Saint Baudouin était invoqué pour faire face à ses créanciers; de son vivant, cet abbé prêtait de l'argent aux commerçants, et, médiateur d'avant la lettre, incitait les débiteurs à s'acquitter de leurs dettes, en les renégociant. Plusieurs rois de Byzance portèrent ce prénom, très répandu au Moyen Âge en Flandre.

BÉATRICE

CHIFFRE : **6** FÊTE : 13 FÉVRIER

ORIGINE

Béatrice vient du latin *béatus*, bienheureux.

HISTOIRE

Sainte Béatrice fut martyrisée à Rome en 305. Un officier de l'armée impériale, Lucrèce, qui convoitait sa maison, la dénonça comme chrétienne. Béatrice fut décapitée, et lorsque l'officier alla prendre possession de son nouveau logis, il fut reçu par le diable, qui l'emmena illico en enfer…

CARACTÈRE

Sereine en toutes circonstances, son caractère est franc et agréable. Subtile, quoique timide, sa conversation est recherchée. Son charme et son intelligence n'empêchent pas simplicité et modestie, gentillesse et bonté. Son solide sens pratique se double d'une obstination qui peut aller jusqu'à l'entêtement. Au paraître elle préfère l'efficacité. C'est plus une femme de l'ombre, mais avec elle, sentimentalement, c'est "du solide".

CÉLÉBRITÉS ET ANECDOTES

Sainte Béatrice était invoquée lors des crises d'asthme.

Sainte Béatrice Da Silva (fête le 16 août) était la fille d'un aristocrate portugais. À 20 ans, elle se rendit en Espagne au mariage de sa tante Isabelle de Castille et du roi d'Espagne Jean II. Malgré sa beauté et ses nombreux courtisans, elle rentra au convent et fonda avec douze autres religieuses l'ordre de l'Immaculée Conception. Elle mourut en 1490. Une autre sainte Béatrice, originaire de l'Isère, fonda dans la Drôme la chartreuse d'Eymeu, et y mourut en 1303.

BÉNÉDICTE

CHIFFRE : **4** FÊTE : 16 MARS

ORIGINE
Bénédicte vient du latin *benedictus*, béni de Dieu. Forme féminine de *Benoît*. Voir ce prénom.

HISTOIRE
Sainte Bénédicte succéda à sainte Claire, fondatrice des Clarisses de Saint-Damien-d'Assise, et y mourut en 1260.

CARACTÈRE
Volontaire et possessive, sa vie amoureuse est intense. Sa moralité s'adapte aux situations qu'elle affronte. Capricieuse, elle change souvent. L'amitié fait ressortir ce qu'il y a de meilleur en elle. Sensible et douce, elle le montre rarement ne souhaitant pas trop dévoiler cette fragilité. Amoureuse, elle est exclusive.

CÉLÉBRITÉS ET ANECDOTES
Autre sainte Bénédicte (fête le 6 mai), une abbesse d'un couvent romain, au VIe siècle, qui été invoquée pour calmer les petits enfants en colère…

BENJAMIN

CHIFFRE : **5** FÊTE : 31 MARS

ORIGINE
Benjamin vient de l'hébreu *ben yamin*, fils de la chance. Il est aussi synonyme de dernier-né.

HISTOIRE
Saint Benjamin était un jeune prêtre chrétien en Perse, au Ve siècle. Un temple païen ayant été incendié, on l'en accusa ; on lui perça les ongles avec des épines, puis on l'empala.

CARACTÈRE

Sérieux avec un goût pour la précision qui frise l'obsession dans sa vie professionnelle, il entretient, dans sa vie privée, un fouillis continuel. Cette ambivalence se retrouve dans ses amitiés et ses amours. A la fois sérieux et pittoresque, rien ne se passe jamais comme il le souhaite. Cependant, il arrive toujours à trouver le moyen pour s'en sortir. C'est un joueur, et s'il adore gagner, il sait se montrer aussi bon perdant.

CÉLÉBRITÉS ET ANECDOTES

Saint Benjamin était invoqué pour raffermir les ongles.

BENOÎT

CHIFFRE : **2** FÊTE : 11 JUILLET

ORIGINE

Benoît vient du latin *benedictus*, béni de Dieu.

HISTOIRE

Saint Benoît naît dans l'aristocratie à Nursie en Italie en 480. Il commence ses études à Rome puis part vivre pendant trois ans dans une grotte. À son retour, on lui propose de diriger un monastère. Mais la règle qu'il impose est si sévère que ses moines tentent de l'empoisonner. Il quitte le monastère et se rend au Mont Cassin ou il fonde les Bénédictins. Il y meurt le 21 mars 547. Ses restes reposent dans la crypte de Saint-Benoit-sur-Loire.

CARACTÈRE

Il aime être seul mais n'en est pas pour autant un solitaire. La compagnie de ses amis lui est indispensable et il aime leur être agréable. Le contact facile, il est un fin diplomate et sa patience semble sans limite. Sa séduction est intérieure. Le rêve de trouver la femme idéale le hante. Même si cela lui prend du temps, il arrive toujours à ses fins.

CÉLÉBRITÉS ET ANECDOTES

Saint Benoît était invoqué pour faire échec au démon. Il aurait été, une nuit, enfermé par le roi des Goths dans un four à pain, et en serait sorti le lendemain non pas carbonisé, mais frais et dispos. Donc on l'invoquait aussi contre les brûlures! Il veillait aussi sur les arbres fruitiers lorsqu'au début du printemps, on redoute sur leurs fleurs la "brûlure" du gel.

BÉRENGER

CHIFFRE : **2** FÊTE : 26 MAI

ORIGINE

Béranger vient du haut germanique *ber*, l'ours, et *gari*, la lance.

CARACTÈRE

Bien qu'apparemment sûr de lui, c'est un grand sensible, un anxieux. Imaginatif, et désinvolte, il adore séduire. Son charme un peu rugueux le fait croire naïf (ce qu'il n'est pas) et sincère (ce qu'il n'est pas toujours) et le sert dans la vie professionnelle. Si son manque de rigueur peut le desservir, il finit toujours par retomber sur ses pieds…

BÉRENGÈRE

CHIFFRE : **7** FÊTE : 26 MAI

ORIGINE

Bérangère est le féminin de *Bérenger*. Voir ce prénom.

CARACTÈRE

Plutôt calme et réfléchie, elle peut s'entêter. Sa franchise est souvent déconcertante. Légèrement indolente, elle a tendance à se laisser porter par les événements, mais pallie ce défaut par une grande intuition. Ayant insuffisamment confiance en elle, elle a besoin d'être rassurée. Chez cette émotive, la colère monte aussi vite qu'elle redescend. Fidèle en amitié comme en amour, presque possessive, elle préfère s'entourer d'amis de longue date, en lesquels elle a toute confiance. On peut s'appuyer sur elle, quand on a son amour, ou son amitié.

BÉRÉNICE

CHIFFRE : **7** FÊTE : 4 FÉVRIER

ORIGINE

Bérénice vient du grec *phéréniké*, porteuse de victoire. Sa forme latine est *Véronique*. Voir ce prénom.

CARACTÈRE

Elle a tendance à trop vite s'emporter, puis à se laisser dévorer par l'incertitude. Mais l'instabilité amoureuse n'est pas toujours pour déplaire à cette affectueuse qui sait que pour recevoir, il faut aussi donner. Elle déteste la routine, et se remet constamment en cause. Sa situation financière s'en ressent ; il y a des hauts, mais aussi des bas... Mais elle sait qu'elle peut compter sur ses amis, qui savent que derrière son autorité naturelle se cache une grande sensibilité...

CÉLÉBRITÉS ET ANECDOTES

Bérénice, tragédie de Racine. Plusieurs princesses de la famille des Ptolémées, pharaons d'Égypte ont porté ce prénom.

BERNADETTE

CHIFFRE : **4** FÊTE : 18 FÉVRIER

ORIGINE

Bernadette est un dérivé féminin de *Bernard*. Voir ce prénom.

HISTOIRE

Bernadette Soubirous (Lourdes 1844 - Nevers 1879) est une paysanne qui, à 14 ans, voit la Vierge dans la grotte de Lourdes, devenue depuis un haut lieu de pèlerinage. Poursuivie par l'incompréhension générale (y compris par celle du clergé, qui, ensuite, exploitera "sa" grotte miraculeuse), elle entre dans un couvent où, malade, astreinte à des tâches ingrates, dans une totale austérité, elle meurt à 35 ans.

CARACTÈRE

Volontaire et possessive, sa vie amoureuse est intense. Active, elle ne tient pas en place. Insatisfaite, elle peut changer d'opinion ou de projet à chaque instant. L'amitié sincère la touche profondément et fait ressortir ce qu'il y a de meilleur en elle. Sensible et douce, elle ne le montre que très rarement ne souhaitant pas trop dévoiler cette fragilité. Amoureuse, elle est exclusive. Pour autant, cela ne l'empêche pas d'être lucide et exigeante sur ses relations de couple.

CÉLÉBRITÉS ET ANECDOTES

Sainte Bernadette, modèle d'humilité, est invoquée, depuis sa canonisation (1933) contre le péché d'orgueil.

BERNARD

CHIFFRE : **8** FÊTE : 20 AOÛT

ORIGINE
Bernard vient du germanique *ber*, l'ours, et *hard*, fort.

HISTOIRE
Bernard de Clairvaux naît près de Dijon en 1090. Moine à Cîteaux, il fonde en 1115 le monastère de Clairvaux. Petit homme maladif, à l'éloquence enflammée, il impose à ses moines comme à lui même une discipline ascétique. Conseiller des rois et des papes, il prêche la seconde croisade et rédige la Règle des Templiers. Il meurt à Clairvaux en 1153.

CARACTÈRE
Possédant le goût du travail collectif, il ne déteste pas pour autant être mis en avant. Réfléchi et honnête, il ne fait rien à la hâte. Doté d'une force de caractère redoutable, il assume ses responsabilités, quitte à en bousculer l'ordre établi. L'écoute et la compréhension des autres lui permet d'évoluer dans le bon sens. Sentimentalement, c'est un fidèle qui, pour le rester, saura tenir tête aux entreprises de séduction de celles qui voudraient partager l'intimité de ce fonceur.

CÉLÉBRITÉS ET ANECDOTES
Saint Bernard (qui était insomniaque) était invoqué… pour faire cesser les ronflements ! Saint Bernard de Menthon (fête le 12 mars) évêque mort centenaire en 1109, fondateur de l'hospice de Saint-Bernard, dans les Alpes, était invoqué pour ne pas se perdre dans la neige. C'est le saint patron des alpinistes depuis 1932.

BERTHE

CHIFFRE : **4** FÊTE : 11 MAI, 4 JUILLET

ORIGINE
Berthe vient du germanique *behrt*, renommé.

HISTOIRE
Sainte Berthe, au VIIIᵉ siècle, à la cour des rois mérovingiens, était mariée à un seigneur de l'Artois. Elle fonda, à la mort de ce dernier, un couvent

où elle se fit emmurer vivante ; elle vécut 25 ans dans cette prison (fête le 4 juillet). Autre sainte Berthe, au VIIe siècle, une princesse épouse de saint Gombert, guerrier franc devenu évêque. À sa mort, Berthe utilise son héritage pour bâtir des monastères. Furieux de ne rien toucher, ses neveux l'assassinent. Mais leur crime accompli, ils éprouvent de si violents maux de tête qu'ils se fracassent le crâne contre un mur (fête le 11 mai).

CARACTÈRE

Elle est adaptable à tout, mène sa vie professionnelle avec prudence et ténacité. Les idées nouvelles la dynamisent et son intuition lui permet de poursuivre les projets les plus fous. Son besoin d'isolement peut parfois créer des tensions. Solitude qui se retrouve souvent, dans sa vie intime. Mais cette mystérieuse a le culte de l'amour vrai, et de l'amitié

CÉLÉBRITÉS ET ANECDOTES

Sainte Berthe était invoquée contre la folie. Berthe aux grands pieds était la mère de Charlemagne. La *grosse Bertha* était un canon géant avec lequel les Allemands, en 14-18, voulaient bombarder Paris.

BERTILLE

CHIFFRE : **2** FÊTE : 6 NOVEMBRE

ORIGINE

Bertille vient du germanique *behrt* et *hramm*, le corbeau.

HISTOIRE

Sainte Bertille, au VIIe siècle, une aristocrate mérovingienne, fonda l'abbaye de Chelles, où elle vécut un demi-siècle.

CARACTÈRE

L'intelligence est sa qualité principale. Peu coquette, elle ne manque pas cependant de charme et de séduction. Elle recherche avec passion le vrai dans ses relations intimes, amicales et professionnelles. Réaliste, elle sait faire preuve d'audace dans son milieu professionnel. Souvent rêveuse, elle n'en laisse rien voir au dehors, souriante et joyeuse.

CÉLÉBRITÉS ET ANECDOTES

Sainte Bertille, dont l'éducation des jeunes filles était la vocation, est la patronne des directrices d'école.

BERTRAND

CHIFFRE : **1** FÊTE : 16 OCTOBRE

ORIGINE
Bertrand vient du germanique *behrt* et *hramm*, le corbeau.

HISTOIRE
Saint Bertrand de Comminges, neveu du roi Robert Le Pieux, devint archidiacre de Toulouse et évêque de Comminges. Il développa son diocèse où il mourut en 1123.

CARACTÈRE
D'une nature très sensible et généreuse, il fait preuve d'une grande sincérité dans ses sentiments. Parfois coléreux, grand travailleur, sûr de lui, il sait prendre des décisions rapides. Il a du mal à admettre que les gens ne soient pas tous à son image. Grand amoureux, il sait rester fidèle à celle qu'il aime.

CÉLÉBRITÉS ET ANECDOTES
Saint Bertrand était invoqué pour lutter contre le dépeuplement des villes.

BETTY

CHIFFRE : **9** FÊTE : 17 NOVEMBRE

ORIGINE
Betty est un dérivé d'*Élisabeth*. Voir ce prénom.

CARACTÈRE
Elle est douée d'une grande faculté d'adaptation. Tenace et prudente, charmeuse, elle sait mener à bien ses entreprises. Créative, elle préfère agir seule, mais ne repoussera pas les aides éventuelles. Sous son apparente indifférence, elle mûrit longuement ses projets. Fière, et n'aime pas l'échec. Son dynamisme est complété par une intuition très sûre.

BLAISE

CHIFFRE : **3** FÊTE : 3 FÉVRIER

ORIGINE
Blaise vient du latin *blœsus*, le bègue.

HISTOIRE

Saint Blaise, guérisseur devenu évêque à Sébaste (Asie mineure) fut martyrisé en 316 avec notamment des crocs en fer, ce pourquoi il est le patron des cardeurs de laine. Au moment d'être décapité, il demanda à Dieu de guérir tous ceux qui souffraient de la gorge!

CARACTÈRE

Très sociable et agréable à vivre, il a de nombreux amis. Sa vie sentimentale tumultueuse ne l'empêche pas d'être sérieux dans son travail. Il n'hésite pas à s'engager dans des causes qu'il estime juste au risque parfois de se trouver en conflit avec son entourage. Entier et réservé, il sait retourner une situation à son avantage. Ses principaux défauts sont le bavardage et l'humour trop souvent exagéré. Charmeur, il fait preuve d'une grande tendresse avec ceux qui l'entourent.

CÉLÉBRITÉS ET ANECDOTES

Saint Blaise ayant ramené à la vie un enfant qui avait avalé une arête de poisson, il était invoqué lorsqu'on s'étranglait en mangeant. Il était aussi invoqué lors des maladies infantiles, et pour l'engraissement des… porcelets!

BLANCHE

CHIFFRE : **9** FÊTE : 3 OCTOBRE

HISTOIRE

Sainte Blanche fut, dans les premiers siècles de notre ère, une jeune fille martyrisée à Rome. Jusqu'au siècle dernier, on considérait aussi comme sainte Blanche de Castille (1188-1252), mère de Saint-Louis, pieuse jusqu'à la bigoterie.

CARACTÈRE

Elle est douée d'une grande faculté d'adaptation. Tenace et prudente, charmeuse et réservée, elle sait mener à bien ses entreprises. Créative, elle préfère agir seule. Sous son apparente indifférence, elle mûrit longuement ses projets, car elle est fière, et n'aime pas l'échec. Son dynamisme est complété par une intuition très sûre.

BLANDINE

CHIFFRE : **7** FÊTE : 2 JUIN

ORIGINE
Blandine vient du latin *blandus*, caressant.

HISTOIRE
Sainte Blandine, esclave chrétienne, fut à Lyon, en 177, jetée aux fauves dans une arène. Ils l'épargnèrent. Elle fut alors flagellée, enfermée dans un filet et jetée sous les cornes d'un taureau qui la transperça et la piétina. Son corps fut ensuite brûlé et ses cendres jetées dans le Rhône.

CARACTÈRE
Elle a tendance, sentimentalement, à trop vite s'emporter, puis à se laisser dévorer par l'incertitude. Mais l'instabilité amoureuse n'est pas toujours pour déplaire à cette romantique qui n'oublie pas que pour recevoir, il faut aussi donner. Elle déteste la routine, et sait se remettre en cause.

BOB / BOBBY

CHIFFRE : **1** FÊTE : 30 AVRIL

ORIGINE
Bob, Bobby sont des formes anglo-saxonnes de Robert.

CARACTÈRE
Il aime le contact avec autrui, ne s'épanouit qu'en société. Mari fidèle, il apprécie la notoriété, le succès, et démontre dans la vie courante autant d'esprit d'initiative que de dévouement.

BONIFACE

CHIFFRE : **5** FÊTE : 19 JUIN

ORIGINE
Boniface vient du latin *bonifacius*, beau visage.

HISTOIRE
Saint Boniface, moine bénédictin né en Saxe, évangélisa l'Ukraine, la Pologne et la Prusse et fut martyrisé par un roi païen en 1009. On l'invoquait contre les incendies.

CARACTÈRE
Il est affectueux et aime la vie familiale. Il fait passer son romantisme et sa soif d'absolu avant son désir d'autonomie. Ce qui ne l'empêche pas d'apprécier le changement, et, s'il ne survient pas assez vite, de le provoquer. Ce séducteur, discret mais efficace, aime à regrouper autour de lui ceux qu'il aime, auxquels il donne sa chaleur sans compter. À l'argent et à la réussite, il préfère amour et sincérité.

CÉLÉBRITÉS ET ANECDOTES
Un saint Boniface (fête le 19 février), évêque de Lausanne, mort en 1265 était invoqué contre les rhumatismes. Saint Boniface (fête le 5 juin) baptisa, au IXe siècle, de nombreux Saxons, devint archevêque de Mayence et sacra roi des Francs Pépin le Bref. Il mourut assassiné par des païens alors qu'il célébrait une messe, en 755. Neuf papes ont porté ce prénom.

BORIS

CHIFFRE : **9** FÊTE : 2 MAI

ORIGINE
Boris vient d'un mot slave signifiant le guerrier.

CARACTÈRE
Il est doué d'une grande faculté d'adaptation. Tenace et prudent, il sait mener à bien ses entreprises. Créatif, il préfère agir seul, après une longue élaboration de ses projets. Son dynamisme est complété par une intuition très sûre.

BRICE

CHIFFRE : **1** FÊTE : 13 NOVEMBRE

ORIGINE

Brice vient du celtique *bright*, force. Pour d'autres, c'est un diminutif de *Fabrice*. Voir ce prénom.

HISTOIRE

Saint Brice, au Ve siècle, fut évêque de Tours. Ses débuts furent peu exemplaires. Ainsi soigna-t-il les maux de ventre d'une nonne en la mettant enceinte ! La fin de sa vie fut, elle, si digne que la population le sanctifia avant même sa mort, en 444 ! On l'invoquait contre les coliques et les chiens méchants.

CARACTÈRE

Il aime le contact avec autrui, ne s'épanouit qu'en société. Mari fidèle, il apprécie la notoriété, le succès. Sa liberté, il la met au service de la collectivité, qui saura récompenser l'esprit d'initiative et le dévouement de cet altruiste.

BRIGITTE

CHIFFRE : **9** FÊTE : 23 JUILLET

ORIGINE

Brigitte, comme Brice, vient du celtique *bright*, force.

HISTOIRE

Sainte Brigitte, née en Suède (dont elle la patronne) et d'ascendance royale se marie à 14 ans et met 8 enfants au monde. À la mort de son mari en 1346, elle fonde l'Ordre du Saint-Sauveur. Elle meurt en 1373 à Rome.

CARACTÈRE

Volontaire et réservée, elle aime l'ordre, le rangement et la ponctualité. Sociable, le savoir-vivre est son domaine de prédilection. Digne et fière en toutes circonstances ses sentiments ne transparaissent jamais en public. Pour elle, l'amour, la fidélité et la passion ne font qu'un.

CÉLÉBRITÉS ET ANECDOTES

Sainte Brigitte, qui de son vivant fut visionnaire, était invoquée pour connaître à l'avance la date de sa mort. Autre sainte Brigitte (fête le 1er février), une jeune Irlandaise fondatrice, au VIe siècle, du premier monastère féminin sur son île, dont elle est la patronne, ainsi que celle des laitiers. Elle était invoquée pour la protection du bétail.

BRUNO

CHIFFRE : **7** FÊTE : 6 OCTOBRE

ORIGINE

Bruno, au Moyen Âge, était un surnom d'homme brun.

HISTOIRE

Né à Cologne, Saint Bruno étudie à Reims. Grammairien et théologien, il enseigne pendant une vingtaine d'années. Il quitte Reims après avoir dénoncé la vie dissolue de l'archevêque et devient ermite dans la région de l'Aude. Puis il part pour le Dauphiné où, dans l'austère et impressionnant massif de la Chartreuse, au-dessus de Grenoble, il fonde l'Ordre des Chartreux. Appelé auprès du pape Urbain II comme conseiller, il crée un couvent en Calabre et il y meurt en 1101.

CARACTÈRE

Intelligent, il prend de la distance par rapport aux événements., et n'accorde que peu d'importance aux honneurs et aux flatteries. Exigeant avec son entourage, la vie peut devenir vite infernale si on le laisse faire. Disponible, il trouve toujours les mots pour expliquer une situation. Le charme, le sourire et la bonne humeur sont ses armes de séduction. Il aime particulièrement le naturel et l'esprit d'initiative chez les femmes, déteste la sophistication exagérée.

CÉLÉBRITÉS ET ANECDOTES

Saint Bruno était invoqué contre la peste.

CALIXTE

CHIFFRE : **2** FÊTE : 14 OCTOBRE

ORIGINE

Calixte (ou Calliste, ou Caliste) vient du latin *calix*, vase sacré.

HISTOIRE

Esclave romain devenu pape, en 217, saint Calixte mourut en 222, lors d'émeutes. C'est lui qui, lors de persécutions, fit cacher les corps de saints Pierre et Paul au fond d'un puits. Ainsi Calixte fut-il le "fondateur" des catacombes.

CARACTÈRE

Sensible et imaginatif, il est doué pour les relations sociales. Sa sentimentalité peut lui occasionner des peines de cœur. Sa gaîté, souvent, cache de l'anxiété : son enthousiasme de la nervosité. Esprit, inventif, il est apprécié, professionnellement, pour son entregent et s'il est ambitieux, il se garde de trop le montrer. Il peut se révéler un peu trop dépensier.

CAMILLE

CHIFFRE : **1** FÊTE : 14 JUILLET

ORIGINE

Camille vient du latin *cum ille, celui qui est avec l'Illustre*, nom attribué à Rome à l'assistant d'un prêtre païen.

HISTOIRE

Saint Camille de Lellis (1550-1614), né en Italie, est mercenaire pour les Espagnols. Blessé à la jambe en 1575, il est soigné par des capucins. Guéri, il se fait moine et fonde un ordre (en France les *frères du bien-mourir*), avec pour emblème la croix rouge. Selon une autre version, ce soldat est si indiscipliné que les Espagnols le chassent. Il devient ânier chez les capucins qui le convertissent. Devant l'état d'abandon des malades, il décide en 1582 de fonder son Ordre, appelé aussi les *Serviteurs des Infirmes*.

CARACTÈRE

Souriant(e), il(elle) a le sens de l'humour. Jamais dépassé par les événements, il(elle) aime la découverte, l'aventure et les voyages. L'originalité des autres le(la) séduit et le(la) dynamise. Les encouragements de son entourage lui sont indispensables. Il(elle) donne beaucoup et se sent pourtant toujours redevable envers les autres. Bavard(e), il(elle) en est parfois impoli. Ses principes sont la loyauté, la sincérité, et la joie.

CÉLÉBRITÉS ET ANECDOTES

Saint Camille est le patron des hôpitaux et du personnel infirmier. Il était invoqué par les boiteux.

CARINE

CHIFFRE : **5** FÊTE : 7 NOVEMBRE

ORIGINE

Carine vient du latin *car*, clair.

HISTOIRE

Sainte Carine aurait été martyrisée avec ses fils et mari en Turquie, au IVe s.

CARACTÈRE

Elle est affectueuse, mais peut se montrer infidèle, tant elle aime la nouveauté, et l'aventure… Idéaliste, elle hésite constamment entre les chaînes du grand amour et son besoin de liberté. Comme elle aime les voyages, elle choisit sa profession en conséquence. Dynamique et douée de l'esprit d'initiative, elle est appréciée de son entourage, et de ses clients, car elle excelle dans le commerce. Cette "bosseuse" qui sous une apparente décontraction cache une grande application, est parfois trahie par sa nervosité en cas de fatigue.

CARMEN

CHIFFRE : **9** FÊTE : 16 JUILLET

ORIGINE
Carmen vient du latin *carmen*, le chant.

CARACTÈRE
C'est une passionnée qui recherche l'amour et l'amitié dans des relations sans complications. Courageuse et audacieuse, elle sait séduire par son équilibre et son dynamisme. Elle a une grande vitalité et une grande capacité de travail. Devant un obstacle, elle ne le contourne pas, elle l'affronte.

CÉLÉBRITÉS ET ANECDOTES
Prénom courant en Espagne, Carmen doit sa célébrité mondiale à Georges Bizet, et à son opéra du même nom, inspiré par une nouvelle de Prosper Mérimée.

CAROLE

CHIFFRE : **9** FÊTE : 17 JUILLET

ORIGINE
Carole est un dérivé de *Charlotte*. Voir ce prénom.

CARACTÈRE
Elle est douée d'une grande faculté d'adaptation. Tenace et prudente, charmeuse et réservée, elle sait mener à bien ses entreprises. Créative, elle préfère agir seule. Sous son apparente indifférence, elle mûrit longuement ses projets, car elle est fière, et n'aime pas l'échec. Son dynamisme est complété par une intuition très sûre.

CAROLINE

CHIFFRE : **5** FÊTE : 17 JUILLET

ORIGINE
Caroline est un dérivé de *Charlotte*. Voir ce prénom.

CARACTÈRE
Elle est gaie et capricieuse, et, si elle est infidèle, c'est davantage par curiosité que par désamour. Son besoin d'autonomie se double d'un besoin de protection. À ceux qui savent la comprendre, elle donne généreusement de sa tendresse. Sa vivacité fait merveille dans la vie professionnelle. Elle déteste la routine, et les contraintes… bancaires.

CASIMIR

CHIFFRE : **9** FÊTE : 4 MARS

ORIGINE
Casimir vient du slave *kas*, l'assemblée, et *mir*, la paix.

HISTOIRE
Second des treize enfants de Casimir IV, roi de Pologne, et d'Élisabeth d'Autriche, né le 5 octobre 1458, saint Casimir, s'étant voué à la Vierge (à laquelle il voua aussi la Pologne), essaya de concilier ascétisme religieux et métier de prince. Il avait transformé son palais en église, et refusait de prendre les armes contre les ennemis du royaume. Il mourut d'une maladie de poitrine le 4 mars 1483 à Vilna, âgé de 25 ans.

CARACTÈRE
Il est doué d'une intelligence vive, mais il le sait, et parfois se bute sur ses idées, les estimant les meilleures… Les difficultés le stimulent. C'est un battant, capable de rudesse contre ceux qui se mettent en travers de sa route. Mais il peut aussi, dans l'intimité, se révéler sensible, fin et spirituel, surtout avec celles qu'il veut - et sait - séduire.

CÉLÉBRITÉS ET ANECDOTES
Saint Casimir était invoqué par les jeunes gens qui voulaient rester purs lorsque des femmes leur faisaient des avances. Mort de tuberculose, il était aussi invoqué par ceux qui souffraient de cette maladie qu'on ne savait pas soigner. Prénom répandu au XIXe siècle : Casimir Perrier, homme politique et banquier, ramassait dans la rue jusqu'aux épingles…

CATHERINE

CHIFFRE : **2** FÊTE : 29 AVRIL, 25 NOVEMBRE

ORIGINE

Catherine vient du grec *Aïcatharina*, toujours pure.

HISTOIRE

Sainte Catherine d'Alexandrie (fête le 25 novembre), née à la fin du IIIe siècle, dans une famille noble, voulut plaider la cause des chrétiens devant l'empereur Maximin. Trouvant la jeune fille à son goût, il lui proposa de répudier l'impératrice et de l'épouser. Furieux de son refus, il la fit flageller avec des lanières plombées, jeter pendant onze jours dans un cachot, avant de la condamner au supplice : deux roues armées de pointes de fer, tournant en sens inverse, la déchiquetèrent...

Sainte Catherine de Sienne (fête le 29 avril) née en 1347 dans la bourgeoisie toscane, entre dans les Ordres à 15 ans. S'interdisant l'usage de la viande et du pain, couvrant ses reins de fer barbelé, ne sortant de l'église que pour faire la charité et guérir les malades, elle travaille à faire revenir les papes (alors en Avignon) à Rome. Sujette à des extases, pendant lesquelles elle dicte son *Dialogue de la divine Providence*, elle meurt à 33 ans, le 29 avril 1380.

CARACTÈRE

Intelligente et parfois impertinente, elle se distingue par sa franchise. Certaine de son charme, elle n'en abuse pas. Dynamique et parfois coléreuse dans son activité professionnelle, elle a besoin, pour son équilibre, d'un compagnon. Peu bavarde en public, c'est le contraire dans l'intimité. Fidèle, sa compagnie est rassurante en cas de difficultés.

CÉLÉBRITÉS ET ANECDOTES

Sainte Catherine d'Alexandrie (fête le 25 novembre) était la sainte patronne des jeunes filles vierges.

Sainte Catherine de Suède (fête le 24 mars) princesse, fille de sainte Brigitte, épousa un invalide avec lequel elle vécut chastement. Veuve à 19 ans, elle devint l'abbesse d'un couvent où elle mourut à 50 ans, le 24 mars 1381. Elle était invoquée par les femmes qui craignaient de ne pouvoir mener une grossesse à terme, mais aussi par les jeunes filles chastes auxquelles on tenait des propos impudiques. Encore bébé, elle avait la faculté de deviner si ses nourrices avaient une vie chaste ; dans le cas contraire, elle refusait le sein offert !

Sainte Catherine Labouré, eut, le 25 novembre 1830, jour anniversaire de sainte Catherine d'Alexandrie, une vision au cours de laquelle la Vierge lui apparut à Paris, rue du Bac.

Femmes de fer, Catherine de Médicis, reine de France, Catherine de Russie, despotique impératrice amie des philosophes.

CÉCILE

CHIFFRE : **1** FÊTE : 22 NOVEMBRE

ORIGINE
Cécile vient du latin *ceacus*, aveugle.

HISTOIRE
Sainte Cécile, chrétienne dans la Rome du IIe siècle, convertit saint Valérien, son époux, le soir de leurs noces, puis, dénoncée, fut suppliciée après lui. On tenta de l'étouffer dans la salle de bains de son palais, puis on lui trancha la tête.

CARACTÈRE
Simple et sophistiquée à la fois, sensible et émotive, elle se montre franche dans les situations amoureuses. Toujours prête à rendre service, elle a parfois tendance à se couper des réalités. Sa gentillesse fait qu'on lui pardonne volontiers ses changements d'avis. Elle ne confond jamais sa vie professionnelle, où elle se montre très active, avec sa vie privée.

CÉLÉBRITÉS ET ANECDOTES
Sainte Cécile est, depuis le XVe siècle, représentée avec un instrument de musique, généralement un orgue ; elle personnifie la musique sacrée, raison pour laquelle orchestres, fanfares ou chorales portent son nom.

CÉDRIC

CHIFFRE : **7**

ORIGINE
Cédric vient du saxon *caddaric*, chef.

CARACTÈRE

Plutôt calme et réfléchi, il peut s'entêter quand il s'agit de son avenir. Sa franchise est souvent déconcertante. Légèrement indolent, il a tendance à se laisser porter par les événements, mais pallie ce défaut par une grande intuition. Ayant insuffisamment confiance en lui, il a besoin d'être rassuré. Chez cet émotif, la colère monte aussi vite qu'elle redescend. Fidèle en amitié comme en amour, il s'entoure d'amis de confiance. Il s'engage toujours avec beaucoup de conviction et on peut s'appuyer sur lui.

CÉLINE

CHIFFRE : **3** FÊTE : 21 OCTOBRE

ORIGINE

Céline vient du grec *séléné*, la lune. Selon d'autres sources, ce serait un diminutif de Marceline ; voir ce prénom.

HISTOIRE

Sainte Céline, née à Meaux (dont elle est la patronne) au Vᵉ siècle, choisit la vie monastique à Nanterre, après avoir rencontré sainte Geneviève de Paris. Son fiancé étant parti à sa recherche, et étant sur le point de la rattraper, elle trouva refuge dans une église dont les portes se refermèrent miraculeusement sur elle.

CARACTÈRE

Gaie et souriante, elle est agréable de la côtoyer. D'un tempérament solide et déterminé, elle n'hésite pas à réagir sur tout ce qui la dérange ou la choque. Son charme tient à son style, qui n'appartient qu'à elle. Prête à tout pour conquérir l'homme qu'elle aime, elle sait lui rester fidèle et fait preuve parfois d'une jalousie excessive à son égard

CÉLÉBRITÉS ET ANECDOTES

Sainte Céline était invoquée contre les maladies de poitrine…

CÉSAIRE

CHIFFRE : **6** FÊTE : 26 AOÛT

ORIGINE

Césaire est un dérivé méridional de *César*. Voir ce prénom.

HISTOIRE

Saint Césaire, fils d'un comte bourguignon au Ve siècle, fut moine et un influent évêque d'Arles. Il s'opposa, avec succès, aux rois Goths qui dominaient la Provence, et pour racheter des prisonniers gaulois, n'hésita pas à faire fondre des vases sacrés. Représentant du pape pour la Gaule et l'Espagne, théologien écouté, il mourut à Arles le 26 août 542.

CARACTÈRE

Il peut se montrer sévère et réservé, mais, quand il vous accorde sa confiance, c'est un ami plein de délicatesse et d'humour. Lucide, il aspire aussi bien à une réussite professionnelle que familiale. Ce qui peut le faire paraître sans ambition. Mais il se soucie peu du regard des autres, et suit sa route sans en dévier. C'est souvent un chercheur, un scientifique.

CÉLÉBRITÉS ET ANECDOTES

Saint Césaire (fête le 25 février), médecin de l'empereur Julien l'Apostat, soignait gratuitement les pauvres à Byzance, où il fut martyrisé au IVe siècle. Patron des médecins, il était invoqué contre le rhume, mais aussi contre les tremblements de terre : un séisme provoqua sa conversion. Saint Césaire (fête le 1er novembre), évêque de Clermont-Ferrand au VIIe siècle, était invoqué contre les éboulements.

CÉSAR

CHIFFRE : **1** FÊTE : 26 AOÛT

ORIGINE

César était le nom du conquérant des Gaules et fondateur de l'empire romain assassiné en 44 avant J.-C. Voir *Césaire*

CARACTÈRE

Mari fidèle, il ne s'épanouit bien qu'en société. Sa liberté et son esprit d'indépendance, il les met au service de la collectivité, qui apprécie son esprit d'initiative et son dévouement.

CÉSARIE

CHIFFRE : **6** FÊTE : 12 JANVIER

ORIGINE
Césarie est un dérivé féminin de *Césaire*. Voir ce prénom.

HISTOIRE
Sainte Césarie, sœur de saint Césaire, fut à Arles la première abbesse du couvent créé par son frère.

CARACTÈRE
Elle est aussi émotive que volontaire, ce qui peut faire croire à son entourage qu'elle est futile. Ses réparties font mouche, quand elle se sent en confiance. Son charme et son intelligence n'empêchent pas simplicité et gentillesse. Son sens pratique se double d'obstination. Au paraître elle préfère l'efficacité. C'est plus une femme de l'ombre qu'un porte-drapeau, mais avec elle, professionnellement ou sentimentalement, c'est "du solide".

CÉSARINE

CHIFFRE : **2** FÊTE : 12 JANVIER

ORIGINE
Césarine est un dérivé de *Césaire*. Voir ce prénom.

CARACTÈRE
Intelligente, peu coquette, elle ne manque pas de charme. On la croit en prise avec la réalité ; mais sous son sourire se cachent sa nature mélancolique et rêveuse, et sa tendresse.

CHANTAL

CHIFFRE : **5** FÊTE : 12 DÉCEMBRE

ORIGINE
Chantal vient de l'occitan *cantal*, la pierre.

CARACTÈRE
Originale, sa volonté de réussir indépendamment des autres ne l'empêche pas d'être une amie fidèle. Ses activités sont toujours à rebondissements ; querelles, et réconciliations… Jamais épuisée, elle aime être en

agréable compagnie. Les apparences comptent peu pour elle mais le beau l'attire et elle aime transmettre ses engouements aux autres.

CÉLÉBRITÉS ET ANECDOTES

Sainte Jeanne-Françoise Frémiot de Chantal (1572-1641), veuve à 28 ans, fonda avec saint François de Sales l'Ordre des Visitandines, qui assistaient les miséreux, sans être obligées de vivre cloîtrées, ce qui fit scandale à l'époque. Elle était la grand-mère paternelle de Mme de Sévigné.

CHARLES

CHIFFRE : **3** FÊTE : 4 NOVEMBRE

ORIGINE

Charles vient du germanique *karl,* viril.

HISTOIRE

Saint Charles Borromée, né en Italie en 1538, neveu de pape, cardinal, mit sa fortune au service de l'Église qu'il chercha à réformer en mettant fin aux abus des prélats romains. Il mourut à Milan le 4 novembre 1584.

CARACTÈRE

Plutôt flegmatique pendant son adolescence, il se rattrape plus tard. Volontaire et travailleur, il ne compte pas son temps. Plutôt introverti, il exprime avec difficulté ses sentiments et ses désirs., et sa tendresse cachée.

CÉLÉBRITÉS ET ANECDOTES

Saint Charles le Bon (fête le 2 mars) était le fils du roi du Danemark. Pour avoir pris la défense du peuple exploité par les seigneurs, il fut assassiné par ces derniers en 1127. On l'invoquait contre la misère. Charlemagne (Charles le Grand) faillit lui aussi être sanctifié. Louis XI ordonna qu'il soit fêté le 28 janvier en France sous peine de mort. Mais difficile de transformer en saint un homme qui, dit-on, dormait avec sa sœur et sa fille, et massacra - pour les baptiser - des milliers de Saxons. Prénom de rois et princes, et du fondateur de la Vᵉ République : Charles de Gaulle.

CHARLOTTE

CHIFFRE : **3** FÊTE : 17 JUILLET

ORIGINE
Charlotte est un dérivé féminin de *Charles*. Voir ce prénom.

HISTOIRE
Sainte Charlotte était la doyenne des seize Carmélites qui furent guillotinées sous la Terreur, le 17 juillet 1794. Leur drame inspira à Georges Bernanos son *Dialogue des Carmélites*.

CARACTÈRE
Pleine de vie, elle aime rire et sortir. Agréable, douce et tendre, elle a tout pour vous séduire. Gâtée par la vie, elle est franche dans toutes les occasions ce qui parfois embarrasse son entourage. Elle confond amour et passion et se trompe parfois, quant à la solidité de ses sentiments…

CÉLÉBRITÉS ET ANECDOTES
Charlotte Corday poignarda Marat dans sa baignoire.

CHLOÉ

CHIFFRE : **7**

ORIGINE
Chloé est un prénom de la mythologie gréco-latine.

CARACTÈRE
D'un caractère capricieux, elle sait pourtant se montrer affectueuse et gentille. On a du mal à lui refuser quoi que ce soit. Intelligente, elle sait ce qu'elle veut et rien ne semble pouvoir la détourner de ses ambitions, sauf, un jour, l'amour.

CHRISTELLE

CHIFFRE : **3** FÊTE : 24 JUILLET

ORIGINE
Forme féminine de *Christine,* issu du latin *cristianus,* chrétien.

CARACTÈRE

C'est une impatiente, en amour comme en affaires. Cette nerveuse, pleine de vivacité, se lasse vite, et s'épuise à trop se disperser. Mais quand elle a trouvé l'âme sœur pour son foyer et le compagnon sûr dans son travail, elle est d'une fidélité et d'une efficacité qui la rendent méconnaissable. Plutôt que d'avouer ses angoisses, elle préfère jouer la maladroite.

CHRISTIAN

CHIFFRE : **2** FÊTE : 12 NOVEMBRE

ORIGINE

Christian vient du latin *cristianus,* chrétien.

HISTOIRE

Cuisinier dans un monastère en Pologne (d'autres disent abbé…) saint Christian y fut égorgé dans la nuit du 11 novembre 1003 par des pillards qui cherchaient un trésor.

CARACTÈRE

Curieux et passionné par son travail, il lui arrive d'oublier ceux qui l'entourent. Il est d'une grande sensibilité et a besoin d'être rassuré constamment. Sa famille est sa plus grande réussite. Ses amitiés sont hétéroclites. Même s'il joue parfois au beau parleur, il reste fidèle à sa compagne.

CÉLÉBRITÉS ET ANECDOTES

Saint Christian, patron des cuisiniers, était invoqué contre l'apoplexie. Saint Christian (fête le 7 avril), ecclésiastique de Douai, était invoqué par les femmes qui voulaient reprendre une activité après leur accouchement.

CHRISTIANE

CHIFFRE : **7** FÊTE : 15 DÉCEMBRE

ORIGINE

Comme Christian, Christine, Christiane vient du latin *cristianus,* chrétien.

HISTOIRE

Sainte Christiane (Nina de son vrai prénom, mais surnommée Christiane parce que chrétienne) était une paysanne dans le sud de la Russie du IVe siècle. Parce qu'elle avait guéri miraculeusement un enfant, la reine, mourante, l'appela à son chevet. Mais Christiane n'osa se rendre au palais. Ce fut alors la reine qui alla dans sa masure, et qui y guérit. La reine, pour remercier Dieu, se convertit, marquant le début de la christianisation de la Russie.

CARACTÈRE
D'un naturel gai, elle s'intéresse à tout ce qui l'entoure. Sa vie professionnelle est parfois chaotique mais elle s'en sort toujours avec intelligence. Sensible et susceptible, il lui arrive de perdre son sang-froid. Généreuse, elle sait rendre service tout en restant discrète. Sincère et loyale avec ses amis, sa vie amoureuse est faite de douceur et de tendresse.

CHRISTINE
CHIFFRE : **6** FÊTE : 24 JUILLET

ORIGINE
Christine vient du latin *cristianus,* chrétien.

HISTOIRE
Christine, fille du préfet de Toscane au IVe siècle, s'étant, à 10 ans, convertie au christianisme, brisa les idoles et distribua l'argent familial aux pauvres. Son père la livra aux bourreaux avant de se tuer. Son successeur, ayant fait traîner l'enfant devant la statue d'une idole, fut écrasé par cette statue. Le troisième préfet, enfin, fit attacher Christine à un poteau et mettre à mort.

Sainte Christine dite l'Admirable, religieuse belge qui, au XIIIe siècle, mourut à 20 ans, ressuscita pendant sa messe de Requiem et s'envola sous les voûtes de l'église. Elle raconta qu'elle venait de visiter enfer et purgatoire, et mourut définitivement bien plus tard, après avoir, dans son couvent, accompli des prodiges comme voler dans les arbres, marcher sur des braises ou rester dans de l'eau glacée.

CARACTÈRE
Calme et organisée, elle est toujours agréable et souriante. Aucune tâche ne la rebute, tout semble lui plaire. Gaie, elle sait apprécier chaque instant de la vie. C'est une femme d'intérieur qui aime recevoir. Heureuse en ménage rien ne semble l'arrêter dans la conquête de son bonheur.

CÉLÉBRITÉS ET ANECDOTES
Sainte Christine était invoquée pour raffermir les seins !

CHRISTOPHE

CHIFFRE : **4** FÊTE : 25 JUILLET

ORIGINE

Vient du grec *Christos*, et *foros*, celui qui porte le Christ.

HISTOIRE

Saint Christophe aurait vécu en Asie au IIIe siècle. Garde du corps de l'empereur, il quitte son service pour se mettre à celui du Diable, puisque l'empereur tremble devant lui. Mais quand il voit que le Diable tremble devant Dieu, il se convertit. Il s'installe au bord d'un torrent où, grâce à sa stature de géant, il se fait passeur, taxant les riches et exonérant les pauvres. Une nuit, un enfant lui demande son aide pour traverser. Christophe, au milieu du torrent, sent ses forces l'abandonner. Il réussit toutefois à gagner l'autre rive. Celui qu'il porte sur ses épaules se révèle être le Christ, qui lui annonce qu'il entrera au Royaume des Cieux après son martyre… Parti prêcher les Évangiles, Christophe est torturé et décapité…

CARACTÈRE

Naturel et détendu, il est plutôt gai, et sait se faire respecter. Sa gentillesse n'exclut pas l'autorité. Indépendant, infidèle, il est difficile à retenir. Mais une fois qu'il a trouvé l'amour, ce séducteur se range et devient un mari et père attentionné.

CÉLÉBRITÉS ET ANECDOTES

Saint Christophe était invoqué contre les accidents en voyage. Il a été écarté du calendrier en 1970, car sa légende n'a aucune base réelle. Mais son culte continue chez les automobilistes. Grand voyageur lui aussi, Christophe Colomb.

CLAIRE

CHIFFRE : **3** FÊTE : 11 AOÛT.

ORIGINE

Claire vient du latin *clara*, clair.

HISTOIRE

Née à Assise, en Italie, en 1193, sainte Claire rencontre saint François, s'enfuit du palais paternel et fonde en 1212 l'Ordre des Clarisses (dit aussi l'Ordre des Pauvres Dames) destiné à aider les pauvres et à prier Dieu dans la plus grande simplicité. Elle meurt au sein de sa communauté le 11 août 1253.

CARACTÈRE

L'esprit droit et tranché, elle n'a pas l'habitude d'être maternée. Très vite indépendante, elle a tendance à se montrer distante et réservée. Son goût pour l'égalité et la justice fait parfois d'elle une révoltée. Ses amis et ses relations l'adorent, sa famille la respecte. Exigeante en amour, elle refuse toute concession dans ce domaine. Le respect mutuel est pour elle indispensable à toute relation durable et sincère.

CÉLÉBRITÉS ET ANECDOTES

Sainte Claire était invoquée pour avoir une belle chevelure à condition, comme elle, de ne pas manger de viande les lundis, mercredis et vendredis. Elle était aussi invoquée pour avoir l'ouïe fine : elle-même, malade une nuit de Noël, entendit une messe chantée à des kilomètres de son lit. Enfin, elle pouvait améliorer la vue, raison pour laquelle elle est la patronne des brodeuses : elle pleurait souvent, jusqu'à ce qu'elle réalise que c'était un piège du Diable pour lui brouiller la vue !

CLARA

CHIFFRE : **8** FÊTE : 11 AOÛT.

ORIGINE

Clara st la forme italienne de *Claire*. Voir ce prénom.

CARACTÈRE

Elle est éprise d'absolu, et de réussite. Mais cet appétit n'est-il pas un complexe d'infériorité déguisé ? Lorsqu'elle se met en ménage, elle s'emploie avec talent à maintenir l'harmonie. Généreuse, dévouée, elle apprécie les tâches de longue haleine et, sans être passéiste, aime ce qui est ancien.

CLAUDE

CHIFFRE : **1** FÊTE : 6 JUIN, 15 FÉVRIER

ORIGINE

Claude vient du latin *Claudius*, famille d'empereurs, dont un ancêtre devait boiter (à l'origine, *claudius* veut dire boiteux, d'où *claudiquer*.)

HISTOIRE

Originaire du Jura, saint Claude, moine, fut évêque de Besançon. Il vécut presque centenaire et s'éteignit dans l'abbaye autour de laquelle a été bâtie la ville de Saint-Claude.

CARACTÈRE

Il(elle) aime le contact avec autrui, ne s'épanouit qu'en société. Mari(épouse) fidèle, il(elle) apprécie la notoriété, le succès. Sa liberté, il(elle) la met au service de la collectivité, qui apprécie l'esprit d'initiative et le dévouement de cet(te) altruiste.

CÉLÉBRITÉS ET ANECDOTES

Saint Claude, patron des fumeurs de pipe, était invoqué pour la… santé des vaches. Autre saint Claude (fête le 23 août), patron des enfants martyrs, crucifié en Cilicie en 303 : sa belle-mère, à la mort de son père, l'avait dénoncé comme chrétien pour prendre son héritage ! Saint Claude de la Colombière (fête le 15 février), un jésuite convaincu de la sainteté de Marguerite-Marie Alacoque (qui affirmait recevoir des visites du Christ, à Paray-le-Monial), fut l'initiateur du culte du Saint Sacrement (1641-1682). Claude Debussy et Claude François, l'épouse de François Ier, la reine Claude, qui donna son prénom à une prune…

CLAUDINE

CHIFFRE : **6** FÊTE : 6 JUIN

ORIGINE

Dérivé de *Claude*. Voir ce prénom.

CARACTÈRE

Elle est aussi émotive que volontaire, ce qui peut faire croire à son entourage qu'elle est futile. Subtile et spirituelle, quoique timide, sa conversation est recherchée. Son charme et son intelligence n'empêchent pas simplicité et modestie, gentillesse et bonté. Elle allie sens pratique et obstination. Au paraître elle préfère l'efficacité. Sentimentalement, c'est "du solide".

CÉLÉBRITÉS ET ANECDOTES
Sainte Claudie (fête le 18 mai), est l'une des vierges d'Ancyre, compagne de sainte Alexandrine (voir à *Alexandra*).

CLÉMENCE
CHIFFRE : 6 FÊTE : 21 MARS

ORIGINE
Clémence est un dérivé féminin de *Clément*. Voir ce prénom.

HISTOIRE
Sainte Clémence d'Hohenberg, veuve d'un comte allemand, prit le voile à l'abbaye bénédictine de Trêves, où elle mourut le 21 mars 1176, devenant un modèle de charité.

CARACTÈRE
Timide jusqu'à l'excès, elle a des difficultés à se faire des amis. Solitaire et studieuse, elle réussit dans ses études. Ambitieuse, elle est capable d'être une arriviste forcenée au moment opportun. Coquette, elle aime briller tout en restant réservée dans ses contacts. Elle n'a pas réellement de goût pour l'écoute des autres. L'amour, pour elle, se construit sur la confiance et le respect mutuels.

CLÉMENT
CHIFFRE : 9 FÊTE : 23 NOVEMBRE

ORIGINE
Clément vient du latin *clementis*, généreux.

HISTOIRE
Saint Clément, désigné par saint Pierre pour lui succéder à Rome, troisième pape de 88 à 99, aurait été martyrisé par l'empereur : envoyé aux travaux forcés dans des carrières de pierre, il aurait été, en 101, jeté à la mer, lesté d'une ancre.

CARACTÈRE

Généreux (mais susceptible) avec ses amis et sa famille, son sens des affaires l'incite à plus de rigueur dans son milieu professionnel. Jamais dépassé par les événements, lucide, et original, il peut prendre des libertés avec la morale ; le mensonge par omission, par exemple, fait partie de la panoplie de ce grand communicateur, pour qui l'amour est une bataille, qu'il remporte en général vainqueur.

CÉLÉBRITÉS ET ANECDOTES

Saint Clément, patron des chapeliers et des bateliers, était invoqué contre les feux de cheminée. Plusieurs papes ont porté ce prénom, et un poète du roi François Ier : Clément Marot.

CLÉMENTINE

CHIFFRE : **1** FÊTE : 21 MARS

ORIGINE

Clémentine est un dérivé de *Clémence*. Voir ce prénom.

CARACTÈRE

Elle trouve son épanouissement auprès des autres, mari, enfants, collègues. Sa sérénité et son enthousiasme sont communicatifs. Son ambition, c'est d'être heureuse, simplement. Mais ce n'est pas parce qu'elle fait des concessions qu'il faut la croire faible ; sous sa douceur apparente, c'est un roc.

CLOTILDE

CHIFFRE : **8** FÊTE : 4 JUIN

ORIGINE

Clotilde vient du germanique *hlod,* gloire, et *hilde,* combat.

HISTOIRE

Épouse de Clovis, fille du roi Chilpéric, sainte Clotilde (474-545) fit baptiser à Reims par saint Rémi son époux (qui avait juré de se convertir s'il remportait la bataille de Tolbiac).

CARACTÈRE

Elle est plus volontaire qu'imaginative, plus passionnée que sentimentale. Elle aime la gloire, et la fidélité. Avec elle, en amour comme en affaires, pas de faux-semblants ; elle va droit au but, et s'il y en a qui redoutent sa franchise, de nombreux autres apprécient sa sérénité et son sens de l'honneur. Exigeante avec elle, elle l'est aussi avec les autres.

CÉLÉBRITÉS ET ANECDOTES

On invoquait sainte Clotilde pour guérir les enfants malades.

CLOVIS

CHIFFRE : **8** FÊTE : 25 AOÛT

ORIGINE

Clovis vient du germanique *hlod*, gloire, et *vilde*, le guerrier. Sa forme francisée est *Louis*. Voir ce prénom.

CARACTÈRE

Ce séducteur aime avant tout sa liberté. De plus, il n'a pas toujours bon caractère, et son sourire ne suffit pas toujours à le réconcilier avec les autres, et avec lui-même. Mais quand il a trouvé la femme de sa vie, et les amis qu'il mérite, son dévouement et sa générosité sont exemplaires. Il se révèle un être délicat et harmonieux. Au travail, les tâches ingrates ne l'effraient pas. Il n'a qu'une parole, et sait tenir ses promesses.

COLAS

CHIFFRE : **5** FÊTE : 6 DÉCEMBRE

ORIGINE

Dérivé de Nicolas. Voir ce prénom.

CARACTÈRE

Il est affectueux, et apprécie la vie familiale. Il fait passer son romantisme avant son désir d'autonomie. Ce qui ne l'empêche pas d'apprécier le changement, et, s'il ne survient pas assez vite, de le provoquer. Ce séducteur discret mais efficace aime à regrouper autour de lui ceux qu'il aime. À l'argent et à la réussite, il préfère l'amour et la sincérité.

COLETTE

CHIFFRE : **4** FÊTE : 6 MARS

ORIGINE
Dérivé féminin de Nicolas. Voir ce prénom.

HISTOIRE
Sainte Colette, fille d'un charpentier de Corbie (Somme), née en 1381, vécut quatre ans enfermée dans l'église de sa ville natale pour y prier. Entrée chez les Clarisses, elle réforma cet Ordre, fonda des monastères et mourut à Gand en 1447. Ses parents, âgés, avaient prié saint Nicolas pour l'avoir et, en remerciement, l'avaient appelée Nicolette, dont le raccourci a donné Colette.

CARACTÈRE
Adaptable comme un caméléon, elle mène sa vie avec prudence et ténacité. Originale et créative, son intuition lui permet de poursuivre les projets les plus fous. Son besoin d'isolement peut parfois créer des tensions dans son travail. Solitude qui se retrouve souvent dans sa vie intime. Car cette mystérieuse a le culte de l'amour et de l'amitié vrais.

CÉLÉBRITÉS ET ANECDOTES
Sainte Colette était invoquée contre les crapauds. La romancière Colette, de son nom de famille, se fit un prénom.

COLIN

CHIFFRE : **8** FÊTE : 6 DÉCEMBRE

ORIGINE
Dérivé de Nicolas. Voir ce prénom.

CARACTÈRE
Émotif et généreux, volontaire, c'est, dans ses activités professionnelles, un créatif. Fidèle et à l'écoute des autres, il est toujours prêt à rendre service. Son enthousiasme cache souvent un manque de confiance en lui. Côté cœur, il s'engage avec sincérité, et à long terme.

COLOMBA

CHIFFRE : **7** FÊTE : 31 DÉCEMBRE

ORIGINE
Colomba vient du latin *colomba,* la colombe.

HISTOIRE
Au IIIᵉ siècle, Colombe, une jeune fille venue d'Espagne, se fait baptiser à Vienne et gagne Sens où elle est dénoncée comme chrétienne. Ayant refusé d'abjurer, elle est fouettée, puis déchirée avec des peignes de fer, puis conduite hors de la ville pour avoir la tête tranchée, le 31 décembre 274.

CARACTÈRE
Intelligente, elle prend de la distance par rapport aux événements, et n'accorde que peu d'importance aux honneurs et aux flatteries. Exigeante avec son entourage, la vie peut devenir vite infernale si on la laisse faire. Disponible, elle trouve toujours les mots pour expliquer une situation. Le charme, le sourire et la bonne humeur sont ses armes de séduction. Elle aime particulièrement le naturel et l'esprit d'initiative chez les hommes, déteste la sophistication exagérée.

CÉLÉBRITÉS ET ANECDOTES
Colomba, héroïne corse de Mérimée, celle par qui la vengeance arrive. Sainte Colombe, exemplaire lors de son martyre, était invoquée pour donner du courage aux agonisants.

CÔME

CHIFFRE : **9** FÊTE : 26 SEPTEMBRE

ORIGINE
Côme vient du grec *cosmos,* l'univers.

HISTOIRE
Au IIIᵉ siècle, en Cilicie (Syrie) saint Côme et son frère (ou compagnon) saint Damien, soignaient gratuitement les pauvres, parce que chrétiens. Dénoncés, ils furent martyrisés, et montrèrent une telle sérénité dans la souffrance que le juge les crut magiciens ; ils finirent par avoir la tête tranchée. Leur culte se répandit en Orient au Vᵉ siècle.

CARACTÈRE

Il est doué d'une intelligence vive, mais il le sait, et parfois s'entête dans ses idées, les estimant les meilleures… Les difficultés le stimulent. C'est un battant, capable de rudesse. Mais il peut aussi, dans l'intimité, se révéler sensible, fin et spirituel, surtout avec celles qu'il veut - et sait - séduire.

CÉLÉBRITÉS ET ANECDOTES

Saint Côme, patron des médecins, barbiers et brocanteurs, était invoqué contre l'eczéma et les maladies de peau.

CONRAD

CHIFFRE : **1** FÊTE : 26 NOVEMBRE

ORIGINE

Conrad vient du germanique *kon*, audacieux, et *ragin*, conseil.

HISTOIRE

Saint Conrad, au Xe siècle, était un riche propriétaire en Helvétie. Touché par la grâce, il vendit ses biens, les distribua aux pauvres, fit trois fois le pèlerinage en Terre sainte en mendiant, et fut évêque de Constance.

CARACTÈRE

Il aime le contact avec autrui, ne s'épanouit qu'en société. Mari fidèle, il apprécie la notoriété, le succès. Sa liberté, il la met au service de la collectivité.

CÉLÉBRITÉS ET ANECDOTES

Saint Conrad était invoqué, lui l'ancien gestionnaire de biens, pour guérir des… calculs, mais rénaux et urinaires !

CONSTANCE

CHIFFRE : **4** FÊTE : 8 AVRIL

ORIGINE

Constance vient du latin *constantia*, fidélité.

HISTOIRE

Une sainte Constance fut martyrisée sous Néron. Deux saintes Constance (la sœur de l'empereur Constantin - voir ce prénom - et sa fille) furent baptisées à Rome en 326 après la conversion de leur empereur, frère et père. Sainte Constance, reine d'Aragon au XIIIe siècle, mit six enfants au monde puis à la mort de son mari se consacra à la religion. L'une de ses filles devint sainte Élisabeth du Portugal.

CARACTÈRE

D'une nature calme et sereine, elle sait être utile aux gens qui l'entourent. Agréable à vivre, sa spontanéité et sa curiosité séduisent. Sa vie professionnelle n'est pas le lieu ou elle s'épanouit le mieux, même si elle y est sérieuse et persévérante. Sa sensibilité d'introvertie la gène dans ses rapports avec autrui. Ses attirances amoureuses sont spontanées: avec elle, un coup de foudre est toujours possible.

CONSTANT

CHIFFRE: **7** FÊTE: 23 SEPTEMBRE

ORIGINE

Constant, dérivé de Constance, autrefois prénom masculin, vient du latin *constantia*, fidélité.

HISTOIRE

Saint Constant, évêque de Pérouse au IIe siècle, y fut martyrisé.

Un autre saint Constant, au Ve siècle, était sacristain à Ancôme (Italie). Un jour qu'il n'avait plus d'huile pour ses lampes, il y versa de l'eau et pria: les mèches brûlèrent!

CARACTÈRE

Plutôt calme et réfléchi, il peut s'entêter Sa franchise est déconcertante. Indolent, il a tendance à se laisser porter par les événements, mais pallie à ce défaut par une grande intuition. Ayant insuffisamment confiance en lui, il a besoin d'être rassuré. Chez cet émotif, la colère monte aussi vite qu'elle redescend. Fidèle en amitié comme en amour, presque possessif, il s'engage toujours avec beaucoup de conviction et on peut s'appuyer sur lui, quand on est membre de son clan.

CONSTANTIN

CHIFFRE : **3** FÊTE : 21 MAI

ORIGINE

Constantin vient du latin *constantia*, fidélité.

HISTOIRE

Saint Constantin, empereur romain né en 272 en Serbie, accéda au trône en 306. En 314, lors d'une bataille, il aurait vu dans le ciel une croix et une voix lui aurait murmuré : *Par ce signe tu vaincras !* Sous l'influence de sa mère, sainte Hélène, il décréta le christianisme religion d'État. Il fut sanctifié pour cela, bien que sa vie n'ait pas été des plus exemplaires. Il mourut à Constantinople (la *ville de Constantin*) le 21 mai 337.

CARACTÈRE

Il est sensible. Ce timide gai aime les contacts, mais ne s'engage jamais en entier. Il séduit par son imagination, son intelligence et sa sensibilité. Il se dédouble : d'un côté l'homme brillant, de l'autre l'introverti cultivant un jardin secret.

CORINNE

CHIFFRE : **6** FÊTE : 18 MAI

ORIGINE

Corinne vient du grec *korê*, la jeune fille.

CARACTÈRE

Aussi émotive que volontaire, ce qui peut faire croire qu'elle est futile. Subtile et spirituelle, son charme et son intelligence n'empêchent pas simplicité et modestie, gentillesse et bonté. Son solide sens pratique se double d'une obstination qui peut aller jusqu'à l'entêtement. Avec elle, professionnellement ou sentimentalement, c'est "du solide".

CORNEILLE

CHIFFRE : **3** FÊTE : 16 SEPTEMBRE

ORIGINE

Corneille vient de *cornix,* corneille en latin, et nom d'une famille de Rome.

HISTOIRE

Saint Corneille, Romain, fut pape de 251 à 253. Il fut exilé par l'empereur Gallus, qui pour apaiser ses dieux à la suite d'une épidémie de peste, s'en était pris aux chrétiens.

CARACTÈRE

Il aime les voyages et le rêve, mais a tendance à trop se disperser. Mais ce grand communiquant sait faire marche arrière, quand il est parti trop loin. Toujours impatient, que ce soit en amour ou en affaires (pour lesquelles il est doué), il joue de sa séduction pour activer les choses.

CÉLÉBRITÉS ET ANECDOTES

Saint Corneille était réputé pour protéger le bétail de la maladie., et pour aider les paralytiques à retrouver leurs jambes. Saint Corneille (fête 2 février), centurion de l'armée romaine à Jérusalem fut le premier païen converti par saint Pierre. Corneille Agrippa fut, au XVIe siècle, un grand alchimiste.

CURT

CHIFFRE : **8** FÊTE : 26 NOVEMBRE

ORIGINE

Curt est un dérivé de Conrad. Voir ce prénom.

CARACTÈRE

Ce séducteur, qui n'a pas toujours bon caractère, aime avant tout sa liberté. Mais quand il a trouvé celle de sa vie, et les amis qu'il mérite, sa générosité es exemplaire. Il se révèle un être délicat et harmonieux. Au travail, les tâches ingrates ne l'effraient pas. Il n'a qu'une parole, et sait tenir ses promesses.

CYPRIEN

CHIFFRE : **9** FÊTE : 16 SEPTEMBRE

ORIGINE

Cyprien vient du latin *cyprius*, celui qui vient de Chypre.

HISTOIRE

Saint Cyprien (fête le 16 septembre) évêque de Carthage au IIIe siècle, père de l'Église, fut décapité en 258 parce que chrétien, malgré les protestations des Carthaginois, reconnaissants de son dévouement pendant une épidémie de peste.

Saint Cyprien (fête le 7 octobre) état un magicien de Damas qui, au IVe siècle, jeta un sort à sainte Justine pour qu'elle accepte l'amour d'un jeune homme. Mais ce fut cette dernière qui convertit le magicien. Ils furent décapités ensemble.

Saint Cyprien (fête le 11 juillet) natif de la Bresse à la fin du Ve siècle, eut la tête tranchée par les Wisigoths du Poitou qu'il voulait évangéliser.

CARACTÈRE

Il est doué d'une intelligence vive, mais parfois s'entête dans l'erreur… Les difficultés le stimulent. C'est un battant, capable de rudesse contre ceux qui se mettent en travers de sa route. Mais il peut aussi, dans l'intimité, se révéler sensible et spirituel, surtout pour séduire.

CÉLÉBRITÉS ET ANECDOTES

Tous les saints Cyprien cités moururent décapités ; seul saint Cyprien (fête le 3 octobre) à ne pas l'avoir été, un évêque de Toulon, au VIe siècle, qui était invoqué pour guérir les panaris.

CYRILLE

CHIFFRE : **3** FÊTE : 18 MARS

ORIGINE

Cyrille vient du grec *kurios*, celui qui est consacré à Dieu.

HISTOIRE

Saint Cyrille (fête le 14 février) était moine en Grèce au IXe siècle. Il fut envoyé évangéliser la Hongrie, avec son frère saint Méthode. Comme il connaissait le slave, il traduisit les évangiles en inventant l'alphabet *cyrillique*, toujours en usage en Russie. Il mourut à Rome le 14 février 869. Il était invoqué pour lutter contre les tempêtes.

Saint Cyrille (fête le 18 mars) fut évêque de Jérusalem de 349 à 386. Il réforma le sacrement de baptême.

Saint Cyrille d'Alexandrie (fête le 28 juin) fut le patriarche de sa ville au IVe siècle, et lutta contre les hérésies de Nestorius.

CARACTÈRE
Sûr de lui, il ne reconnaît ses fautes qu'à contrecœur. Affectueux et sensible, il peut se montrer très possessif. La solitude ne lui fait pas peur, mais il préfère vivre en société. En amour, il prend toujours son temps avant d'avouer ses sentiments.

CÉLÉBRITÉS ET ANECDOTES
Saint Cyrille (fête le 29 mars), prêtre en Égypte eut en 362 le ventre ouvert par des païens qui lui arrachèrent le foie pour le manger! Il était invoqué contre les maladies de foie.

Un saint Cyrille (fête le 28 octobre) fut en 256 mis à mort pour avoir donné de l'eau à sainte Anastasie pendant son agonie. Il était invoqué par ceux qui avaient soif.

DAMIEN

CHIFFRE : **1** FÊTE : 26 SEPTEMBRE

ORIGINE

Damien vient du latin *Damia*, une déesse latine de la fertilité.

HISTOIRE

Au IIIe siècle, en Cilicie (Syrie) saint Damien et son frère (ou ami) saint Côme, chrétiens, soignaient gratuitement les pauvres. Dénoncés, ils furent martyrisés, et finirent par avoir la tête tranchée. Leur culte se répandit en Orient au Ve siècle.

CARACTÈRE

Il a le sens de l'humour. Jamais dépassé par les événements, il aime la découverte, l'aventure et les voyages. Les encouragements lui sont indispensables. Il donne beaucoup et se sent pourtant toujours redevable envers les autres. Bavard, il en est parfois impoli. C'est un compagnon loyal.

CÉLÉBRITÉS ET ANECDOTES

Autre saint Damien (fête le 12 avril) évêque de Pavie au VIIIe siècle, invoqué pour ne pas s'égarer dans le noir.

DANIEL

CHIFFRE : **9** FÊTE : 11 DÉCEMBRE

ORIGINE
Daniel vient d'un mot hébreu signifiant *juste comme l'est Dieu*.

HISTOIRE
Saint Daniel le Stylite, ermite en Turquie au Ve siècle, passa 33 ans juché sur une colonne. Ses disciples, et jusqu'aux empereurs, venaient l'écouter au pied de cette colonne sur laquelle il mourut à un âge avancé.

CARACTÈRE
D'un tempérament jaloux, il est courageux et volontaire, compétent dans son milieu professionnel. Chez les femmes, il apprécie l'intelligence et la finesse d'esprit. Exigeant avec sa famille, d'humeur changeante, il est parfois difficile à vivre. En fait, c'est un introverti avide d'amour et d'amitié qui s'ignore.

CÉLÉBRITÉS ET ANECDOTES
À noter que le Daniel le plus célèbre, le prophète de l'Ancien Testament, qui fut jeté, par le roi de Babylone, dans la fosse aux lions mais, protégé de Dieu, en sortit indemne, n'est pas reconnu comme saint. Saint Daniel le Stylite était invoqué par les femmes qui craignaient de succomber à l'adultère.

DANIELLE

CHIFFRE : **8** FÊTE : 11 DÉCEMBRE

ORIGINE
Danielle (ou Danièle) est un dérivé féminin de *Daniel*.

CARACTÈRE
Elle est généreuse et femme de caractère. Gaie et communicative, à la fois tempérée et fonceuse, elle a appris à séduire sans être pour autant provocante. Lucide sur ses capacités, elle sait mettre en avant ce qu'elle a de meilleur. Les chaînes de l'amour sont paradoxalement indispensables à cette indépendante.

DANY

CHIFFRE : **8** FÊTE : 11 DÉCEMBRE

ORIGINE

Dany est un dérivé - masculin ou féminin de *Daniel*.

CARACTÈRE

Épris(e) d'absolu, il(elle) a l'audace et le goût du pouvoir des avides de réussite. Mais cet appétit n'est-il pas un complexe d'infériorité déguisé ? Lorsqu'il(elle) se met en ménage, il(elle) s'emploie avec talent à maintenir l'harmonie dans son couple. Généreux(se), dévoué(e), il(elle) ne semble pas donner prise à la fatigue. Il(elle) apprécie les tâches de longue haleine et, sans être passéiste, aime ce qui est ancien.

DAPHNÉ

CHIFFRE : **3**

ORIGINE

Daphné vient du grec *daphné*, le laurier.

HISTOIRE

Daphné était une nymphe dont Apollon tomba amoureux. Pour lui échapper, elle se transforma en laurier. Apollon coupa ses branches et en fit la couronne des vainqueurs…

CARACTÈRE

Gaie et souriante, elle est agréable à côtoyer. D'un tempérament déterminé, elle n'hésite pas à réagir sur tout ce qui la dérange ou la choque. Prête à tout pour conquérir l'homme qu'elle aime, elle sait lui rester fidèle et fait preuve parfois d'une jalousie excessive à son égard.

DARIUS

CHIFFRE : **9**

ORIGINE

Darïus vient du grec *darios*, qui désignait les rois perses.

CARACTÈRE

C'est un passionné qui recherche l'amour et l'amitié dans des relations sans complications. Courageux et audacieux, il sait séduire par son équilibre et son dynamisme. Il a une grande vitalité et une grande capacité de travail. Un obstacle, il ne le contourne pas, il l'affronte.

CÉLÉBRITÉS ET ANECDOTES

Darius Milhaud (1892-1974), grand compositeur français.

DAVID

CHIFFRE : **4** FÊTE : 29 DÉCEMBRE

ORIGINE

David signifie en hébreu *aimé de Dieu*.

HISTOIRE

David, qui vécut environ mille ans avant Jésus-Christ, commence sa vie comme berger. Pour protéger son troupeau, il abat un ours et un lion. Plus tard, avec sa fronde, il tue Goliath, le géant Philistin. Devenu roi d'Israël, il fonde Jérusalem. De la femme qu'il a enlevée à l'un de ses officiers, il aura un fils, Salomon, personnage biblique aussi flamboyant que lui.

CARACTÈRE

Actif, honnête, opiniâtre, il ne manque pas de réussite. Son imagination débordante lui joue parfois de mauvais tours. Il déteste la solitude, et s'entoure d'amis auxquels il présente ses multiples conquêtes. La recherche de la perfection féminine sert d'alibi à ce séducteur impénitent.

DÉBORAH

CHIFFRE : **8**

ORIGINE

Déborah vient d'un mot hébreu signifiant abeille.

HISTOIRE

Déborah, prophétesse et juge d'Israël, selon la Bible, inspira à Baraq, chef des Hébreux du Nord, sa victoire sur les Cananéens.

CARACTÈRE

Elle est éprise d'absolu, et a l'audace et le goût du pouvoir. Lorsqu'elle se met en ménage, elle s'emploie avec talent à maintenir l'harmonie dans son couple, grâce à son intuition. Généreuse, dévouée, elle ne semble pas donner prise à la fatigue. Sa tendresse, elle la réserve aux siens.

DELPHINE

CHIFFRE : **1** FÊTE : 26 NOVEMBRE

ORIGINE

Delphine vient du latin *delphinus,* le dauphin.

HISTOIRE

Sainte Delphine, née en 1283 dans une famille noble de Provence, épousa, à 15 ans, Élzéar de Sabran, qui en avait 13. Ils se firent la promesse de se consacrer à Dieu. Veuve à 40 ans de saint Élzéar, Delphine donna ses biens aux pauvres et passa à Apt les dernières années de sa vie couchant sur la paille et mendiant son pain, en silence. Elle mourut le 26 novembre 1360.

CARACTÈRE

Elle aime la douceur et la tendresse, et aux plaisirs de la vie préfère ceux du rêve ; la fidélité aussi, compte beaucoup pour elle. Intelligente et volontaire, franche en société, elle sait se faire respecter mais n'admet que rarement avoir tort, comme si elle craignait de révéler sa fragilité.

CÉLÉBRITÉS ET ANECDOTES

Sainte Delphine était invoquée par les pauvres pour soulager leur misère.

DENIS

CHIFFRE : **6** FÊTE : 9 OCTOBRE

ORIGINE

Denis vient du grec *Dionysos,* dieu de la vigne.

HISTOIRE

Saint Denis l'Aréopagite, juge suprême d'Athènes, fut converti par saint Paul et devint le premier évêque d'Athènes. Saint Denis, missionnaire envoyé au IIIe siècle pour évangéliser la Gaule, fut le premier évêque de Paris. Il fut martyrisé à Montmartre. Ayant été décapité, il prit sa tête entre ses mains et se mit à marcher. À l'endroit où il tomba a été bâtie la basilique qui porte son nom, tombeau des rois de France.

CARACTÈRE

Il peut se montrer sévère et réservé, mais c'est un être plein de délicatesse et d'humour. Lucide, il aspire à une réussite professionnelle que familiale. Ce qui peut le faire paraître sans ambition. Mais il se soucie peu du regard des autres, et suit sa route sans en dévier.

CÉLÉBRITÉS ET ANECDOTES

Saint Denis l'Aréopagite était invoqué contre la rage. Saint Denis était invoqué contre les migraines. Un prénom d'inventeurs : Diderot (L'Encyclopédie), Papin (la machine à vapeur)…

DENISE

CHIFFRE : **2** FÊTE : 15 MAI, 6 DÉCEMBRE

ORIGINE

Denise est le féminin de Denis.

HISTOIRE

Sainte Denise, une veuve chrétienne, pour avoir refusé de se convertir à la religion du roi des Vandales fut décapitée au Ve siècle en Tunisie avec son fils et 5 000 autres chrétiens.

CARACTÈRE

Intelligente et impertinente, elle se distingue par sa franchise. Certaine de son charme, elle n'en abuse pas. Dynamique et parfois coléreuse dans son activité professionnelle, elle a besoin, pour son équilibre, d'un mari ou d'un compagnon. Peu bavarde en public, c'est le contraire dans l'intimité. Fidèle, sa compagnie est rassurante en cas de difficultés.

CÉLÉBRITÉS ET ANECDOTES

Sainte Denise (fête le 15 mai) était invoquée en cas de règles douloureuses. Cette jeune vierge des Dardanelles, au IIIe siècle, assistant au supplice de chrétiens, les encouragea à ne pas renier leur foi. Arrêtée sur le champ, elle fut conduite dans une maison de passe où miraculeusement pas un homme ne la toucha. Elle s'en échappa pour rejoindre des chrétiens et avoir la tête tranchée comme eux.

DÉSIRÉ

CHIFFRE : **6** FÊTE : 23 MAI

ORIGINE
Désiré vient du latin *desiteratus*, désiré, ou *désiderius*, le désir.

HISTOIRE
Saint Désiré fut désigné évêque de Besançon au Vᵉ siècle, après que son prédécesseur, saint Antide, eut été massacré.

CARACTÈRE
Il peut se montrer sévère et réservé, mais, quand il vous accorde sa confiance, il est plein de délicatesse et d'humour. Lucide, il aspire aussi bien à une réussite professionnelle que familiale. Il se soucie peu du regard des autres, et suit sa route sans en dévier. **CÉLÉBRITÉS ET ANECDOTES**

Saint Désiré était invoqué pour lutter contre l'insomnie : ses prêches étaient si longs que ses fidèles s'endormaient...

DÉSIRÉE

CHIFFRE : **2** FÊTE : 23 MAI

ORIGINE
Désirée est le dérivé féminin de *Désiré*. Voir ce prénom.

CARACTÈRE
L'intelligence est sa qualité principale. Elle ne manque pas de charme et de séduction, et recherche avec passion le vrai dans ses relations. Réaliste, elle sait faire preuve d'audace. Son sourire cache une nature rêveuse.

DIANA

CHIFFRE : **2** FÊTE : 9 JUIN

ORIGINE
Diana est la version italienne et anglo-saxonne de Diane.

CARACTÈRE
Émotive et volontaire, on peut la croire futile. Subtile et spirituelle, quoique timide, sa conversation est recherchée. Son charme et son intel-

ligence n'empêchent pas simplicité et modestie, gentillesse et bonté. Son solide sens pratique se double d'une obstination qui peut aller jusqu'à l'entêtement. Au paraître elle préfère l'efficacité. Avec elle, professionnellement ou sentimentalement, c'est "du solide".

CÉLÉBRITÉS ET ANECDOTES

Diana, princesse de Galles, morte à Paris dans un accident d'automobile.

DIANE

CHIFFRE : **6** FÊTE : 9 JUIN

ORIGINE

Diane était le prénom de la déesse romaine de la nature.

HISTOIRE

Sainte Diane, au XIVe siècle, fonda en Italie un couvent de Dominicaines.

CARACTÈRE

Émotive et volontaire, on peut la croire futile. Son charme et son intelligence n'empêchent pas simplicité et modestie, gentillesse et bonté. Son solide sens pratique se double d'une obstination qui peut aller jusqu'à l'entêtement. Au paraître elle préfère l'efficacité. Avec elle, professionnellement ou sentimentalement, c'est "du solide".

CÉLÉBRITÉS ET ANECDOTES

Diane de Poitiers maîtresse du roi Henri II.

DICK

CHIFFRE : **2** FÊTE : 3 AVRIL

ORIGINE

Dick est une diminutif anglo-saxon de Richard.

CARACTÈRE

Sensible et imaginatif, intuitif, il est doué pour les relations sociales. Sa sentimentalité peut lui occasionner des peines de cœur. Sa gaîté cache de l'anxiété ; son enthousiasme de la nervosité. Inventif, il est apprécié pour son entregent et s'il est ambitieux, il se garde de trop le montrer.

DIDIER

CHIFFRE : **4** FÊTE : 23 MAI

ORIGINE

Didier, comme Désiré, vient du latin *désiderius,* le désir.

HISTOIRE

Évêque de Vienne en 595, saint Didier reproche à la reine Brunehaut ses débauches. Pour le discréditer, elle le fait accuser de viol et l'exile. Puis le rappelle. Il continue ses reproches : excédée, elle le fait lapider dans son église.

CARACTÈRE

Naturel et gai, il sait aussi se faire respecter. Sa gentillesse n'exclut pas l'autorité. Indépendant, infidèle, il est difficile à retenir. Mais une fois qu'il a trouvé l'amour, ce séducteur se range et devient un mari et père attentionné.

DIEGO

CHIFFRE : **4** FÊTE : 12 NOVEMBRE

HISTOIRE

Saint Diego (1400-1463), d'abord moine à Séville, fut envoyé comme prêcheur aux îles Canaries, où il prit la défense des indigènes.

CARACTÈRE

Possédant le sens de l'amitié, il est agréable à vivre. D'un tempérament dynamique et impatient, il est parfois incompris de ses proches. Drôle et fin d'esprit, il aime séduire. L'amour est un jeu pour lui, et il garde de très bonnes relations avec ses anciennes compagnes.

CÉLÉBRITÉS ET ANECDOTES

Saint Diego était invoqué contre les ulcères à l'estomac.

DIEUDONNÉ

CHIFFRE : **1** FÊTE : 19 JUIN, 8 NOVEMBRE

ORIGINE

Dieudonné était prénom de ceux que leurs parents consacraient à Dieu, afin de le remercier de le leur avoir donné.

HISTOIRE

Saint Dieudonné (fête le 19 juin), évêque de Nevers au VIIᵉ siècle, s'installa en ermite dans les Vosges, avant d'y fonder une abbaye, autour de laquelle s'éleva la ville de Saint-Dié.

Saint Dieudonné (fête le 8 novembre), fut pape pendant 3 ans au VIIᵉ siècle. Comme les lépreux (qui en firent l'un de leurs saints protecteurs) n'avaient pas le droit de pénétrer dans les églises, il leur portait lui-même la communion.

CARACTÈRE

Il est épanoui, et porté sur les autres. Il aime la vie en famille, privilégie le mariage aux aventures sans lendemain. Gros travailleur, adepte du principe "mieux vaut un petit chez soi qu'un grand chez les autres", il préfère garder son indépendance, quitte à renoncer à ses ambitions - justifiées. Bon gestionnaire, il sait où il va, quitte, parfois, à déconcerter son entourage, qu'il ne met pas toujours dans la confidence.

CÉLÉBRITÉS ET ANECDOTES

Philippe Auguste fut initialement prénommé Dieudonné car son père, le roi Louis VII, se désespérait de ne pas avoir de fils et dut se marier trois fois avant d'en avoir un, sur le tard.

DIMITRI

CHIFFRE : **1** FÊTE : 26 OCTOBRE

ORIGINE

Dimitri vient de *Démeter*, déesse grecque des moissons.

HISTOIRE

Saint Dimitri fut martyrisé au IVᵉ siècle en Yougoslavie.

CARACTÈRE

Il aime le contact avec autrui, ne s'épanouit qu'en société. Mari fidèle, il apprécie la notoriété, le succès. Sa liberté, il la met au service de la collectivité, qui apprécie l'esprit d'initiative et le dévouement de cet altruiste.

DJAMILA

CHIFFRE : 5

ORIGINE

Djamila signifie *belle* en arabe.

HISTOIRE

Djamila, une belle esclave affranchie de Médine au VIIIe siècle, regroupa en son palais les poètes et les musiciens de son temps.

CARACTÈRE

Attentive et sérieuse, elle veut réussir ses vies professionnelle et privée. Toujours optimiste, elle croit à la justice, au bonheur et à l'amour. Brillante en société, elle a parfois tendance à se contenter de vivre sur ses acquis.

DOLORÈS

CHIFFRE : 7 FÊTE : 15 SEPTEMBRE

ORIGINE

Dolorès, *douleur* en espagnol, vient de la personnification de la Vierge au pied du calvaire, *Maria de los dolorès*.

CARACTÈRE

D'un caractère capricieux, elle sait se montrer affectueuse et gentille. On a beaucoup de mal à lui refuser quoi que ce soit. Intelligente, elle sait exactement ce qu'elle veut être et rien ne semble pouvoir la détourner de ses ambitions. L'amour tient moins de place dans sa vie que sa réussite.

DOMINIQUE

CHIFFRE : 8 FÊTE : 8 AOÛT

ORIGINE

Dominique vient du latin *dominus*, le seigneur.

HISTOIRE

Saint Dominique, né en 1170, moine en Castille, est envoyé en Languedoc pour lutter contre l'hérésie cathare. Ses prêches étant inefficaces, le pape lance l'armée de Simon de Montfort qui pille le pays et brûle ses habitants. Saint Dominique - qui ne s'est pas insurgé contre cette violence -

fonde l'Ordre des Frères Prêcheurs (Dominicains, qui seront les "spécia-listes" de l'Inquisition) et meurt à Bologne le 6 août 1221.

CARACTÈRE
Ambitieux, d'un tempérament studieux, il(elle) persévère malgré les diffi-cultés. L'apparence et les convenances sont fondamentales pour lui(elle). Ses ami(e)s sont peu nombreux mais fidèles. Curieux, il(elle) prend plaisir à voyager. Séducteur(séductrice), sa vie intime est tumultueuse.

CÉLÉBRITÉS ET ANECDOTES
Un saint Dominique, espagnol lui aussi au XIVe siècle (fête le 26 avril) était invoqué contre les accidents de montagne : lui-même fut emporté par un éboulement alors qu'il allait prêcher dans les Pyrénées.

DONALD
CHIFFRE : **5** FÊTE : 15 JUILLET

ORIGINE
Donald vient d'un mot celte désignant le roi.

HISTOIRE
Saint Donald, au VIIe siècle, seigneur écossais, eut neuf filles qui refusè-rent de se marier, pour se consacrer à Dieu. Donald transforma son châ-teau en couvent, et en devint l'abbé.

CARACTÈRE
Il est affectueux, et apprécie la vie familiale. Romantisme et autonome, il apprécie le changement, et, s'il ne survient pas assez vite, le provoque. Ce séducteur discret, à l'argent et à la réussite, préfère l'amour et la sincérité.

CÉLÉBRITÉS ET ANECDOTES
On invoquait saint Donald lors des crises de nerfs.

DONATIEN
CHIFFRE : **1** FÊTE : 24 MAI

ORIGINE
Donatien vient du latin *donatus,* donné (au Seigneur).

HISTOIRE

Saint Donatien, un jeune Gaulois de Nantes fut, lors de persécutions contre les chrétiens, martyrisé avec son ami Rogatien, qu'il avait converti. Ils eurent la tête tranchée le 24 mai 290.

CARACTÈRE

Romantique et utopique, on le lui reproche souvent… Son originalité séduit. Rêveur, il sait aussi être un fonceur. Dans les situations difficiles, il utilise avec brio séduction et humour. Sa vie familiale et amicale est dense, même s'il ressent parfois le besoin d'être seul pour sauvegarder son équilibre.

DORA

CHIFFRE : **2** FÊTE : 6 FÉVRIER

ORIGINE

Dora est un dérivé de *Dorothée*. Voir ce prénom.

CARACTÈRE

Sous des dehors assurés, c'est une sensible, voire une anxieuse. Imaginative, fringante, désinvolte, elle adore séduire, quitte à se révéler volage. Son charme ne suffit pas toujours à combler son manque de rigueur. Mais la chance est avec elle. Surtout qu'elle est prête à la bousculer, et à aider le hasard par des moyens pas toujours très orthodoxes…

DORIAN

CHIFFRE : **7** FÊTE : 9 NOVEMBRE

ORIGINE

Dérivé anglo-saxon de *Théodore*. Voir ce prénom.

CARACTÈRE

Séducteur, c'est un instable dans sa vie affective, mais très apprécié de ses nombreux amis. Ce rebelle a des difficultés à se plier à une discipline. Il est brillant, dans ses études et sa profession, et généreux au point de promettre ce qu'il n'a pas.

DOROTHÉE

CHIFFRE : **9** FÊTE : 6 FÉVRIER

ORIGINE

Dorothée vient du grec *dorotheos*, don de Dieu.

HISTOIRE

Sainte Dorothée (fête le 6 février) fut, en Cappadoce au IVe siècle, décapitée parce que chrétienne, après avoir converti les deux femmes juges chargées de la faire abjurer !

Sainte Dorothée (fête le 30 octobre), née en Prusse en 1347 se fit, lors de son veuvage, emmurée vivante dans un mur d'une cathédrale allemande. Elle passa plusieurs années dans cette minuscule cellule qui avait trois fenêtres, l'un donnant sur le ciel, l'autre sur l'autel, la troisième sur le cimetière… Elle y mourut en 1394.

CARACTÈRE

Elle est une passionnée qui recherche l'amour et l'amitié dans des relations sans complication. Courageuse et audacieuse, elle sait séduire par son équilibre et son dynamisme. Elle a une grande vitalité et une grande capacité de travail.

CÉLÉBRITÉS ET ANECDOTES

Sainte Dorothée était la protectrice des jeunes mariés.

DYLAN

CHIFFRE : **6**

ORIGINE

Dylan est un prénom d'origine celte.

CARACTÈRE

Serein en toutes circonstances, son caractère est franc et agréable. Subtil et spirituel, quoiqu'effacé, sa conversation est recherchée. Son charme, son intuition et son intelligence n'empêchent pas gentillesse et bonté. Son solide sens pratique se double d'une obstination qui peut aller jusqu'à l'entêtement.

CÉLÉBRITÉS ET ANECDOTES

L'écrivain gallois Dylan Thomas (1914-1953).

EDGAR

CHIFFRE : **8** FÊTE : 8 JUILLET

ORIGINE

Edgar vient du germanique *ed,* les richesses, et *gari,* la lance.

HISTOIRE

Saint Edgar le Pacifique fut, à la fin du Xe siècle, roi des Angles, et unificateur de l'Angleterre, avec le soutien de l'Église, et le conseil de saint Dunstan, évêque de Canterbury.

CARACTÈRE

Il ne déteste pas être mis en avant. Réfléchi et honnête, il ne fait rien à la hâte, et assume pleinement ses responsabilités. S'il est entier dans ses idées, l'écoute des autres lui permet d'évoluer. En amour, c'est un fidèle qui saura tenir tête à celles qui apprécient le contact de ce fonceur.

CÉLÉBRITÉS ET ANECDOTES

Edgar Poe l'écrivain, Edgar Degas le peintre…

ÉDITH

CHIFFRE : **1** FÊTE : 16 SEPTEMBRE

ORIGINE

Édith vient du germanique *edel*, la noblesse.

HISTOIRE

Sainte Édith (fête 16 septembre) fille de saint Edgar, suivit sa mère lorsqu'elle entra au convent et y mourut à 23 ans, en 964.

Sainte Édith (fête le 8 décembre) princesse anglaise du VIIᵉ siècle, fut assassinée par son soupirant parce que désirant se faire religieuse, elle ne voulait pas l'épouser.

CARACTÈRE

Elle est simple et sophistiquée à la fois. Sensible et émotive, elle se montre franche et directe dans les situations amicales et amoureuses. Toujours prête à rendre service, elle a parfois, à trop se replier sur elle-même, et à se couper des réalités. Elle ne confond jamais sa vie professionnelle, dans laquelle elle se montre très active, avec sa vie privée.

CÉLÉBRITÉS ET ANECDOTES

Édith Piaf, chanteuse populaire...

EDMÉE

CHIFFRE : **5** FÊTE : 20 NOVEMBRE

ORIGINE

Edmée est un dérivé féminin *d'Edmond*.

CARACTÈRE

Elle est affectueuse, et apprécie la vie familiale. Elle fait passer son romantisme avant son désir d'autonomie. Ce qui ne l'empêche pas d'apprécier le changement, et, s'il ne survient pas assez vite, de le provoquer. Cette séductrice discrète mais efficace aime à regrouper autour d'elle ceux qu'elle aime. À l'argent et à la réussite, elle préfère l'amour et la sincérité.

EDMOND

CHIFFRE : **1** FÊTE : 20 NOVEMBRE

ORIGINE

Edmond vient du saxon *ed,* richesse, et *mund,* protection.

HISTOIRE

Saint Edmond (fête 20 novembre) roi à 6 ans de l'Est de l'Angleterre au
IXᵉ siècle, décapité à 21 ans par les Danois. Sa tête, jetée aux loups, fut re-
trouvée intacte dans une tanière.

Saint Edmond (fête 28 août), prêtre de Douai envoyé en 1628 en Angleterre anglicane comme missionnaire catholique y fut écartelé.

CARACTÈRE

Il s'épanouit facilement en société. Il tombe aussi fréquemment amoureux. Il aime l'indépendance, mais sait aussi écouter, et obéir aux autres,
pour apprendre. C'est un inventif qui préfère la création à la routine.

CÉLÉBRITÉS ET ANECDOTES

Le premier saint Edmond passait pour préserver des loups, le second
pour protéger des blessures aux mains.

Deux écrivains, Edmond Rostand et Edmond de Goncourt.

EDMONDE

CHIFFRE : **6** FÊTE : 20 NOVEMBRE

ORIGINE

Edmonde est un dérivé féminin *d'Edmond.*

CARACTÈRE

Sereine en toutes circonstances, son caractère est franc et agréable. Subtile et spirituelle, quoique timide, sa conversation est recherchée. Son
charme et son intelligence n'empêchent pas gentillesse et bonté. Son solide sens pratique se double d'une obstination qui peut aller jusqu'à l'entêtement.

ÉDOUARD

CHIFFRE : **5** FÊTE : 5 JANVIER

ORIGINE
Édouard vient du saxon *ed,* richesse, et *warden,* gardien.

HISTOIRE
Saint Édouard (fête 18 mars) fils de Saint Edgar le Pacifiste, et frère de sainte Édith, fut assassiné par sa belle mère. Saint Édouard (fête le 5 janvier) le Confesseur, aimé de ses sujets pour sa piété et sa bonté, fut le dernier roi d'Angleterre avant sa conquête par Guillaume le Conquérant en 1066.

CARACTÈRE
Raisonnable, d'aspect froid, il a du mal à montrer ses sentiments. C'est un intellectuel qui peut manquer de réalisme et de goût pour l'aventure. Droit voire rigide, il fait preuve d'une grande assurance dans son travail. Ses relations intimes sont plus diverses qu'il ne le laisse paraître ; il s'avère être un humoriste agréable et original, surtout auprès des femmes.

CÉLÉBRITÉS ET ANECDOTES
Le premier saint Édouard était invoqué pour venir en aide aux enfants martyrs, le second pour aider les jeunes gens à rester chastes. Il guérissait aussi des écrouelles.

EDWIGE

CHIFFRE : **8** FÊTE : 16 OCTOBRE

ORIGINE
Edwige vient du germanique *ed,* richesse, et *wig,* combat.

HISTOIRE
Sainte Edwige, veuve du roi de Pologne au XIIIe siècle, fonda un monastère dont sa fille, sainte Gertrude, fut aussi abbesse.

CARACTÈRE
Intelligente, travailleuse, elle manque de spontanéité, et peut paraître froide et lointaine. Il faut pour l'apprécier, la fréquenter longtemps car elle est plutôt introvertie. Sa générosité sincère reste discrète. Elle a le goût du luxe ce qui parfois lui fait faire des choix plus superficiels qu'utiles. Séduisante, elle sait se faire pardonner ses écarts amoureux.

ÉLÉONORE

CHIFFRE : **8** FÊTE : 25 JUIN

ORIGINE
Éléonore vient d'un mot arabe signifiant *Lumière de Dieu*.

HISTOIRE
Sainte Éléonore de Provence, reine d'Angleterre, se retira dans un couvent à la mort de son mari, et y mourut en 1291.

CARACTÈRE
Elle a tendance, sentimentalement, à trop vite s'emporter, puis à se laisser dévorer par l'incertitude. Mais l'instabilité amoureuse n'est pas pour déplaire à cette affectueuse romantique qui déteste la routine et sait qu'elle peut compter sur ses amis, car elle en a beaucoup…

CÉLÉBRITÉS ET ANECDOTES
Prénoms de plusieurs reines et princesses en France et en Espagne…

ÉLIANE

CHIFFRE : **1** FÊTE : 4 JUILLET

ORIGINE
Éliane est un dérivé d'*Élie* et de Liliane (voir ces prénoms).

CARACTÈRE
Elle est simple et sophistiquée à la fois. Sensible, elle se montre franche et directe en toutes situations. Elle a parfois, trop repliée sur elle-même, tendance à se couper des réalités, d'autant qu'elle est d'humeur changeante.

ÉLIE

CHIFFRE : **1** FÊTE : 20 JUILLET

ORIGINE
Élie en hébreu signifie *Dieu est mon sauveur*.

HISTOIRE
Élie, prophète hébreu, s'opposa aux rois d'Israël et de Juda qui vénéraient les idoles. Il monta au ciel dans un char de feu.

CARACTÈRE

D'une nature très sensible et généreuse, il fait preuve de sincérité dans ses sentiments. Parfois coléreux, grand travailleur, il sait prendre des décisions rapides. Il a du mal à admettre que les gens ne soient pas tous à son image. Grand amoureux, il sait rester fidèle à celle qu'il aime.

CÉLÉBRITÉS ET ANECDOTES

Saint Élie était invoqué pour faire fuir les corbeaux.

ÉLISABETH

CHIFFRE : **6** FÊTE : 17 NOVEMBRE

ORIGINE

Élisabeth vient d'un mot hébreu, *foyer protégé de Dieu*.

HISTOIRE

Sainte Élisabeth (1207-1231 - fête le 17 novembre), fille du roi de Hongrie, est mariée au roi de Thuringe. Elle est chassée du palais en 1227 à la mort de son mari, accusée d'avoir dilapidé l'argent du défunt dans des œuvres charitables, et entre chez les Franciscaines. Sainte Élisabeth (fête 5 novembre), épouse du prêtre Zacharie, est la mère de saint Jean-Baptiste, dont la naissance, malgré son grand âge, lui fut annoncée par un ange.

CARACTÈRE

Sa douceur et gentillesse font d'elle une séductrice qui s'ignore. Optimiste dans les pires moments, elle sait faire preuve d'un grand courage. Elle aime rire et apprécie la fidélité en amitié et en amour.

ÉLISE

CHIFFRE : **5** FÊTE : 5 NOVEMBRE

ORIGINE

Élise est un dérivé d'*Élisabeth*.

CARACTÈRE

Sérieuse dans son métier, elle entretient, dans sa vie privée, un fouillis continuel, qui se retrouve dans ses amitiés et ses amours. Rien ne se passe comme elle le souhaite. Cependant, elle arrive toujours à s'en sortir.

ÉLODIE

CHIFFRE : **5** FÊTE : 22 OCTOBRE

ORIGINE

Élodie est un dérivé féminin d'Éloi. Voir ce prénom.

HISTOIRE

Élodie, chrétienne mais fille d'un musulman, refusa, au IXe siècle, de se convertir à l'Islam et fut décapitée à Cordoue.

CARACTÈRE

Bavarde, élégante et raffinée, elle aime être en société. La discrétion, chez cette sentimentale, n'est par la qualité première. Pas farouche, frivole, elle aime se faire de nouveaux amis.

ÉLOI

CHIFFRE : **7** FÊTE : 1 DÉCEMBRE

ORIGINE

Éloi vient du latin *eligus,* l'élu.

HISTOIRE

Éloi, né à Limoges, orfèvre à Paris, devient le confident et le trésorier du roi Dagobert. Ordonné prêtre, il est élu évêque de Noyon, et évangélise la Flandre. Il meurt le 1 décembre 660.

CARACTÈRE

Intelligent, il prend de la distance par rapport aux événements., et n'accorde que peu d'importance aux honneurs et aux flatteries. Exigeant avec son entourage, la vie peut devenir vite infernale si on le laisse faire. Disponible, il trouve toujours les mots pour expliquer une situation. Le charme, le sourire et la bonne humeur sont ses armes de séduction. Il aime particulièrement le naturel et l'esprit d'initiative chez les femmes, déteste la sophistication exagérée.

CÉLÉBRITÉS ET ANECDOTES

Saint Éloi, patron des orfèvres, mais aussi des charretiers et des muletiers, était invoqué pour guérir une fracture due à un coup de pied de cheval. Le jour de la saint Éloi, on faisait bénir du pain que l'on donnait ensuite à son cheval ou à sa mule, s'ils étaient malades.

La célèbre chanson, où saint Éloi suggère au roi Dagobert de remettre sa culotte à l'endroit date de la Révolution, et ne fait référence à aucune anecdote authentique.

ÉLOÏSE
CHIFFRE : **2** FÊTE : 15 MARS

ORIGINE
Éloïse, qui vient du germanique *hold*, glorieux, et *wild*, le guerrier, est une forme médiévale de Louise (voir ce prénom).

CARACTÈRE
L'intelligence est sa qualité principale. Peu coquette, elle ne manque pas cependant de charme et de séduction. Elle recherche avec passion le vrai dans ses relations intimes et professionnelles. Réaliste, elle sait faire preuve d'audace. Sous son sourire se cache sa nature mélancolique et rêveuse.

ELSA
CHIFFRE : **1** FÊTE : 5 NOVEMBRE

ORIGINE
Elsa est un dérivé d'Élisabeth. Voir ce prénom.

CARACTÈRE
Elle trouve son épanouissement auprès des autres, mari, enfants, collègues de travail. Sa sérénité et son enthousiasme sont communicatifs. Pour elle, le bonheur est dans le pré, pas sous les dorures des palais. Son ambition, c'est d'être heureuse, tout simplement. Mais ce n'est pas parce qu'elle fait fréquemment des concessions, pour éviter les tracas, qu'il faut la croire faible ; sous sa douceur apparente, c'est un roc.

CÉLÉBRITÉS ET ANECDOTES
Elsa Triolet, compagne du poète Aragon, qui chanta ses yeux.

ELVIRE

CHIFFRE : **7** FÊTE : 16 JUILLET

ORIGINE

Elvire est un dérivé féminin d'*Alfred*. Voir ce prénom.

CARACTÈRE

Elle a tendance, sentimentalement, à trop vite s'emporter. Mais l'instabilité amoureuse n'est pas pour déplaire à cette romantique qui n'oublie pas que pour recevoir, il faut aussi donner. Elle déteste la routine, et sait se remettre en cause.

ÉMILE

CHIFFRE : **8** FÊTE : 22 MAI

ORIGINE

Émile correspond au prénom latin Æmilius.

HISTOIRE

Saint Émile, au IIIe siècle en Afrique du Nord, arrêté parce que chrétien, renia sa religion puis, pris de remords, revint sur son repentir et fut brûlé vif.

CARACTÈRE

Réfléchi et honnête, il ne prend pas de décision à la hâte. Doté d'une force de caractère redoutable, il assume pleinement ses responsabilités, quitte à bousculer l'ordre établi. L'écoute et la compréhension des autres lui permet d'évoluer dans le bon sens. Sentimentalement, c'est un fidèle malgré celles qui voudraient partager l'intimité de ce fonceur.

CÉLÉBRITÉS ET ANECDOTES

Émile Zola ; l'*Émile*, de Jean-Jacques Rousseau.

ÉMILIE

CHIFFRE : **8** FÊTE : 19 SEPTEMBRE

ORIGINE

Émilie est un dérivé féminin d'Émile. Voir ce prénom.

HISTOIRE

Sainte Émilie, née en Aveyron en 1787, fonda en 1820 la congrégation des sœurs de la Sainte Famille où les religieuses se partageaient entre l'éducation des jeunes filles pauvres et les malades. Elle mourut en 1852 à Villefranche de Rouergue.

CARACTÈRE

Émotive, elle est parfois capricieuse. Lucide et déterminée, elle excelle dans son travail. Pour ses ami(e)s elle sait toujours se rendre disponible. Elle déteste les beaux parleurs, mais apprécie particulièrement les rêveurs et les idéalistes.

EMMA

CHIFFRE : **3** FÊTE : 19 AVRIL

ORIGINE

Emma vient du germanique *heim,* la maison ou le hameau.

CARACTÈRE

Elle est impatiente, en amour comme en affaires. Cette nerveuse, pleine de vivacité, se lasse vite de ses soupirants, et s'épuise vite à trop se disperser. Mais quand elle a trouvé l'âme sœur pour son foyer et le compagnon sûr dans son travail, elle est d'une fidélité et d'une efficacité qui la rendent méconnaissable. Plutôt que d'avouer ses angoisses, elle préfère jouer la maladroite et la futile.

CÉLÉBRITÉS ET ANECDOTES

Emma Bovary, de Flaubert, celle par qui le scandale arrive…

EMMANUEL

CHIFFRE : **3** FÊTE : 25 DÉCEMBRE

ORIGINE

Emmanuel signifie en hébreu *Dieu est avec nous.*

HISTOIRE

Lorsque l'ange Gabriel se présenta à Marie pour lui annoncer la naissance du Christ, il lui dit : *Tu l'appelleras Emmanuel, c'est-à-dire Dieu est avec nous…*

CARACTÈRE

Sociable et agréable à vivre, il a de nombreux amis. Sa vie sentimentale tumultueuse ne l'empêche pas d'être sérieux dans son travail. Il n'hésite pas à s'engager dans des causes qu'il estime juste au risque parfois de se trouver en conflit avec son entourage. Entier et réservé, il sait retourner une situation à son avantage. Charmeur, il fait preuve d'une grande tendresse envers ceux qui l'entourent.

EMMANUELLE

CHIFFRE : 2 FÊTE : 25 DÉCEMBRE

ORIGINE

Emmanuelle est le dérivé féminin d'*Emmanuel*.

HISTOIRE

Sainte Emmanuelle (fête le 11 octobre), née et morte à Madrid (1826-1851) fonda la congrégation des Servantes de Marie, pour soigner les malades et les indigents.

CARACTÈRE

L'intelligence est sa qualité principale. Peu coquette, elle ne manque pas cependant de charme. Elle recherche avec passion le vrai dans ses relations. Réaliste, elle sait faire preuve d'audace dans son milieu professionnel. Souvent rêveuse, elle n'en laisse rien voir au dehors, souriante et joyeuse.

ENRICO

CHIFFRE : 1 FÊTE : 13 JUILLET

ORIGINE

Enrico est une forme méditerranéenne d'Henri.

CARACTÈRE

Peu expansif, malgré sa bonne humeur apparente, c'est un travailleur assidu. Rigueur et droiture sont les termes qui le qualifient le mieux. Aimant la vie, il va au bout de tout ce qu'il entreprend avec parfois des déboires mais souvent avec beaucoup de réussite. En amour, il est secret et fidèle.

ENZO

CHIFFRE : **6** FÊTE : 10 AOÛT

ORIGINE
Enzo, d'origine italienne, est un diminutif de Lorenzo, version méditerranéenne de Laurent.

CARACTÈRE
Émotif et volontaire, on peut le croire futile. Subtil et spirituel, sa conversation est recherchée. Son charme et son intelligence n'empêchent pas simplicité et modestie, gentillesse. Son sens pratique se double d'une obstination qui peut aller jusqu'à l'entêtement. Au paraître il préfère l'efficacité. Avec lui, professionnellement ou sentimentalement, c'est "du solide".

CÉLÉBRITÉS ET ANECDOTES
Enzo Ferrari, fondateur de la célèbre écurie automobile.

ÉRIC

CHIFFRE : **8** FÊTE : 18 MAI

ORIGINE
Éric vient du germanique *rick*, le puissant.

HISTOIRE
Saint Eric IX est roi de Suède en 1156. Il permet à l'Église de s'implanter. Il veut convertir les Finlandais, mais est assassiné en 1161 par un Danois usurpateur, dans l'église d'Upsal.

CARACTÈRE
Original dans son mode de vie, il est difficile de compter sur lui. Sûr de lui et spontané, il change vite d'avis. Pour lui seul compte l'instant présent. Généreux et altruiste, il peut parfois être un bagarreur acharné. Cet amateur de voyages et d'aventure a besoin qu'on l'aime.

CÉLÉBRITÉS ET ANECDOTES
Saint Éric était invoqué par les moribonds voulant se repentir.

ERNEST

CHIFFRE : **9** FÊTE : 7 NOVEMBRE

ORIGINE

Ernest vient du germanique *ernst,* important.

HISTOIRE

Saint Ernest, baron du Wurtemberg, devint abbé d'un monastère cistercien, avant de suivre une croisade en Palestine comme missionnaire. Il fut arrêté à La Mecque, ville sainte musulmane, et mis à mort le 7 novembre 1147.

CARACTÈRE

Il est doué d'une grande faculté d'adaptation. Tenace et prudent, il sait mener à bien ses entreprises. Créatif, n'aimant pas l'échec, il préfère agir seul. Son dynamisme est complété par une intuition très sûre.

ERWANN

CHIFFRE : **3** FÊTE : 19 MAI

ORIGINE

Erwann est une forme celtique d'Yves. Voir ce prénom.

CARACTÈRE

D'un tempérament réservé, il est en réalité gai et obstiné. Intelligent, mais manquant de confiance en lui. Volontaire dans son travail, tendre avec sa compagne, il cultive un franc-parler parfois brutal.

ESPÉRANCE

CHIFFRE : **5** FÊTE : 30 SEPTEMBRE

HISTOIRE

Sainte Espérance, l'une des trois filles de sainte Sophie, dans une famille romaine fut, au IIe siècle, martyrisée avec ses sœurs parce que chrétienne.

CARACTÈRE

Sa volonté de réussir ne l'empêche pas d'être une amie fidèle. Ses activités sont toujours à rebondissements ; querelles, rencontres et réconciliations rythment ses journées. Jamais épuisée, elle aime la compagnie. Les apparences comptent peu pour elle mais le beau l'attire.

ESTELLE

CHIFFRE : **4** FÊTE : 11 MAI

ORIGINE
Estelle vient du latin *stella*, l'étoile.

HISTOIRE
Sainte Estelle, de Saintes, fille d'un fonctionnaire romain, se fit chrétienne. Son père, de colère, l'abandonna aux bourreaux qui la martyrisèrent en 122 en même temps que saint Eutrope, premier évêque de la ville, qui l'avait convertie.

CARACTÈRE
Adaptable, elle mène sa vie avec prudence et ténacité. Originale et créative, la nouveauté la dynamise. Son besoin d'isolement peut parfois créer des tensions. Solitude qui se retrouve souvent dans sa vie intime. Cette mystérieuse a le culte de l'amour vrai, et de l'amitié.

CÉLÉBRITÉS ET ANECDOTES
Sainte Estelle était invoquée par les filles à marier.

ESTHER

CHIFFRE : **3** FÊTE : 1 JUILLET

ORIGINE
Esther vient d'un mot hébreu signifiant étoile.

HISTOIRE
Esther, une belle Juive épouse du roi de Perse Assuérus, obtint auprès de son mari la grâce du peuple juif.

CARACTÈRE
D'un tempérament réservé, qu'on prend pour de la timidité, elle est en réalité gaie. Intelligente, elle manque souvent de confiance en elle. Volontaire dans son travail, tendre avec son compagnon, elle cultive fidélité et sincérité.

CÉLÉBRITÉS ET ANECDOTES
Esther, tragédie de Racine.

ÉTIENNE

CHIFFRE : **9** FÊTE : 26 DÉCEMBRE

ORIGINE

Étienne, contraction de Stéphane (voir ce prénom), vient d'un mot grec signifiant *celui qui est couronné.*

HISTOIRE

Saint Étienne, disciple de Jésus fut, à Jérusalem, le premier martyr chrétien. Il fut lapidé par la foule en 35, après un débat théologique. Parmi ceux qui lui jetaient des pierres, il y avait Saül, qui deviendra saint Paul.

CARACTÈRE

Rien ne se fait sans l'avis de cet énergique, qui peut se montrer entêté. Il est un ami sûr. Vantard parfois, il sait aussi rester discret au moment opportun. En amour, il peut être aussi jaloux qu'infidèle. Ayant le sens du contact, il sait habilement retourner les situations à son avantage.

CÉLÉBRITÉS ET ANECDOTES

Saint Étienne, patron des fondeurs et des tailleurs de pierre, était invoqué contre les pertes de mémoire. Saint Étienne 1er, pape (fête le 2 août), mort en 257 était invoqué par ceux qui avaient des problèmes avec leurs supérieurs hiérarchiques. Saint Étienne, ermite italien du XIIe siècle (fête le 19 juillet), était invoqué pour se protéger des loups, car il avait su leur parler et vivre parmi eux.

ETTORE

CHIFFRE : **2**

ORIGINE

Ettore est la forme méditerranéenne d'Hector. Voir ce prénom.

CARACTÈRE

L'intelligence est sa qualité principale. Bohème, il ne manque pas cependant de charme. Il recherche avec passion, le vrai dans ses relations. Réaliste, il sait faire preuve d'audace dans son milieu professionnel. Souvent rêveur, il n'en laisse rien voir au dehors, souriant et courtois.

EUDES

CHIFFRE : **9** FÊTE : 19 AOÛT

ORIGINE

Eudes vient du germanique *eod*, le vaillant.

HISTOIRE

Jean-Eudes, au XVIIᵉ siècle, fonda un ordre de missionnaires et la congrégation des Sœurs du Bon Pasteur, pour venir en aide aux filles de mauvaise vie.

CARACTÈRE

Il est doué d'une grande faculté d'adaptation. Tenace et prudent, il sait mener à bien ses entreprises. Créatif, il préfère agir seul, après une longue élaboration de ses projets. Son dynamisme est complété par une intuition très sûre.

EUGÈNE

CHIFFRE : **3** FÊTE : 13 JUILLET

ORIGINE

Eugène vient du grec *eugenios*, bien né.

HISTOIRE

Saint Eugène, au Vᵉ siècle, fut évêque de Carthage tandis que le roi Vandale de la contrée persécutait les chrétiens. Exilé puis rappelé dans sa ville, saint Eugène y fut condamné à mort. Mais le roi en eut honte, ou ne voulut pas en faire un martyr. Il l'exila en Aquitaine, où saint Eugène fonda un monastère où il mourut, le 13 juillet 505.

CARACTÈRE

Flegmatique, mais cela ne l'empêche pas d'être parfois en colère. D'un tempérament généreux et tendre, il est attentionné et compréhensif. Actif et volontaire, il peut passer beaucoup de temps pour convaincre son entourage de la justesse de ses propos et éviter les conflits stériles.

EUGÉNIE

CHIFFRE : **3** FÊTE : 7 FÉVRIER

ORIGINE

Eugénie vient du grec *eugenios,* bien né.

HISTOIRE

Sainte Eugénie, fille du gouverneur d'Alexandrie, au IIIe siècle, sous le prénom d'Eugène, entra dans un monastère dont elle devint l'abbé. Une femme, qui en était amoureuse, dépitée de se voir repoussée, l'accusa de viol. Eugénie n'eut aucun mal à démontrer sa bonne foi. Son père, la croyant morte, en conclut au miracle, et se convertit. Mais père et fille n'eurent pas le temps de fêter leurs retrouvailles : le couvent fut envahi par la foule qui les massacra tous.

CARACTÈRE

D'un tempérament réservé, qu'on prend pour de la timidité, elle est en réalité gaie. Intelligente, elle manque souvent de confiance en elle. Volontaire dans son travail, tendre avec son compagnon, elle cultive fidélité et sincérité.

CÉLÉBRITÉS ET ANECDOTES

Sainte Eugénie était invoquée contre les perversions sexuelles, et… le hoquet !

EULALIE

CHIFFRE : **2** FÊTE : 10 DÉCEMBRE

ORIGINE

Eulalie vient du grec *eulalia,* le chant.

HISTOIRE

Sainte Eulalie, née à Barcelone au IVe siècle, se rendit, à l'insu de ses parents, au tribunal où l'on condamnait des chrétiens et cria son indignation. Elle fut aussitôt condamnée au bûcher, après avoir été fouettée, plongée dans un bain de chaux vive, et ébouillantée à l'huile bouillante. Elle n'avait pas 12 ans !

CARACTÈRE

Intelligente, peu coquette, mais séduisante, elle recherche avec passion le vrai dans ses relations. Réaliste, elle sait faire preuve d'audace dans son milieu professionnel. Souvent mélancolique et rêveuse, elle n'en laisse rien voir au dehors.

CÉLÉBRITÉS ET ANECDOTES

Sainte Eulalie, patronne des marins, était invoquée contre la dysenterie.

EUSÈBE

CHIFFRE : **3** FÊTE : 15 DÉCEMBRE

HISTOIRE

Saint Eusèbe de Verceil, né en Sardaigne au IVᵉ siècle, évêque dans le Piémont, fut exilé par l'empereur à la suite d'une querelle religieuse. Il parcourut la Cappadoce en prêchant contre les hérésies. Revenu en Italie, il y mourut en 371.

CARACTÈRE

Agréable à vivre, il a de nombreux amis. Sa vie sentimentale parfois tumultueuse ne l'empêche pas d'être sérieux dans son travail. Charmeur et tendre avec ses proches, il sait retourner les situations à son avantage.

CÉLÉBRITÉS ET ANECDOTES

Saint Eusèbe était invoqué contre les démons. Saint Eusèbe de Samosate, en Syrie (fête le 21 juin), évêque au IVᵉ siècle, tué par un hérétique à coups de tuile sur la tête était invoqué contre les chocs. Saint Eusèbe, moine irlandais du IXᵉ siècle (fête 31 janvier), abbé en Suisse, tué par un usurier était invoqué par ceux qui ne pouvaient pas payer leurs impôts.

EUSTACHE

CHIFFRE : **1** FÊTE : 20 SEPTEMBRE

ORIGINE

Eustache vient d'un mot grec signifiant le bel épi.

HISTOIRE

Saint Eustache, officier romain, fut martyrisé au IIᵉ siècle parce que chrétien. Après avoir été livré aux lions, qui ne voulurent pas de lui, il fut avec sa famille enfermé dans un taureau d'airain sous lequel on alluma un feu… Il se serait converti après avoir vu apparaître une croix de lumière entre les bois d'un cerf qu'il allait abattre.

CARACTÈRE

Il aime le contact, ne s'épanouit qu'en société. Mari fidèle, il apprécie la notoriété, le succès. Sa liberté, il est capable de la mettre au service de la collectivité, qui saura récompenser l'esprit d'initiative et le dévouement de cet altruiste.

CÉLÉBRITÉS ET ANECDOTES

Saint Eustache, patron des chasseurs et des… marchands de chaussettes était invoqué contre les accidents de chasse (un *eustache* servait à désigner un couteau de chasse). Saint Eustache (fête le 29 mars), au VIIe siècle, était abbé à Luxeuil, où il guérit deux saintes de leur cécité. Il était invoqué contre la myopie. Saint Eustache (fête le 7 septembre), abbé en Picardie au XIIIe siècle, était invoqué par les employés que leurs patrons faisaient travailler le dimanche. Eustache de Saint-Pierre, l'un des six bourgeois de Calais, fut, pendant la guerre de Cent Ans, gracié par le roi d'Angleterre, sur intervention de la reine qui attendait un enfant.

ÉVA

CHIFFRE : **1** FÊTE : 6 SEPTEMBRE

ORIGINE

Éva est un diminutif d'Ève. Voir ce prénom.

CARACTÈRE

Elle est simple et sophistiquée à la fois. Toujours prête à rendre service, elle a parfois, à trop se replier sur elle-même, tendance à se couper des réalités. Sa conversation spirituelle fait qu'on lui pardonne bien volontiers ses changements d'opinion. Elle ne confond jamais sa vie professionnelle, dans laquelle elle se montre très active, avec sa vie privée, où elle se révèle douce et tendre.

ÉVARISTE

CHIFFRE : **9** FÊTE : 26 OCTOBRE

ORIGINE
Évariste vient d'un mot grec signifiant le meilleur.

HISTOIRE
Saint Évariste, d'origine juive, mort en 108, fut le Ve pape.

CARACTÈRE
Il est doué d'une intelligence vive, mais il le sait, et parfois s'entête dans ses idées, les estimant les meilleures… Les difficultés le stimulent. C'est un battant, capable de rudesse contre ceux qui se mettent en travers de sa route. Mais il peut aussi, dans l'intimité, se révéler sensible, fin et spirituel, surtout avec celles qu'il veut - et sait - séduire.

CÉLÉBRITÉS ET ANECDOTES
Évariste Galois, mathématicien de génie, mort à 21 ans dans un duel, en 1832.

ÈVE

CHIFFRE : **5** FÊTE : 6 SEPTEMBRE

ORIGINE
Ève vient d'un mot hébreu signifiant vivre.

HISTOIRE
Ève, épouse d'Adam et mère d'Abel et de Caïn, et de l'humanité. C'est elle qui aurait incité Adam, sous l'influence du démon, à désobéir à Dieu ; mais s'il s'est laissé tenter, c'est qu'elle devait être aussi ravissante que convaincante…

CARACTÈRE
Elle est affectueuse, mais peut se montrer infidèle, tant elle aime la nouveauté, et l'aventure… Idéaliste, elle hésite constamment entre les chaînes du grand amour et son besoin d'aventures. Dynamique et douée de l'esprit d'initiative, elle est appréciée de son entourage. Cette "bosseuse" qui, sous une apparente décontraction, cache une grande application, est parfois trahie par sa nervosité qui se manifeste en cas de grosse fatigue.

ÉVELYNE

CHIFFRE : **7** FÊTE : 6 SEPTEMBRE

ORIGINE

Évelyne est un diminutif d'Ève. Voir ce prénom.

CARACTÈRE

Discrète et douce, elle est sincère dans ses amitiés et ses amours. D'un naturel peu ambitieux, c'est la passion de son métier qui la rend si active. Parfois capricieuse, ses rapports amicaux sont à la fois distants et rares. Charmante et gourmande, elle plaît aux hommes. Lucide en amour, elle prend son temps avant de s'engager.

FABIEN

CHIFFRE : **1** FÊTE : 20 JANVIER

ORIGINE
Fabien vient du latin *faba*, la fève.

HISTOIRE
Vingtième pape, saint Fabien, qui organisa l'administration de l'Église, fut martyrisé en 250 sous l'empereur Dèce.

CARACTÈRE
Souriant, loyal, sincère, il a le sens de l'humour. Jamais dépassé par les événements, il aime la découverte, l'aventure et les voyages. L'originalité des autres le dynamise. Les encouragements de son entourage lui sont indispensables. Il donne beaucoup et se sent pourtant toujours redevable envers les autres.

FABIENNE / FABIOLA

CHIFFRE : **2** FÊTE : 27 DÉCEMBRE

ORIGINE
Fabienne et Fabiola sont des dérivés féminins de *Fabien*.

HISTOIRE

Sainte Fabiola (morte en 399), épouse d'un Romain débauché, en divorça puis, veuve, transforma son palais - qu'elles connaissaient pour l'avoir fréquenté - en lieu d'accueil pour les prostituées repenties.

CARACTÈRE

Intelligente et impertinente, elle se distingue par sa franchise et sa fidélité. Certaine de son charme, elle n'en abuse pas. Dynamique et parfois coléreuse dans son activité professionnelle, elle a besoin, pour son équilibre, d'un mari ou d'un compagnon. Peu bavarde en public; c'est le contraire dans l'intimité.

CÉLÉBRITÉS ET ANECDOTES

Sainte Fabiola était invoquée afin que les fêtes ne dégénèrent pas en orgies. Fabiola, récente reine des Belges.

FABRICE

CHIFFRE : **8** FÊTE : 22 AOÛT

ORIGINE

Fabrice vient du latin *faber,* l'artisan.

HISTOIRE

Saint Fabrice fut martyrisé en Espagne par les soldats impériaux, lors de son évangélisation.

CARACTÈRE

Ce séducteur aime avant tout sa liberté. De plus, il n'a pas toujours bon caractère, et son sourire ne suffit pas toujours à le réconcilier avec les autres. Mais quand il a trouvé la femme de sa vie, et les amis qu'il mérite, son dévouement et sa générosité sont exemplaires. Il se révèle un être délicat et harmonieux. Il sait tenir ses promesses.

FANCHON

CHIFFRE : **7** FÊTE : 9 MARS

ORIGINE

Fanchon est un diminutif de *Françoise.* Voir ce prénom.

CARACTÈRE

D'un caractère capricieux, elle a une haute opinion d'elle-même. Elle sait pourtant se montrer affectueuse et gentille. On a beaucoup de mal à lui refuser quoi que ce soit. Intelligente, elle sait exactement ce qu'elle veut être et rien ne semble pouvoir la détourner de ses ambitions. L'amour tient moins de place dans sa vie que sa réussite professionnelle.

FANNY

CHIFFRE : **6** FÊTE : **2** JANVIER

ORIGINE

Fanny est un diminutif de Stéphanie, ou de Thiphaine.

CARACTÈRE

Elle est émotive, ce qui peut faire croire qu'elle est futile. Subtile et spirituelle, quoique timide, sa conversation est recherchée. Son charme et son intelligence n'empêchent pas simplicité et modestie, gentillesse et bonté. Son solide sens pratique se double d'une obstination qui peut aller jusqu'à l'entêtement. Au paraître elle préfère l'efficacité. Avec elle, professionnellement ou sentimentalement, c'est "du solide".

CÉLÉBRITÉS ET ANECDOTES

Fanny, de Marcel Pagnol, grand amour marseillais de *Marius*.

FARID

CHIFFRE : **1**

CARACTÈRE

Il aime le contact avec autrui. Il ne s'épanouit bien qu'en société. Mari fidèle, il apprécie la notoriété, le succès. Sa liberté et son esprit d'indépendance, il est capable de les mettre au service de la collectivité, qui saura récompenser l'esprit d'initiative et le dévouement de cet altruiste.

FATIMA

CHIFFRE : **5**

HISTOIRE

Fatima était l'une des filles du prophète Mahomet. Elle épousa son cousin Ali ; leurs deux fils furent la seule descendance mâle de Mahomet. D'elle sont issus les Fatimides, qui régnèrent en Égypte.

CARACTÈRE

Volontaire, tenace et intelligente, elle est respectée, voire enviée. L'impertinence dont elle fait preuve peut parfois être une source de conflit. Amoureuse, elle devient timide et réservée : le feu de la passion couve alors sous la braise…

CÉLÉBRITÉS ET ANECDOTES

La *main de Fatima* est un emblème religieux, un talisman, et un bijou…

FÉLICIA

CHIFFRE : **9** FÊTE : 21 JUILLET

ORIGINE

Félicia est un dérivé féminin de *Félicien*.

CARACTÈRE

Émotive, lucide et déterminée, elle excelle dans son travail. Pour ses ami(e)s elle sait toujours se rendre disponible. Elle déteste les beaux parleurs, mais apprécie particulièrement les rêveurs et les idéalistes.

FÉLICIE

CHIFFRE : **4** FÊTE : 21 JUILLET

ORIGINE

Félicie est un dérivé féminin de *Félicien*.

CARACTÈRE

Elle mène sa vie professionnelle avec prudence et ténacité. Créative, son intuition lui permet de poursuivre les projets les plus fous. Son besoin d'isolement peut parfois créer des tensions. Solitude qui se retrouve souvent dans sa vie intime. Cette mystérieuse a le culte de l'amour et de l'amitié.

FÉLICIEN

CHIFFRE : **9** FÊTE : 21 JUILLET

ORIGINE
Félicien vient du latin *félix*, la félicité.

HISTOIRE
Saint Félicien était un légionnaire qui, au IIIe siècle, à Marseille, assistant au martyr du tribun romain Victor, choisit, comme lui, de se convertir au christianisme. Il fut décapité.

CARACTÈRE
Il est doué d'une intelligence vive, mais le sait, et parfois s'entête dans l'erreur… Les difficultés le stimulent. C'est un battant, qui bouscule volontiers. Mais il peut aussi, dans l'intimité, se révéler sensible, fin et spirituel, surtout avec celles qu'il veut - et sait - séduire.

FÉLIX

CHIFFRE : **2** FÊTE : 12 FÉVRIER

ORIGINE
Félix vient du latin *félix*, la félicité.

HISTOIRE
Les saints Félix, parmi lesquels trois papes, sont nombreux.

Le saint Félix fêté le 12 février est Félix d'Abitène, en Tunisie, supplicié au IIIe siècle pour avoir assisté à une messe.

CARACTÈRE
Curieux et passionné par son travail, il lui arrive d'oublier ceux qui l'entourent. D'une grande sensibilité et ayant besoin d'être rassuré constamment, on s'épuise à son contact. Gai et honnête, sa famille est sa plus grande réussite. Ses amitiés sont hétéroclites. Même s'il joue parfois au beau parleur, il reste fidèle à sa compagne.

CÉLÉBRITÉS ET ANECDOTES
Saint Félix (fête le 18 mai), moine capucin italien au XVIe siècle, était le protecteur des chiens et des chats. Il était invoqué pour avoir une voix forte. Car, lorsqu'il quêtait, il remerciait si fort les gens qui ne donnaient rien que ceux-ci devenaient, à leur grande honte, la cible des regards.

Saint Félix (fête le 23 mars), moine bénédictin mort en l'an 1 000 était invoqué par ceux qui voulaient être couchés sur le testament d'un mourant sans héritier. Mais il fallait promettre de donner la majeure partie du legs aux œuvres charitables! Saint Félix (fête 23 avril), évangélisateur du Poitou au IIe siècle, fut suspendu, après avoir eux les membres brisés, dans une cheminée où il périt étouffé. Il était invoqué contre l'asphyxie. Saint Félix (fête le 7 juillet), évêque de Nantes au IXe siècle, réduisait les fractures par imposition des mains; on l'invoquait en cas de bras ou de jambe cassés. Saint Félix (fête 12 octobre), évêque en Afrique au Ve siècle, dut, avec 5 000 chrétiens, marcher jusqu'à la mort dans le désert. Pour les faire avancer, les soldats les fouettaient avec des ronces. On l'invoquait contre les piqûres d'épines. Saint Félix (fête 23 février), évêque de Brescia au VIIe siècle, était invoqué en cas de règles tardives. Saint Félix (fête le 30 mai), pape de 269 à 273, confirma l'usage des messes dans les Catacombes (qui servaient aussi de cimetière) et fut martyrisé pour avoir baptisé des catéchumènes et opéré des conversions malgré les interdits officiels. Saint Félix de Valois (fête le 20 novembre), cousin du roi Louis VII au XIIe siècle, ermite dans les forêts de l'Aisne, et fondateur d'un ordre religieux… n'a jamais existé! Ce sont des moines Mathurins qui, au XVIIe siècle, voulant donner à leur ordre un fondateur de sang royal, inventèrent la légende. Ce qui n'a pas empêché ce saint imaginaire (mais il n'est pas le seul à l'être) d'être fêté jusqu'à ce que le pape le retire du calendrier en 1970. On l'invoquait pour mieux faire passer une potion amère.

FERDINAND

CHIFFRE : **3** FÊTE : 30 MAI

ORIGINE

Ferdinand vient du germanique *frid,* la paix, et *nand,* risquer.

HISTOIRE

Saint Ferdinand, né en 1199, roi de Castille en 1217, chasse les Arabes d'Andalousie, et gouverne son pays, comme son cousin saint Louis, dans la piété et la justice. Il meurt le 30 mai 1252 à Séville.

CARACTÈRE

Flegmatique en apparence, d'une grande moralité, il a des colères aussi violentes que brèves. D'un tempérament généreux et tendre, il est un ami, et un mari, attentionné et compréhensif. Patient, il fait tout pour éviter les conflits stériles.

FERNAND

CHIFFRE : **8** FÊTE : 27 JUIN

ORIGINE

Fernand est un dérivé de *Ferdinand*. Voir ce prénom.

HISTOIRE

Saint Fernand, c'est l'Espagnol saint Ferdinand, mais vénéré sous ce prénom en Sicile, et fêté le 27 juin.

CARACTÈRE

Ce séducteur, qui n'a pas toujours bon caractère, aime avant tout sa liberté. Mais quand il a trouvé la femme de sa vie, et les amis qu'il mérite, son dévouement et sa générosité sont exemplaires. Il se révèle un être délicat et harmonieux. Au travail, les tâches ingrates ne l'effraient pas. Il n'a qu'une parole, et sait tenir ses promesses.

FERNANDE

CHIFFRE : **4** FÊTE : 30 MAI

ORIGINE

Fernande est un dérivé féminin de *Ferdinand*. Voir ce prénom.

CARACTÈRE

Adaptable comme un caméléon, elle mène sa vie professionnelle avec prudence et ténacité. Originale et créative, son intuition lui permet de poursuivre les projets les plus fous. Son besoin d'isolement peut parfois créer des tensions. Car cette mystérieuse a le culte de l'amour et de l'amitié vrais.

FLEUR

CHIFFRE : **8** FÊTE : 5 OCTOBRE

ORIGINE
Fleur vient du latin *flor*, la fleur.

HISTOIRE
Sainte Flore, religieuse dans le Cantal au XIVe siècle, est restée célèbre pour ses extases mystiques spectaculaires.

CARACTÈRE
Elle est éprise d'absolu. Elle a l'audace et le goût du pouvoir. Lorsqu'elle se met en ménage, elle s'emploie à maintenir l'harmonie dans son couple. Généreuse, elle ne semble pas donner prise à la fatigue. Elle apprécie les tâches de longue haleine et, sans être passéiste, aime ce qui est ancien.

FLORA

CHIFFRE : **6** FÊTE : 24 NOVEMBRE

ORIGINE
Flora vient du latin *flor*, la fleur.

HISTOIRE
Sainte Flora, chrétienne de Courdoue, fut décapitée en 856 par les Arabes qui occupaient la ville car, pour porter secours à quelqu'un, elle était sortie dans la rue tête nue.

CARACTÈRE
Elle est aussi émotive que volontaire. Spirituelle, quoique timide, ses réparties font mouche. Son charme et son intelligence n'empêchent pas modestie et gentillesse. Son solide sens pratique se double d'une obstination qui peut aller jusqu'à l'entêtement. Au paraître elle préfère l'efficacité. Avec elle, sentimentalement, c'est "du solide".

CÉLÉBRITÉS ET ANECDOTES
Sainte Flora était invoquée contre la chute des cheveux.

FLORENCE

CHIFFRE : **6** FÊTE : 1 DÉCEMBRE

ORIGINE
Florence vient du latin *florentia,* florissante.

HISTOIRE
Sainte Florence était la sœur de saint Léandre, évêque de Séville qui, au VIIe siècle, imposa le catholicisme en l'Espagne. Elle l'assista en dirigeant 40 couvents.

CARACTÈRE
Toujours entre le rire et la bouderie, elle déconcerte par son caractère changeant. Ambitieuse, elle utilise sa timidité avec beaucoup d'intelligence. Pour elle, pas d'amour sans passion. Gare aux hommes à l'âme sensible !

FLORENT

CHIFFRE : **9** FÊTE : 4 JUILLET

ORIGINE
Florent vient du latin *florens,* florissant.

HISTOIRE
Saint Florent (fête le 4 juillet) aurait été, au Ve siècle, le premier évêque de Cahors. Saint Florent (fête le 22 septembre) tribun dans la légion en Bavière, avec son frère Florian, aurait été, au Ve siècle, après avoir fui les persécutions et s'être réfugié en Gaule, l'évangélisateur du Poitou.

CARACTÈRE
Généreux (mais susceptible) avec ses amis et sa famille, son sens des affaires l'incite à plus de rigueur dans son milieu professionnel. Lucide, il peut prendre des libertés avec la morale ; le mensonge par omission, par exemple, fait partie de la panoplie de ce grand communicateur, pour qui l'amour est une bataille, qu'il remporte en vainqueur.

CÉLÉBRITÉS ET ANECDOTES
Saint Florent (du Poitou) était invoqué pour protéger les arbres fruitiers des insectes. Saint Florent (fête 7 novembre), moine irlandais au VIIe s, et évêque de Strasbourg, était invoqué contre les crises de coliques néphrétiques.

FLORIAN

CHIFFRE : **3** FÊTE : 4 MAI

ORIGINE

Florian vient du latin *florens,* florissant.

HISTOIRE

Saint Florian, frère de saint Florent, légionnaire en Bavière au début du Ve siècle, est emprisonné avec lui parce que chrétien. Florent s'étant enfui, Florian est doublement martyrisé, puis noyé dans la rivière par son général.

CARACTÈRE

Sûr de lui, capricieux, il a besoin d'être mis devant ses responsabilités pour agir. Les femmes apprécient cet éternel enfant pour sa gentillesse, son humour et son entrain. Sportif, il aime les voyages et le soleil, tantôt impatient, tantôt rêveur.

FRANCE

CHIFFRE : **2** FÊTE : 9 MARS

ORIGINE

France est un diminutif de *Françoise.* Voir ce prénom.

CARACTÈRE

L'intelligence est sa qualité principale. Peu coquette, elle ne manque pas cependant de charme et de séduction. Réaliste, elle sait faire preuve d'audace. Sous son sourire elle cache sa nature mélancolique et rêveuse.

FRANCINE

CHIFFRE : **7** FÊTE : 12 DÉCEMBRE

ORIGINE

Francine est un dérivé de *Françoise.* Voir ce prénom.

HISTOIRE

Les Francine et France ont pour patronne sainte Jeanne Françoise de Chantal (voir ce prénom) qui, au XVIIe siècle, fonda avec saint François de Sales l'ordre de la Visitation.

CARACTÈRE

D'un caractère capricieux, elle sait se montrer affectueuse et gentille. On a du mal à lui refuser quoi que ce soit. Intelligente, elle sait exactement ce qu'elle veut être et rien ne semble pouvoir la détourner de ses ambitions. L'amour tient moins de place dans sa vie que sa réussite professionnelle.

CÉLÉBRITÉS ET ANECDOTES

Jeanne Françoise de Chantal était invoquée lors des accouchements (elle avait eu 6 enfants) et contre les maladies féminines.

FRANCIS

CHIFFRE : **7** FÊTE : 24 JANVIER, 4 OCTOBRE

ORIGINE

Francis est un dérivé de *François*. Voir ce prénom.

CARACTÈRE

Calme et réfléchi, intuitif, il manque de confiance en lui, et a besoin d'être rassuré. Chez cet émotif, la colère monte aussi vite qu'elle redescend. Il est fidèle en amitié et en amour.

FRANCK

CHIFFRE : **1** FÊTE : 24 JANVIER, 4 OCTOBRE

ORIGINE

Franck (ou Frank) est un dérivé de *François*. Voir ce prénom.

CARACTÈRE

Il aime le contact avec autrui, ne s'épanouit qu'en société. Mari fidèle, il apprécie la notoriété, le succès. Sa liberté, il la met au service de la collectivité, qui apprécie l'esprit d'initiative et le dévouement de cet altruiste.

FRANÇOIS

CHIFFRE : **4** FÊTE : 24 JANVIER, 4 OCTOBRE

ORIGINE

François signifie *de France* ; au Moyen Âge, les gens du sud désignaient ainsi ceux du nord. France venant de Franc, homme libre en germanique.

HISTOIRE

Saint François d'Assise (fête le 4 octobre) fils d'un riche drapier, fut soldat avant de vivre à la grâce de Dieu parmi les animaux qu'il appelait ses frères. Il fonda l'ordre des Franciscains, à l'idéal de pauvreté et de simplicité, et mourut le 3 octobre 1226, nu sur le sol, chantant en attendant la mort. Saint François de Sales (fête le 24 janvier) fils d'un marquis savoyard, se fit prêtre pour convertir les calvinistes des Alpes, avant de fonder l'ordre des Visitandines (voir *Chantal*). Il mourut à Lyon en 1622.

CARACTÈRE

Franc et têtu, travailleur obstiné et discipliné, il sait se rendre indispensable. Son esprit clair et précis ne l'empêche pas d'être un sentimental. Aimant le calme et le confort, il peut vivre seul sans en ressentir de la tristesse. Généreux et tendre, il n'extériorise pas ses sentiments, préférant passer pour un indifférent. Quand il construit, c'est sur du long terme.

CÉLÉBRITÉS ET ANECDOTES

Saint François d'Assise protégeait les oiseaux, devant lesquels il répétait ses sermons. Il était aussi invoqué (comme saint François de Paule, fondateur de l'ordre des Minimes au XVIe siècle) par les femmes stériles. En littérature, les mécréants Villon et Rabelais, les bien-pensants Fénélon et Mauriac… Rois de France, le superbe François Ier, et le faible François II…, et un Président, Mitterrand.

FRANÇOISE

CHIFFRE : **9** FÊTE : 9 MARS

ORIGINE

Françoise est un dérivé de *François*. Voir ce prénom.

HISTOIRE

Sainte Françoise, riche Romaine, est mariée à 12 ans, malgré son désir de devenir religieuse. Elle a deux enfants qui meurent en bas âge. Son mari ayant été exilé, elle reste seule, et s'adonne à la charité, notamment pendant une épidémie de peste. Veuve en 1436, elle se retire chez les Oblates de saint Benoît, congrégation de laïques qu'elle a fondée en 1425, et en devient l'abbesse. Elle meurt à Rome le 9 mars 1440.`

CARACTÈRE

Ambitieuse. obstinée, courageuse, elle est tolérante vis-à-vis de ceux qui ne partagent pas ses opinions. Bonne vivante, elle est fidèle en amitié et en amour,

CÉLÉBRITÉS ET ANECDOTES

Sainte Françoise la Romaine, qui jamais ne se disputa avec son époux, était invoquée pour échapper à la tentation de l'adultère et contre les belles-mères trop encombrantes…

FRÉDÉRIC

CHIFFRE : **5** FÊTE : 18 JUILLET

ORIGINE

Frédéric vient du germanique *frid*, la paix, et *rick*, le puissant.

HISTOIRE

Saint Frédéric, évêque d'Utrecht au IXe siècle, fut assassiné en sa cathédrale sur l'ordre de l'impératrice Judith, à laquelle il reprochait ses débauches. Avant de périr sous les coups de seigneurs dont il avait dénoncé les pratiques incestueuses, il leur pardonna et leur précisa même comment s'enfuir.

CARACTÈRE

Vif et autoritaire, c'est un homme d'action. Cependant, il a tendance à ne pas aller au bout de ce qu'il entreprend. Il se méfie de ses intuitions et préfère le raisonnement. Charmeur, c'est aussi, jusqu'à ce qu'il ait trouvé la perle rare, un grand amoureux, d'où une vie sentimentale parfois tumultueuse.

CÉLÉBRITÉS ET ANECDOTES

Saint Frédéric était invoqué par les enfants victimes d'inceste.

Frédéric II roi de Prusse, Nietzche, Chopin, Mistral…

FRÉDÉRIQUE

CHIFFRE : **1** FÊTE : 18 JUILLET

ORIGINE

Frédérique est un dérivé féminin de *Frédéric*.

CARACTÈRE

Réfléchie et posée, elle ne perd pas de vue ses objectifs. Agréable et bienveillante en toutes les situations, elle peut être parfois mélancolique. Elle se sent bien qu'auprès de sa famille et de ses proches. Elle s'épanouit dans le mariage, tout en sauvegardant son indépendance.

FULBERT

CHIFFRE : **3** FÊTE : 10 AVRIL

ORIGINE

Fulbert vient du germanique *ful,* le soutien, et *behrt,* brillant.

HISTOIRE

Protégé du pape Sylvestre II, en l'an 1000, d'humble origine, saint Fulbert fut évêque de Chartres dont il entreprit, la construction de la cathédrale. Il mourut le 10 avril 1029.

CARACTÈRE

Il est d'une nature sensible. Ce timide gai aime les contacts, mais ne s'engage jamais en entier. Il séduit par son imagination, son intelligence et sa sensibilité. Il se dédouble : d'un côté l'homme brillant, de l'autre l'introverti cultivant dans le calme son jardin secret.

GABRIEL

CHIFFRE : **9** FÊTE : 24 MARS, 29 SEPTEMBRE

ORIGINE
Gabriel vient du mot hébreu *gabar* signifiant Dieu est ma force.

HISTOIRE
L'archange Gabriel, messager de Dieu, annonce à Marie la naissance de Jésus, et à Élisabeth celle de Jean-Baptiste. Gardien des portes des églises, il est honoré depuis le Xe siècle.

CARACTÈRE
Susceptible et émotif, il réclame beaucoup d'attention de la part de ses proches. Sensible et facilement inquiet, il a besoin de prendre du recul sur les événements avant de se décider. Intelligent, il sait séduire, mais se révèle exigeant et excessif avec son entourage. Conscient de ce défaut, il le compense par une affection sincère, mais pas toujours évidente.

CÉLÉBRITÉS ET ANECDOTES
Saint Gabriel, intercesseur auprès du Seigneur, était invoqué par les femmes qui voulaient un enfant. Depuis Pie XII, il est le protecteur des professionnels de la communication, des employés des postes aux animatrices de la télévision…

GABRIELLE

CHIFFRE : **8** FÊTE : 24 MARS, 29 SEPTEMBRE

ORIGINE

Gabrielle est la forme féminine de *Gabriel*. Voir ce prénom.

CARACTÈRE

Intelligente, travailleuse, elle manque de spontanéité, et peut paraître froide et lointaine. Il faut pour l'apprécier, la fréquenter longtemps car elle est plutôt introvertie. Sa générosité sincère reste discrète. Elle a le goût du luxe ce qui parfois lui fait faire des choix plus superficiels qu'utiles. Séduisante, elle sait se faire pardonner ses écarts amoureux.

CÉLÉBRITÉS ET ANECDOTES

Gabrielle d'Estrées fut la maîtresse d'Henri IV, qui voulait l'épouser, à la place de Marie de Médicis. Sully dut s'interposer. Elle mourut en couches peu après avoir appris qu'elle ne serait jamais reine…

GAËL

CHIFFRE : **7** FÊTE : 17 DÉCEMBRE

ORIGINE

Gaël était le nom des Celtes vivant en Galles et en Irlande.

HISTOIRE

Saint Gaël (ou Judicaël) fut roi de Bretagne de 632 à 638, période au cours de laquelle il signa un traité de paix avec le roi Dagobert, avant d'abdiquer et de se retirer dans un monastère.

CARACTÈRE

D'apparence rude au premier contact, il peut se révéler bien romantique. Inquiet ou optimiste, têtu ou généreux, selon les circonstances et l'humeur du jour, il est toujours droit et honnête, fidèle à la parole donnée. La famille lui est indispensable. L'amour aussi, qu'il vit avec beaucoup d'humour.

GAËLLE

CHIFFRE : **6** FÊTE : 17 DÉCEMBRE

ORIGINE
Gaëlle est le féminin de *Gaël*. Voir ce prénom.

CARACTÈRE
Belle et naturelle, intuitive, elle s'adapte facilement à son entourage. Elle n'a peur de rien. Ses amitiés et ses amours sont très épisodiques, elle n'a pas pour habitude de s'attacher. Le mariage, elle y pense, mais pour s'y décider, attendra d'avoir épuisé toutes les joies de l'indépendance.

GAÉTAN

CHIFFRE : **3** FÊTE : 7 AOÛT

ORIGINE
Gaétan vient du lin *gaietanus*, de la ville de Gaete, dans le sud de l'Italie.

HISTOIRE
Saint Gaétan, né à Venise en 1480, fonda les Théatins, chargé de la réforme des mœurs ecclésiastiques et de la lutte contre l'hérésie. Il mourut à Naples le 7 août 1547.

CARACTÈRE
Il s'épanouit facilement en société. Il tombe aussi fréquemment amoureux. Il aime l'indépendance, mais sait aussi écouter, et obéir aux autres, pour apprendre. C'est un inventif qui préfère la création à la routine.

GASPARD

CHIFFRE : **3** FÊTE : 14 JUILLET

ORIGINE
Gaspard vient d'un mot sanscrit qui signifie le voyant.

HISTOIRE
Saint Gaspard fut, au XVIᵉ siècle, un moine à Valence (Espagne). Un autre saint Gaspard, d'origine italienne, fut missionnaire au XIXᵉ siècle, et mourut lors d'une évangélisation.

CARACTÈRE

De caractère entier, il refuse les compromissions. Résolu et imaginatif, intelligent, ambitieux, il peut être sévère avec son entourage professionnel, mais se montre tendre et agréable en famille. L'amour est pour lui source de plaisir, il savoure les femmes comme un gastronome le bon vin…

CÉLÉBRITÉS ET ANECDOTES

Saint Gaspard était invoqué lorsqu'on était tombé dans un précipice pour qu'il envoie des secours. Gaspard est l'un des trois rois mages (celui qui apporte l'encens) venu saluer la naissance du Christ à Bethléem.

GASTON

CHIFFRE : **4** FÊTE : 6 FÉVRIER

ORIGINE

Gaston vient du germanique *vast*, l'hôte.

HISTOIRE

Saint Gaston (dit aussi saint Vaast) fut évêque d'Arras sous Clovis, qu'il conseilla et évangélisa.

CARACTÈRE

D'une nature franche, plutôt têtu, il lui arrive d'être agressif quand on se montre irrespectueux envers lui ou ses proches. Il se laisse facilement séduire par un sourire. Simple dans sa vie et dans ses choix, il a besoin d'être mis en confiance. Peu expressif, il sait être un ami fidèle et sincère en cas de besoin. Il déteste le superficiel. Tendre avec sa femme et ses enfants, il est avec eux patient et compréhensif.

CÉLÉBRITÉS ET ANECDOTES

Saint Gaston (Vaast), patron des marchands de chapeaux, était invoqué contre les aphtes et les migraines.

GAUTIER / GAUTHIER

CHIFFRE : **8** FÊTE : 9 AVRIL

ORIGINE

Gautier (ou Gauthier) vient du germanique *waldo*, gouverner.

HISTOIRE

Saint Gautier fut abbé de Saint-Martin de Pontoise. Las de sa fonction, il s'enfuit de son abbaye et se réfugia à Cluny sous un faux nom. Mais il fut reconnu et dut revenir. Il s'enfuit une seconde fois pour vivre en ermite sur une île de la Loire. Mais ses moines, une fois encore, le récupérèrent. Il demanda au pape de le décharger de sa fonction, mais le pape refusa, et saint Gautier mourut dans son monastère le 9 avril 1099.

CARACTÈRE

Il a tendance, sentimentalement, à trop vite s'emporter, puis à se laisser dévorer par l'incertitude. Mais l'instabilité amoureuse n'est pas pour déplaire à ce romantique qui déteste la routine et sait qu'il peut compter sur ses nombreux amis

CÉLÉBRITÉS ET ANECDOTES

Saint Gautier était invoqué contre les psychoses maniaques.

GAUVAIN

CHIFFRE : **3** FÊTE : 3 JUIN

ORIGINE

Gauvain, chevalier de la Table ronde, est une adaptation de *Kévin*.

CARACTÈRE

Naturel et enjoué, ambitieux, il ne compte pas sur les autres pour arriver où il le souhaite. Timide dans les situations nouvelles, il lui faut parfois du temps pour s'adapter. Amoureux et indépendant, il a du mal à gérer ces deux aspects de sa vie.

GENEVIÈVE

CHIFFRE : **4** FÊTE : 3 JANVIER

ORIGINE

Geneviève vient et du latin *géna*, la race, et du germanique *wefo*, femme.

HISTOIRE

Sainte Geneviève, née à Nanterre en 422, religieuse à 15 ans, organisa la défense de Paris contre les hordes d'Attila en incitant ses habitants à prier. Elle mourut en 500.

CARACTÈRE

Adaptable comme un caméléon, elle mène sa vie avec prudence. Créative, les idées nouvelles la dynamisent. Son besoin d'isolement peut créer des tensions dans son travail. Solitude qui se retrouve dans sa vie intime. Le secret qu'elle entretient sur ses amours l'amuse, et elle en joue. Mais cette mystérieuse a le culte de l'amour vrai, et de l'amitié.

CÉLÉBRITÉS ET ANECDOTES

Sainte Geneviève, patronne des bergères, de la police et de la ville de Paris, était invoquée pour améliorer la vue, expulser les démons du corps des femmes impudiques et pour trouver de quoi manger.

GEOFFROY

CHIFFRE : **7** FÊTE : 8 NOVEMBRE

ORIGINE

Geoffroy vient du germanique *gaut*, le dieu, et *fried*, protection.

HISTOIRE

Saint Geoffroy, évêque d'Amiens au VIIe siècle, lutta contre le pouvoir féodal qui voulait usurper celui de l'Église.

CARACTÈRE

Séducteur, et instable dans sa vie affective, mais très apprécié de ses amis, c'est un rebelle. Il est brillant, dans ses études et sa profession, et généreux au point de promettre ce qu'il n'a pas.

GEORGES

CHIFFRE : **4** FÊTE : 23 AVRIL

ORIGINE

Georges vient de deux mots grecs, *gé*, la terre, et *ergon*, travailler. Georges, étymologiquement, est un laboureur grec.

HISTOIRE

Saint Georges aurait été au IVe siècle victime de persécutions en Palestine. C'est lors des croisades que l'on en fit une légende : prince de Cappadoce, il aurait anéanti un dragon qui dévorait brebis et jeunes filles. Arrêté par les Romains, il aurait subi 7 ans de martyr, e et ressuscité 3 fois…

CARACTÈRE

Il mène sa vie avec prudence et ténacité. Les idées nouvelles le dynamisent. Son besoin d'isolement peut créer des tensions. Le secret qu'il entretient sur ses rencontres et ses amours l'amuse. Mais ce mystérieux, qui en rajoute parfois dans l'aspect bourru, a le culte de l'amour et de l'amitié.

CÉLÉBRITÉS ET ANECDOTES

Saint Georges est le patron de l'Angleterre, et le protecteur des chevaliers. Il était invoqué contre les maladies de peau. Un grand homme politique, Georges Clemenceau, un grand romancier, Georges Bernanos, un grand chanteur-compositeur, Georges Brassens…

GEORGETTE

CHIFFRE : **3** FÊTE : 23 AVRIL

ORIGINE

Georgette est un dérivé féminin de Georges. Voir ce prénom.

CARACTÈRE

D'un tempérament réservé, qu'on prend pour de la timidité, elle est en réalité gaie. Intelligente, elle manque souvent de confiance en elle. Volontaire dans son travail, tendre avec son compagnon, elle cultive fidélité et sincérité.

GEORGIA

CHIFFRE : **8** FÊTE : 15 FÉVRIER

ORIGINE

Georgia est un dérivé féminin de Georges. Voir ce prénom.

HISTOIRE

Sainte Georgia, morte en 500, vivait en ermite près de Clermont-Ferrand, et toujours entourée d'oiseaux. Lorsqu'elle fut enterrée, son cortège fut suivi par des colombes.

CARACTÈRE

Elle est volontaire et passionnée, aime la gloire et la fidélité. Avec elle, en amour et en affaires, pas de tricheries, et s'il y en a qui redoutent sa franchise, d'autres apprécient sa sérénité et son sens de l'honneur. Exigeante avec elle, elle l'est aussi avec les autres, avant d'accorder son amitié ou son amour.

CÉLÉBRITÉS ET ANECDOTES
Sainte Georgia était la protectrice des oiseaux.

GEORGINA
CHIFFRE : **4** FÊTE : 15 FÉVRIER

ORIGINE
Georgina est un dérivé de Georgia. Voir ce prénom.

CARACTÈRE
Volontaire et possessive ; sa vie amoureuse est intense. Sa moralité s'adapte aux situations qu'elle affronte. Capricieuse et insatisfaite, elle peut changer d'opinion ou de projet à chaque instant. L'amitié sincère la touche profondément et fait ressortir ce qu'il y a de meilleur en elle. Sensible et douce, elle ne le montre que rarement ne souhaitant pas dévoiler cette fragilité. Amoureuse, elle est exclusive.

GÉRALD
CHIFFRE : **2** FÊTE : 5 DÉCEMBRE

ORIGINE
Gérald vient du germanique *gari,* la lance, et *waldo,* gouverner.

HISTOIRE
Saint Gérald, originaire du Quercy, est moine à Moissac quand l'archevêque de Tolède le remarque et lui demande de le suivre en Espagne, où il devient évêque et participe à la christianisation du sud de la péninsule. Il meurt le 5 décembre 1109 à Bornos, au Portugal, dans l'église qu'il avait faite construire, alors qu'il était en train de la consacrer.

Saint Gérald (fête le 5 avril) né dans la Somme en 1025, moine à l'abbaye de Corbie et souffrant de perpétuelles migraines fonda, à la fin de sa vie, le monastère de la Grande Sauve, entre Dordogne et Garonne, où il mourut, le 5 avril 1095.

CARACTÈRE

Grand sensible. Imaginatif et brouillon, il sait séduire, mais, aussi, être volage. Son esprit inventif et son à-propos lui permettent d'exceller dans les métiers de commerce. Mais son manque de rigueur parfois, peut le desservir. Toutefois il finit toujours par retomber sur ses pieds ; la chance, qui aime les séducteurs, est avec lui.

CÉLÉBRITÉS ET ANECDOTES

Saint Gérald de Corbie était invoqué contre les migraines.

GÉRALDINE

CHIFFRE : 3 FÊTE : 29 MAI

ORIGINE

Géraldine est un dérivé féminin de Gérald. Voir ce prénom.

HISTOIRE

Sainte Géraldine dut, au XIIIe siècle, en Italie, épouser contre son gré un jeune homme qui, lui aussi, s'était voué à Dieu. Ils se séparèrent et entrèrent chacun dans un couvent. Sainte Géraldine mourut dans un monastère de Pise en 1240, ayant passé les dernières années de sa vie dans une solitude totale.

CARACTÈRE

Naturelle et enjouée, ambitieuse, elle ne compte pas sur les autres pour arriver où elle le souhaite. Timide dans les situations nouvelles, il lui faut parfois du temps pour s'adapter. Amoureuse et indépendante, elle a du mal à gérer ces deux aspects de sa vie.

GÉRARD

CHIFFRE : 8 FÊTE : 3 OCTOBRE

ORIGINE

Gérard vient du germanique *gari*, la lance, et *hard*, dur.

HISTOIRE

Saint Gérard de Brogne, fils d'un seigneur de Namur, est soldat dans les armées de Charles le Simple avant de se faire bénédictin. Il dirige l'abbaye de Saint Denis puis fonde une abbaye sur le domaine familial, où il meurt le 3 octobre 959. Saint Gérard de Lunel (fête le 24 mai), né en 1275 part en Palestine comme pèlerin, où il meurt en 1298, s'étant piqué avec une plante vénéneuse.

CARACTÈRE

Souvent sceptique, il passe de l'agitation au flegme, travaille pendant une longue période et peut ensuite rester sans rien faire pendant de long mois. Peu facile à comprendre, il peut être très cynique ou très tendre. Jamais satisfait de son sort, il est idéaliste, mais en restant pratique. Amoureux, il tombe facilement dans des passions dévoreuses. Sentimental, il est réservé et ne s'extériorise que rarement.

CÉLÉBRITÉS ET ANECDOTES

Saint Gérard de Lunel était invoqué contre les piqûres.

Saint Gérard de Brogne était invoqué pour faire baisser la fièvre.

GÉRAUD

CHIFFRE : **2** FÊTE : 13 OCTOBRE

ORIGINE

Géraud, comme Gérald, dont il est l'ancienne forme, vient du germanique *gari,* la lance, et *waldo,* gouverner.

HISTOIRE

Saint Géraud, né en 850 à Aurillac, fils du seigneur local, est atteint d'un eczéma incurable et passe pour débile léger. Son père décide d'en faire un homme d'église. Mais Géraud guérit miraculeusement, et prend la succession de son père, sans pour autant renoncer à vivre comme un moine (qu'il n'est pas). Il meurt le 13 octobre 909.

CARACTÈRE

Peu expressif dans ses premiers contacts, il est cependant un confident discret et sincère. Fidèle en amitié et en amour., grand travailleur, généreux, il sait en qui il peut avoir confiance. Il fait preuve de beaucoup de tendresse et de douceur avec sa compagne. Parfois maladroit, rarement excessif, il a son franc-parler et un mépris total pour les apparences.

CÉLÉBRITÉS ET ANECDOTES

Saint Géraud, patron de l'Auvergne, était invoqué par les boiteux. Lesquels, s'ils trempaient leur jambe dans l'eau où le saint homme s'était lavé les mains, repartaient guéris. Lorsqu'on embauma son corps, son bras se déplaça pour cacher sa nudité ! Pas étonnant, donc, qu'il ait été invoqué par ceux qui voulaient préserver leur chasteté.

GERMAIN
CHIFFRE : **4** FÊTE : 28 MAI

ORIGINE

Germain vient du germanique *gari,* la lance, et *man,* l'homme. Ainsi les Gallo-romains désignaient-ils les barbares d'outre-Rhin. Germain vient aussi du latin *unus,* unique, et *germa,* sang, d'où l'expression "cousin germain".

HISTOIRE

Saint Germain, abbé à Autun, fut déposé par ses moines à cause de son intransigeance. Évêque de Paris, il guérit miraculeusement le roi Childebert à condition qu'il renonce à sa vie licencieuse. Le roi, pour le remercier, lui fit bâtir l'abbaye de Saint-Germain-des-Prés. Il y mourut le 28 mai 576.

Saint Germain l'Auxerrois, né vers 380, fut gouverneur de province (et marié) avant de devenir évêque d'Auxerre. Il mourut à Ravenne le 31 juillet 446, où il s'était rendu comme diplomate plaider la cause des Bretons révoltés.

CARACTÈRE

D'un tempérament de battant, il a tout pour être un chef. Toujours actif, il aime les optimistes et l'humour. Au travail, il fait preuve d'une très grande autorité. Il aime l'ordre. Il a besoin que sa famille et ses amis l'entourent. Il aime séduire et plaire, mais reste fidèle, à sa manière, à sa compagne.

CÉLÉBRITÉS ET ANECDOTES

Saint Germain (celui des Près) était invoqué par les prisonniers qui aspiraient à une libération anticipée.

Saint Germain l'Auxerrois était invoqué pour guérir des diarrhées, et pour se réveiller de bonne heure. Il avait guéri des coqs devenus aphones à la suite d'un maléfice en leur faisant avaler du grain imbibé d'eau bénite.

GERMAINE

CHIFFRE : **9** FÊTE : 15 JUIN

ORIGINE

Germaine est un dérivé féminin de *Germain*. Voir ce prénom.

HISTOIRE

Sainte Germaine Cousin, née en Haute-Garonne en 1579, difforme et paralysée du bras droit, contrainte de vivre dans une étable par sa famille, elle passait ses journées en prières. Le Christ lui serait apparu. Elle mourut le 15 juin 1601, à 18 ans.

CARACTÈRE

C'est une passionnée qui recherche l'amour et l'amitié dans des relations sans complication. Courageuse et audacieuse, elle séduit par son équilibre et son dynamisme. Elle a une grande vitalité et une grande capacité de travail, et lorsqu'un obstacle se dresse sur sa route, elle ne le contourne pas, mais en part à l'assaut.

CÉLÉBRITÉS ET ANECDOTES

Sainte Germaine était invoquée contre la misère.

GERTRUDE

CHIFFRE : **2** FÊTE : 16 NOVEMBRE

ORIGINE

Gertrude vient du germanique *gari,* la lance, et *trude,* la fidélité.

HISTOIRE

Sainte Gertrude, surnommée la Grande, fut recueillie à l'âge de 5 ans par un monastère de Saxe dont elle devint l'abbesse et où elle resta jusqu'à sa mort en 1302, après avoir eu de nombreuses visions mystiques au cours desquelles elle communiquait avec le Christ.

Sainte Gertrude (fête le 6 janvier), morte en 1358 était servante dans une auberge de Delft, où elle se livrait à la débauche avec les clients. Touchée par la grâce, elle opta ensuite pour la vie monastique où elle se fit remarquer par son ascétisme.

CARACTÈRE

L'intelligence est sa qualité principale. Peu coquette, elle ne manque pas cependant de charme. Elle recherche avec passion le vrai dans ses relations. Réaliste, elle sait faire preuve d'audace dans son milieu professionnel. Souvent rêveuse, elle n'en laisse rien voir au dehors, souriante et joyeuse.

CÉLÉBRITÉS ET ANECDOTES

Sainte Gertrude la Grande était invoquée pour chasser rats et souris, mais aussi pour que les piqûres ne s'infectent pas. Sainte Gertrude de Delft était invoquée contre le coma diabétique, dont elle-même était atteinte.

GERVAIS

CHIFFRE : **9** FÊTE : 19 JUIN

HISTOIRE

Fils de saint Vital et de sainte Valérie, des patriciens romains, Saint Gervais fut martyrisé à Milan au IIe siècle avec saint Protais. Il fut condamné à périr sous les coups de fouet (Protais eut la tête tranchée). Deux siècles plus tard, saint Ambroise de Milan eut la révélation, au cours d'un songe, de l'endroit où leurs corps avaient été enterrés. Il instaura leur culte, très populaire au Moyen Âge.

CARACTÈRE

Il est doué d'une grande faculté d'adaptation. Tenace et prudent, charmeur et réservé, il sait mener à bien ses entreprises. Créatif, il préfère agir seul. Sous son apparente indifférence, il est fier, et n'aime pas l'échec.

CÉLÉBRITÉS ET ANECDOTES

Saint Gervais était invoqué pour soigner l'incontinence d'urine car, lorsque son corps fut déterré par saint Ambroise, un ouvrier, qui souffrait de ce mal, en fut guéri après avoir touché le cadavre, intact malgré un séjour de deux siècles dans une fosse…

GERVAISE

CHIFFRE : **5** FÊTE : 19 JUIN

ORIGINE

Dérivé féminin de *Gervais*. Voir ce prénom.

CARACTÈRE

Sérieuse dans sa vie professionnelle, elle entretient, dans sa vie privée, un fouillis continuel, qui se retrouve dans ses amitiés et ses amours. Rien ne se passe jamais comme elle le souhaite. Cependant, elle arrive toujours à s'en sortir. Elle adore gagner, mais sait se montrer aussi bonne perdante.

CÉLÉBRITÉS ET ANECDOTES

Gervaise, personnage pathétique de *l'Assommoir*, de Zola.

GHISLAIN

CHIFFRE : **7** FÊTE : 10 OCTOBRE

ORIGINE

Ghislain vient du germanique *gisl*, otage, et *hard,* brillant.

HISTOIRE

Saint Ghislain fonda un monastère dans le Hainaut, au VIe siècle.

CARACTÈRE

Intelligent, il n'accorde que peu d'importance aux honneurs et aux flatteries. Exigeant avec son entourage, il est aussi disponible, et trouve les mots pour expliquer une situation. Le charme, le sourire et la bonne humeur sont ses armes de séduction. Il aime particulièrement le naturel et l'esprit d'initiative chez les femmes, déteste la sophistication exagérée.

CÉLÉBRITÉS ET ANECDOTES

Saint Ghislain était invoqué pour soigner les enfants pris de convulsions.

GHISLAINE

CHIFFRE : **3** FÊTE : 10 OCTOBRE

ORIGINE

Ghislaine est un dérivé féminin de Ghislain. Voir ce prénom.

CARACTÈRE

D'un tempérament réservé, qu'on prend pour de la timidité, elle est en réalité gaie. Intelligente, elle manque souvent de confiance en elle. Volontaire dans son travail, tendre avec son compagnon, elle cultive fidélité et sincérité.

GILBERT

CHIFFRE : **1** FÊTE : 7 JUIN

ORIGINE

Gilbert vient du germanique *gisl*, otage, et *behrt*, brillant.

HISTOIRE

Saint Gilbert, seigneur natif d'Auvergne, participa à la seconde croisade et à son retour, fit bâtir deux monastères, l'un à Aubepierre pour son épouse, sainte Péronnelle, et sa fille, sainte Poncie, l'autre pour lui, à Neuffonds, où il mourut en 1152 (fête le 7 juin).

Autre saint Gilbert, dit de Sempringham (fête le 4 février), fils d'un compagnon de Guillaume le Conquérant, né en Angleterre en 1087. Fondateur d'un ordre qui admettait les hommes et les femmes dans des monastères séparés, soucieux de l'indépendance de l'Église, il s'opposa au roi. À 80 ans, il fut fouetté par ses moines qui lui reprochaient sa sévérité. Il mourut à 103 ans, le 4 février 1190.

CARACTÈRE

Peu expansif, c'est un travailleur assidu. Rigueur et droiture sont les termes qui le qualifient le mieux. Aimant la vie, il va au bout de tout ce qu'il entreprend avec parfois des déboires mais souvent avec beaucoup de réussite. En amour, ils sont secrets et fidèles.

CÉLÉBRITÉS ET ANECDOTES

Saint Gilbert de Sempringham était invoqué pour soigner les hémorroïdes, et les œdèmes, dont il était couvert, après la révolte et la correction infligée par ses moines.

GILBERTE

CHIFFRE : **6** FÊTE : 7 JUIN

ORIGINE
Gilberte est un dérivé féminin de *Gilbert*. Voir ce prénom.

HISTOIRE
Sainte Gilberte fut, au VIIe siècle, abbesse du monastère de Jouarre.

CARACTÈRE
Sa douceur et gentillesse font d'elle une séductrice qui s'ignore. Optimiste dans les pires moments, elle sait faire preuve d'un grand courage. Elle aime rire et apprécie la fidélité en amitié et en amour.

GILDAS

CHIFFRE : **7** FÊTE : 29 JANVIER

ORIGINE
Gildas vient du latin *ægidius,* protecteur.

HISTOIRE
Saint Gildas, au VIe siècle, partit d'Irlande pour évangéliser la Bretagne. Il fonda le monastère de Saint-Gildas-de-Rhuys, et s'installa, après une vision, dans l'île de Houat, et y mourut.

CARACTÈRE
Plutôt calme et réfléchi, légèrement indolent, il a tendance à se laisser porter par les événements, mais pallie ce défaut par une grande intuition. Il a besoin d'être rassuré. Chez cet émotif, la colère monte aussi vite qu'elle redescend. Fidèle et exigeant en amitié comme en amour, presque possessif ; malheur à qui trahit sa confiance !

CÉLÉBRITÉS ET ANECDOTES
Saint Gildas était invoqué contre la folie : de son vivant, un seul geste de sa main calmait les fous. Il était aussi invoqué lorsqu'il fallait faire face à un chien furieux.

GILLES

CHIFFRE : **2** FÊTE : 1ER SEPTEMBRE

ORIGINE

Gilles vient du latin *ægidius,* protecteur.

HISTOIRE

Saint Gilles, au VIIIe siècle, était ermite dans une caverne sur les bords du Rhône, où il se nourrissait du lait d'une biche qui chaque jour venait à sa rencontre. On fonda, sur son ermitage, lieu de miracles, le monastère de Saint-Gilles-du-Gard, qui devint une étape sur la route de Compostelle. Saint Gilles de Portugal (fête le 14 mai), d'abord étudiant en médecine, devint le supérieur des Dominicains en Espagne, où il mourut en 1265.

CARACTÈRE

D'un tempérament réservé, il n'est pas pour autant timide. Plutôt optimiste, il n'a pas pour habitude de mettre en avant ses capacités intellectuelles pourtant indéniables. Sans ambition, il préfère vivre dans le calme, sans avoir de compte à rendre à quiconque. Il aime les femmes séduisantes et raffinées, qui doivent savoir le retenir, car la fidélité n'est pas la qualité première de ce sensuel qui cache ce penchant

CÉLÉBRITÉS ET ANECDOTES

Saint Gilles du Gard était le patron des bergers, des forgerons des mendiants et des marchands de chevaux ; il était invoqué contre le boitement. Les cancéreux se rendaient en pèlerinage à l'église de Saint-Gilles. Est-ce à cause de Gilles de Rais, compagnon de Jeanne d'Arc et bourreau d'enfants au XVe siècle ? Saint Gilles de Portugal était invoqué par les obsédés nécrophiles. Il était aussi réputé pour chasser le démon.

GINA

CHIFFRE : **4** FÊTE : 7 SEPTEMBRE

ORIGINE

Gina est un diminutif de Régine, donc de Reine. Voir ce prénom.

CARACTÈRE

Volontaire et possessive, sa vie amoureuse est intense. Active, elle ne tient pas en place, ce qui déplaît à son entourage. Insatisfaite, elle peut changer d'opinion ou de projet à chaque instant. L'amitié sincère la touche profondément. Sensible, elle ne le montre que très rarement, ne souhaitant pas dévoiler ce qu'elle prend pour une fragilité. En amour, elle est aussi lucide qu'exigeante.

GINETTE

CHIFFRE : **8** FÊTE : 3 JANVIER

ORIGINE
Ginette est un dérivé de Geneviève. Voir ce prénom.

CARACTÈRE
Émotive, lucide et déterminée, elle excelle dans son travail. Pour ses ami(e)s elle sait toujours se rendre disponible. Elle déteste les beaux parleurs, mais apprécie particulièrement les rêveurs et les idéalistes.

GINO

CHIFFRE : **9** FÊTE : 16 JUIN

ORIGINE
Gino est un dérivé de Regino, version italienne de Régis. Voir ce prénom.

CARACTÈRE
Généreux (mais susceptible), jamais dépassé par les événements, il sait s'entourer des plus compétents. Il peut prendre des libertés avec la morale. Pour qui l'amour est une bataille, qu'il remporte en général vainqueur.

GINOU

CHIFFRE : **3** FÊTE : 3 JANVIER

ORIGINE
Ginou est un dérivé de Geneviève. Voir ce prénom.

CARACTÈRE
Cette nerveuse, pleine de vivacité, s'épuise vite à trop se disperser. Mais quand elle a trouvé l'âme sœur, elle est d'une fidélité et d'une efficacité qui la rendent méconnaissable. Plutôt que d'avouer ses angoisses, elle préfère jouer la maladroite et la futile.

GIOVANNA

CHIFFRE : **6** FÊTE : 30 MAI

ORIGINE

Giovanna est la version italienne de Jeanne. Voir ce prénom.

CARACTÈRE

D'un tempérament ferme et tranché, elle s'exprime toujours avec franchise. Elle est connue pour avoir une personnalité très affirmée qui lui confère une influence incontestable sur les autres. Intelligente mais peu perspicace, souvent seule, elle reprend confiance et vivacité dans le giron familial. En amour, elle respecte ses engagements.

GIOVANNI

CHIFFRE : **1** FÊTE : 27 DÉCEMBRE

ORIGINE

Giovanni est la forme italienne de Jean. Voir ce prénom.

CARACTÈRE

Peu expansif, c'est un travailleur assidu. Rigueur et droiture le qualifient le mieux. Aimant la vie, il va au bout de tout ce qu'il entreprend avec parfois des déboires mais souvent avec beaucoup de réussite. En amour, il est secret et fidèle.

GISÈLE

CHIFFRE : **3** FÊTE : 7 MAI

ORIGINE

Gisèle vient du germanique *gesilia*, de la racine *gils*, otage, ou du germanique *ghisil*, la flèche.

HISTOIRE

Sainte Gisèle, sœur de saint Henri, empereur d'Allemagne, épousa saint Étienne, roi de Hongrie, qui évangélisa son pays. Veuve en 1038, elle retourna en Bavière dans un monastère jusqu'à sa mort, en 1060.

Autre sainte Gisèle (fête le 21 mai), la sœur de Charlemagne, qui pour se consacrer à Dieu, refusa d'épouser l'empereur de Constantinople, le roi des Lombards et le roi d'Écosse. Elle fonda une abbaye dans le Nord de la France.

CARACTÈRE

D'un tempérament réservé, qu'on prend souvent pour de la timidité. Elle est en réalité gaie, agréable et souriante. Gracieuse et intelligente, elle manque parfois de confiance en elle. Courageuse et volontaire, elle est efficace dans son travail. Sensible et tendre avec son compagnon, elle prend toujours des décisions irrévocables. Exigeante, elle est reconnue pour ses qualités. Fidèle et sincère en amitié.

CÉLÉBRITÉS ET ANECDOTES

Sainte Gisèle était invoquée contre l'infection, lorsqu'on se piquait le doigt avec une aiguille.

GLADYS

CHIFFRE : **5** FÊTE : 29 MARS

ORIGINE

Gladys vient du latin *gladius,* glaive, et de *Gwladys,* prénom celte.

HISTOIRE

Sainte Gladys, au V⁵ siècle, fille d'un roi anglo-saxon, eut une jeunesse dissipée, avant de mener une vie de sainte qui fit l'admiration de ses sujets.

CARACTÈRE

Bavarde, élégante et raffinée, elle aime être en société. La discrétion, chez cette sentimentale, n'est par la qualité première. Pas farouche, frivole, elle aime se faire de nouveaux amis.

CÉLÉBRITÉS ET ANECDOTES

Sainte Gladys était invoquée par les enfants qui voulaient plus de tolérance de leurs parents à leur égard.

GLORIA

CHIFFRE : **8** FÊTE : 24 OCTOBRE

ORIGINE

Gloria vient du latin *gloria,* gloire.

CARACTÈRE

Plus volontaire qu'imaginative, plus passionnée que sentimentale, elle aime la gloire, et la fidélité. Avec elle, en amour comme en affaires, pas de tricheries ou de faux-semblants ; elle va droit au but, et s'il y en a qui redoutent sa franchise, d'autres apprécient sa sérénité et son sens de l'honneur. Exigeante avec elle, elle l'est aussi avec les autres, avant d'accorder son amitié ou son amour.

GODEFROY

CHIFFRE : **5** FÊTE : 8 NOVEMBRE

ORIGINE

Godefroy et un dérivé de *Geoffroy.* Voir ce prénom.

CARACTÈRE

Gai et capricieux, il s'amuse de ce qui est nouveau. D'une grande curiosité, il aime faire ses découvertes en bonne compagnie, surtout féminine. Il a bon cœur, à tous les sens du terme. S'il a besoin d'autonomie, d'indépendance, il n'en est pas pour autant une fanatique de la solitude. À ceux qui savent le comprendre, il donne si généreusement son amour qu'on lui pardonne d'être parfois léger, voire infidèle.

CÉLÉBRITÉS ET ANECDOTES

Godefroy de Bouillon, chef de la 1ère croisade et roi de Jérusalem.

GONTRAN

CHIFFRE : **8** FÊTE : 28 MARS

ORIGINE

Gontran vient du germanique *gund,* la guerre, et *harlan,* le corbeau (oiseau sacré).

HISTOIRE

Saint Gontran, roi de Bourgogne, tenta de réconcilier ses frères et ses neveux, qui se livraient à des guerres incessantes. Il abdiqua pour se faire moine à la fin du VIᵉ siècle.

CARACTÈRE

Possédant le goût du travail collectif, réfléchi et honnête, il ne prend pas de décision à la hâte. Doté d'une force de caractère redoutable, il est entier dans ses points de vue ; l'écoute et la compréhension des autres lui permettent d'évoluer dans le bon sens. Sentimentalement, c'est un fidèle qui, pour le rester, saura tenir tête aux entreprises de séduction de celles qui voudraient partager l'intimité de ce fonceur.

CÉLÉBRITÉS ET ANECDOTES

Saint Gontran était invoqué pour apaiser les querelles familiales.

GONZAGUE

CHIFFRE : **6** FÊTE : 21 JUIN

ORIGINE

Gonzague, nom d'une famille d'origine espagnole qui régna en Italie, vient du germanique *gunz*, le combat.

HISTOIRE

Saint Louis de Gonzague, né à Manoue, Italie, en 1568, et mort à Rome le 21 juin 1591, entra en religion à l'âge de 17 ans, après avoir abandonné son titre de marquis. Devenu jésuite, il mourut à 23 ans lors d'une épidémie de peste en soignant des malades.

CARACTÈRE

Aussi émotif que volontaire, ce qui peut faire croire à son entourage qu'il est futile. Subtil et spirituel, ses réparties font mouche, et sa conversation est recherchée. Son solide sens pratique se double d'une obstination qui peut aller jusqu'à l'entêtement. Au paraître, il préfère l'efficacité. Avec lui, professionnellement ou sentimentalement, c'est du solide.

GRÂCE

CHIFFRE : **7** FÊTE : 21 AOÛT

ORIGINE

Grâce vient du latin *gratia*, aide de Dieu.

CARACTÈRE

Discrète et douce, elle est sincère dans ses amitiés et ses amours. D'un naturel peu ambitieux, c'est la passion de son métier qui la rend si active. Parfois capricieuse, ses rapports amicaux sont à la fois distants et rares. Charmante et gourmande, elle plaît aux hommes. Lucide en amour, elle prend son temps avant de s'engager.

CÉLÉBRITÉS ET ANECDOTES

Grâce Kelly, actrice et princesse de Monaco.

GRÉGOIRE

CHIFFRE : **3** FÊTE : 3 SEPTEMBRE

ORIGINE

Grégoire vient du grec *egregorein*, veiller.

HISTOIRE

Saint Grégoire le Grand, pape et docteur de l'Église, né et mort à Rome (540-604) fixa la liturgie (le chant "grégorien"), et convertit l'Angleterre et le nord de l'Italie. Saint Grégoire de Tours, évêque de cette ville en 573, mort en 594, écrivit une histoire des Francs, précieux témoignage sur les temps mérovingiens (fête le 17 novembre). Saint Grégoire de Naziance, au IVe siècle, fut patriarche de Constantinople et docteur de l'Église (fête le 2 janvier). Saint Grégoire de Narek, moine arménien mort en 1010, composa un *Livre de prières* en vers ; accusé d'hérésie, il fit des miracles pour confondre ses détracteurs (fête 29 février).

CARACTÈRE

D'un tempérament ferme, il s'exprime avec franchise. Son mauvais caractère avec le temps s'atténue. Sa personnalité lui confère une influence incontestable sur les autres. Intelligent mais peu perspicace, souvent seul, il reprend vivacité dans le giron familial. En amour, il respecte ses engagements.

CÉLÉBRITÉS ET ANECDOTES
Saint Grégoire de Naziance était invoqué pour rendre les enfants obéissants. Saint Grégoire de Narek était le patron des poètes. Saint Grégoire le Grand, patron des écoliers, était invoqué pour lutter contre les brûlures d'estomac, dont lui-même, d'un tempérament anxieux, souffrait.

GRÉGORY
CHIFFRE : **5** FÊTE : 3 SEPTEMBRE

ORIGINE
Grégory est un dérivé de *Grégoire*. Voir ce prénom.

CARACTÈRE
Il est gai et capricieux, et, s'il est infidèle, c'est davantage par curiosité que par désamour. Son besoin d'autonomie se double d'un besoin de protection. À ceux qui savent le comprendre, il donne généreusement sa tendresse. Sa vivacité fait merveille dans la vie professionnelle, surtout quand il lui faut voyager ou fréquemment changer d'air. Il déteste la routine, et les contraintes… bancaires.

GRETA
CHIFFRE : **5** FÊTE : 16 NOVEMBRE

ORIGINE
Greta est une forme germanique de Marguerite. Voir ce prénom.

CARACTÈRE
Elle est gaie et vive. Capricieuse, souvent. Elle s'amuse de ce qui est nouveau. D'une grande curiosité, elle aime faire ses découvertes en bonne compagnie, surtout masculine. Elle a bon cœur, à tous les sens du terme. Si elle a besoin d'autonomie, d'indépendance, elle n'en est pas pour autant une fanatique de la solitude. À ceux qui savent la comprendre, elle donne si généreusement sa tendresse, et son amour qu'on lui pardonne d'être légère, voire infidèle.

GRETCHEN

CHIFFRE : **8** FÊTE : 16 NOVEMBRE

ORIGINE

Gretchen est une forme germanique de Marguerite.

CARACTÈRE

Malgré son goût du travail collectif, elle ne déteste pas être mise en avant. Réfléchie et honnête, dotée d'une force de caractère redoutable, elle assume ses responsabilités, quitte à bousculer l'ordre établi. C'est une fidèle qui saura tenir tête aux entreprises de séduction de ceux qui voudraient partager l'intimité de cette amoureuse avide de la vie.

GUILAIN

CHIFFRE : **1** FÊTE : 10 OCTOBRE

ORIGINE

Guilain (ou Guillain) est une déformation de *Ghislain*. Voir ce prénom.

CARACTÈRE

D'une nature très sensible et généreuse, il fait preuve d'une grande sincérité dans ses sentiments. Parfois coléreux, grand travailleur, sûr de lui, il sait prendre des décisions rapides. Il a du mal à admettre que les gens ne soient pas tous à son image. Grand amoureux, il sait rester fidèle à celle qu'il aime.

GUILLAUME

CHIFFRE : **8** FÊTE : 10 JANVIER

ORIGINE

Guillaume vient du germanique *wil*, volonté, et *helm*, casque.

HISTOIRE

Saint Guillaume archevêque de Bourges, à la fin du XIIe siècle, fils d'un seigneur du Nivernais, choisit les rigueurs de la vie monastique, malgré une santé délicate. Il portait robe de bure et cilice, ne mangeait pas de viande et gardait sa maison ouverte aux pauvres. Abbé du monastère de Châlis, il fut nommé évêque de Bourges, dignité qu'il refusa par humilité jusqu'à ce que le légat du pape lui ordonne d'assumer son épiscopat. Il condamna avec la même vigueur la cupidité de ses chanoines et le divorce du roi Philippe-Auguste. Il mourut le 10 janvier 1209, après s'être fait hisser en chaire pour dire adieu à ses fidèles.

Saint Guillaume d'Orange, dit le Grand, comte de Toulouse et duc d'Aquitaine sous Charlemagne, lutta contre les Sarrasins et s'empara de Barcelone. Il fonda l'abbaye de Saint-Guilhem du Désert et devint un personnage de la *Chanson de Roland*.

CARACTÈRE
Doué et intelligent, il réussit tout ce qu'il entreprend. D'une nature émotive, il sait garder son sang froid. Efficace et rapide, séducteur, il a horreur qu'on lui résiste, en affaire comme en amour. Fidèle et sincère à chaque fois qu'il tombe amoureux, il est convaincu que c'est pour la vie…

CÉLÉBRITÉS ET ANECDOTES
Saint Guillaume (de Bourges) était invoqué pour aider les enfants à marcher. Saint Guillaume (fête 1er janvier) moine, fils d'un duc italien, fut supérieur de Saint-Bégnine à Dijon. Il était réputé rendre la vue aux aveugles, tout comme un autre saint Guillaume (fête 23 mai) pèlerin écossais assassiné à Rochester en 1201. Saint Guillaume, de Tours, où il était médecin, et où il mourut en 1103 (fête le 24 avril) était invoqué contre l'avarice. Homme très riche, il avait surpris le diable endormi sur son coffre; le lendemain, il distribua tous ses biens à l'abbaye voisine! Enfin saint Guillaume mort en 1202 (fête le 6 avril) était invoqué contre les perversions sexuelles. Envoyé au Danemark pour remettre de l'ordre dans un monastère de moines libertins, il convertit une prostituée qui cherchait à le tenter; les moines, impressionnés, renoncèrent à a paillardise!

Hommes de fer, Guillaume le Conquérant, Guillaume Tell, et des empereurs allemands…, mais aussi des poètes : Guillaume de Lorris (XIIIe siècle), Guillaume Apollinaire…

GUILLEMETTE
CHIFFRE : **3** FÊTE : 10 JANVIER

ORIGINE
Guillemette est un diminutif féminin de Guillaume. Voir ce prénom.

CARACTÈRE

Gaie et sensible, elle aime rire des autres mais est très susceptible quand on se moque d'elle. Imaginative, ses idées inattendues séduisent son entourage, qu'il soit familial ou professionnel. Intelligente et émotive, elle reste secrète en ce qui concerne ses sentiments amoureux. Elle fait toujours de son mieux pour atteindre les buts qu'elle se fixe ou qu'on lui fixe.

GUSTAVE

CHIFFRE : **5** FÊTE : 7 OCTOBRE

ORIGINE

Gustave est un dérivé d'*Auguste*.

CARACTÈRE

Franc, il est parfois d'une naïveté déconcertante. Rapide et précis, il mène ses projets et sa vie jusqu'au succès. Il est apprécié de son entourage, même s'il pense souvent à tort n'avoir besoin de personne. En amour, il n'hésite pas à s'engager, à chaque fois, définitivement, même s'il a parfois, besoin de solitude pour se ressourcer.

CÉLÉBRITÉS ET ANECDOTES

Prénom de six rois de Suède, et prénom très en vogue au XIXe siècle : Flaubert, Eiffel, Courbet…

GUY

CHIFFRE : **8** FÊTE : 12 JUIN

ORIGINE

Guy vient du germanique *wid,* la forêt.

HISTOIRE

Saint Guy, noble italien du XIIIe siècle, fut converti à la pauvreté par saint François d'Assise. Devenu franciscain, il vécut trente ans dans une grotte en Toscane. Il mourut en 1245. Saint Guy l'Auxiliaire (fête le 15 juin), dit aussi saint Vit, fut tué en 303. Encore bébé, conduit au tribunal avec sa nourrice, poursuivie parce que chrétienne, il ne sut répondre que *Jésus* aux questions du juge ; celui-ci, furieux, lui brisa les dents d'un coup de poing et le fit décapiter !

CARACTÈRE

Original dans son mode de vie, il est difficile de compter sur lui. Sûr de lui et spontané, il change vite d'avis. Pour lui seul compte l'instant présent. Généreux et altruiste, il peut parfois être un bagarreur acharné. Cet amateur de voyages et d'aventure a besoin qu'on l'aime.

CÉLÉBRITÉS ET ANECDOTES

Saint Guy l'Auxiliaire était invoqué pour guérir des abcès dentaires. Un sanctuaire lui fut élevé près d'Ulm au Xe siècle, sanctuaire que fréquentaient ceux qui étaient atteints de chorée (danse de saint Guy) qui se manifeste par des tremblements et gesticulations incoercibles. On l'invoquait aussi pour résister au sommeil.

Un saint Guy (fête 12 septembre) fit un pèlerinage en Terre sainte durant 7 ans. À son retour en Allemagne, il mourut de dysenterie ; c'est pourquoi on l'invoquait contre les coliques.

GWENAEL

CHIFFRE : **4** FÊTE : 3 NOVEMBRE

ORIGINE

Gwenael vient du celtique *gwen*, pur.

HISTOIRE

Saint Gwenael, moine du VIe siècle, participa à l'évangélisation de la Bretagne, et, en Irlande, à une réforme monacale, avant de revenir finir ses jours à l'abbaye de Landevennec.

CARACTÈRE

Volontaire et possessif, sa vie amoureuse est intense. Actif, il ne tient pas en place, ce qui déplaît à son entourage. Insatisfait, il peut changer d'opinion ou de projet à chaque instant. L'amitié sincère le touche profondément. Sensible, il ne le montre que rarement, ne souhaitant pas dévoiler ce qu'il prend pour une fragilité. En amour, il est aussi lucide qu'exigeant, mais se révèle très attentionné.

GWENDAL

CHIFFRE : **3**

ORIGINE

Gwenael vient du celtique *gwen*, pur.

CARACTÈRE

Naturel et enjoué, ambitieux, il ne compte pas sur les autres pour arriver où il le souhaite. Timide dans les situations nouvelles, il lui faut parfois du temps pour s'adapter. Amoureux et indépendant, il a du mal à gérer ces deux aspects de sa vie.

GWENDOLINE

CHIFFRE : **9** FÊTE : 18 OCTOBRE

ORIGINE

Gwendoline vient du celtique *gwen*, pur.

CARACTÈRE

Rêveuse, elle n'attache pas d'importance au présent. Vive et romanesque, instable, elle a du mal à concrétiser ses projets. Ne serait-elle pas, en réalité, très solitaire ? Sa morale et sa droiture sont à toute épreuve. L'amour est un jeu pour elle. L'amour et l'amitié sont très souvent idéalisés et elle aime les mondanités. Malgré un côté superficiel, elle est de bon conseil pour l'ensemble de ses ami(e)s.

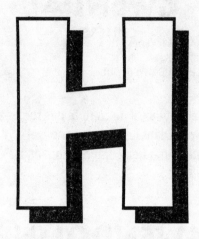

HABIB

CHIFFRE : **4** FÊTE : 27 MARS

ORIGINE

Habib vient d'un mot arabe signifiant Gloire de Dieu.

HISTOIRE

Diacre à Édesse, Habib préféra la mort sur le bûcher plutôt que l'abjuration, au IVe siècle.

CARACTÈRE

Gentil et agréable, d'une nature franche et plutôt têtu, il lui arrive d'être agressif quand on se montre irrespectueux envers lui ou ses proches. Il se laisse séduire par un sourire. Simple dans sa vie et ses choix, il privilégie l'honnêteté. Inquiet, il a besoin d'être mis en confiance. Peu expressif, il sait toutefois être un ami sincère. Tendre avec femme et enfants, il montre, en amour, patience et compréhension.

CÉLÉBRITÉS ET ANECDOTES

Habib Bourguiba fondateur de la Tunisie moderne.

HANS

CHIFFRE : **6** FÊTE : 27 DÉCEMBRE

ORIGINE

Hans est la forme germanique de Jean. Voir ce prénom.

CARACTÈRE

Aussi émotif que volontaire, ce qui peut faire croire à son entourage qu'il est futile. Subtil et spirituel, ses réparties font mouche, et sa conversation est recherchée. Son solide sens pratique se double d'une obstination qui peut aller jusqu'à l'entêtement. Au paraître il préfère l'efficacité. Avec lui, professionnellement ou sentimentalement, c'est du solide.

HAROLD

CHIFFRE : **4**

ORIGINE

Harold vient du saxon *Hare*, de noble race.

CARACTÈRE

Il mène sa vie avec prudence et ténacité. Original et créatif, les idées nouvelles le dynamisent. Son besoin d'isolement peut parfois créer des tensions dans son travail. Solitude qui se retrouve souvent dans sa vie intime. Le secret qu'il entretient sur ses rencontres et ses amours l'amuse, et il en joue. Mais ce mystérieux a le culte de l'amour vrai, et de l'amitié.

CÉLÉBRITÉS ET ANECDOTES

Harold, prénom fréquent en Angleterre, fut celui du roi battu par Guillaume le Conquérant.

HASSAN

CHIFFRE : **8**

ORIGINE

Hassan vient de *Hassad*, le lion en arabe.

CARACTÈRE

Il a tendance, sentimentalement, à trop vite s'emporter, puis à se laisser dévorer par l'incertitude. Mais l'instabilité amoureuse n'est pas pour déplaire à ce romantique qui déteste la routine et sait qu'il peut compter sur ses nombreux amis.

CÉLÉBRITÉS ET ANECDOTES

Hassan fut le second iman des Chiites. Hassan II, roi du Maroc mort en 1999.

HECTOR

CHIFFRE : **6**

ORIGINE

Hector est, dans l'*Iliade*, le chef des armées de Troie.

CARACTÈRE

Flegmatique, il a parfois du mal à se faire comprendre des autres. Beau et intuitif, il s'adapte facilement aux changements d'humeur de son entourage. Il n'a peur de rien. Il aime faire la fête autour d'un verre. Ses amitiés et ses amours sont très épisodiques, il n'a pas pour habitude de s'attacher. L'amour et le mariage, il y pense, mais pour s'y décider, attendra d'avoir épuisé toutes les joies de l'indépendance et du célibat.

CÉLÉBRITÉS ET ANECDOTES

Hector le Troyen, tué par Achille. Le compositeur de la *Symphonie fantastique*, Hector Berlioz (1803-1869).

HÉLÈNE

CHIFFRE : **4** FÊTE : 18 AOÛT

ORIGINE

Hélène vient du grec *Helé*, l'éclat du soleil. C'est le prénom de celle dont l'enlèvement provoqua la guerre de Troie.

HISTOIRE

Hélène, fille d'un garçon d'écurie en Bithynie au IVe siècle, séduisit l'empereur romain Constance Chlore dont elle eut, à 15 ans, un fils, Constantin, qui allait faire du christianisme la religion de l'Empire. Convertie au christianisme après avoir été répudiée par Constance Chlore à cause de ses origines trop modestes, elle vécut dans l'ombre de son fils; elle aurait découvert en Palestine, où elle fonda des monastères, la vraie Croix, avant de retourner mourir dans son village natal.

CARACTÈRE

Volontaire et possessive, sa vie amoureuse est intense. Sa moralité s'adapte aux situations qu'elle affronte. Capricieuse et insatisfaite, elle peut changer d'opinion ou de projet à chaque instant. L'amitié sincère la touche profondément et fait ressortir ce qu'il y a de meilleur en elle. Sensible et douce, elle ne le montre que très rarement ne souhaitant pas trop dévoiler cette fragilité. Amoureuse, elle est exclusive. Pour autant, cela ne l'empêche pas d'être lucide et exigeante sur ses relations de couple.

CÉLÉBRITÉS ET ANECDOTES

Sainte Hélène était invoquée contre les points de côté. Sainte Hélène de Suède, morte en 1160, donna son immense fortune aux pauvres, à la grande colère de sa famille qui la tua. On l'invoque en cas de violentes disputes familiales.

HELGA

CHIFFRE : **6** FÊTE : 11 JUILLET

ORIGINE

Helga est un dérivé d'Olga. Voir ce prénom.

CARACTÈRE

Grande travailleuse, elle réussit avec beaucoup de rigueur. Elle a un tempérament plutôt réservé. Très attachée à sa famille, elle est souvent rêveuse et mélancolique. Compréhensive avec les gens qui l'entourent, douce et tendre, elle charme par son sourire… et impose son indépendance.

HÉLOÏSE

CHIFFRE : **1** FÊTE : 15 MARS

ORIGINE

Héloïse, qui vient du germanique *hold*, glorieux, et *wild*, le guerrier, est une forme médiévale de Louise (voir ce prénom).

CARACTÈRE

Peu expansive, c'est une travailleuse assidue. Rigueur et droiture sont les termes qui la qualifient le mieux. Aimant la vie, elle va au bout de tout ce qu'elle entreprend avec parfois des déboires mais souvent avec beaucoup de réussite. En amour, elle est secrète et fidèle.

CÉLÉBRITÉS ET ANECDOTES

"La très sage Héloïse" chantée par François Villon fut au XIIe siècle l'élève et l'épouse secrète d'Abélard (voir ce prénom), avant de devenir abbesse.

HENRI

CHIFFRE : **9** FÊTE : 13 JUILLET

ORIGINE

Henri vient du germanique *Haim*, la maison, et *Ric*, puissant.

HISTOIRE

Saint Henri II, empereur d'Allemagne, au Xe siècle, favorisa la vie monacale pendant son règne et fonda en Bavière l'évêché de Bamberg, où il fit aussi édifier une cathédrale dans laquelle il est enterré avec son épouse sainte Cunégonde de Luxembourg ; très sainte famille, puisqu'il était, en outre, le frère de sainte Gisèle et de saint André de Hongrie !

CARACTÈRE

Doué d'une intelligence vive, il le sait, parfois buté… Les difficultés le stimulent. C'est un battant, capable de rudesse contre ceux qui se mettent en travers de sa route. Mais il sait aussi, dans l'intimité, se révéler sensible, fin et spirituel, surtout avec celles qu'il veut - et sait - séduire.

CÉLÉBRITÉS ET ANECDOTES

Prénom de rois et de princes allemands, anglais et français, dont, notamment, celui du "vert galant", Henri IV.

HENRIETTE

CHIFFRE : **5** FÊTE : 13 JUILLET

ORIGINE
Henriette est le féminin de Henri (voir ce prénom).

CARACTÈRE
Elle a un caractère bouillonnant, voire brouillon, tant elle aime la vie, et la vivacité. Intuitive, elle est aussi fantaisiste. Émotive, sensible, et sensuelle, elle est aussi capable, malgré son attrait pour la nouveauté, d'une grande fidélité. Même si elle déteste la vie sédentaire. C'est un feu follet dont l'éclat illumine son entourage.

CÉLÉBRITÉS ET ANECDOTES
Henriette-Marie de France (1609-1669), fille de Henri IV épousa le roi d'Angleterre et le poussa vers le catholicisme. Henriette-Anne d'Angleterre (1644-1670), fille du roi d'Angleterre, épousa le frère de Louis XIV (qui tomba amoureux de sa belle-sœur). Les deux Henriette se fréquentèrent à la cour de France et moururent à peu de temps d'intervalle ; Bossuet prononça leurs oraisons funèbres.

HENRY

CHIFFRE : **7** FÊTE : 13 JUILLET

ORIGINE
Henry est une forme anglo-saxonne d'Henri. Voir ce prénom.

CARACTÈRE
Intelligent, il prend de la distance par rapport aux événements., et n'accorde que peu d'importance aux honneurs et aux flatteries. Exigeant avec son entourage, la vie peut devenir vite infernale si on le laisse faire. Le charme, le sourire et la bonne humeur sont ses armes de séduction. Il aime particulièrement le naturel et l'esprit d'initiative chez les femmes, et déteste la sophistication exagérée.

HERBERT

CHIFFRE : **4** FÊTE : 20 MARS

ORIGINE

Herbert vient du germanique *hari* l'armée, et *behrt*, brillant.

HISTOIRE

Saint Herbert, mort en 687, était ermite sur une île d'Écosse.

CARACTÈRE

Possédant le sens de l'amitié, il est agréable à vivre. Il sait être le confident idéal. D'un tempérament dynamique et impatient, il est parfois incompris de ses proches qui n'adhèrent pas automatiquement à ses projets ou à ses changements. Drôle et fin d'esprit, il a l'habitude de séduire son assistance aussi bien masculine que féminine. Sa morale et sa droiture sont à toute épreuve. L'amour est un jeu pour lui, et il garde de très bonnes relations avec ses anciennes compagnes.

CÉLÉBRITÉS ET ANECDOTES

Saint Herbert était invoqué pour faire tomber la pluie, car il aurait été capable, afin de prier tranquillement et d'éloigner les curieux de son ermitage, de faire pleuvoir à volonté ; toutefois les incrédules répondront que le vrai miracle aurait été qu'il fasse venir le soleil dans le ciel d'Écosse…

HERVÉ

CHIFFRE : **4** FÊTE : 17 JUIN

ORIGINE

Hervé, d'origine bretonne, signifie "vaillant combattant".

HISTOIRE

Saint Hervé, moine breton au VIe siècle, mendiait en traversant les villages en chantant (sa mère, afin qu'il échappe aux tentations du monde, avait demandé à Dieu qu'il naisse aveugle). Il devint abbé du monastère de Plouvien (Finistère).

CARACTÈRE

Séducteur, parfois arriviste, il veut constamment être le premier. Travailleur acharné, dynamique, il faut compter avec lui. Sentimentalement, sa jalousie presque maladive et son orgueil peuvent décourager celles qui veulent partager la vie de ce tourbillon. Mais quand il se laisse aller à la fantaisie, il devient irrésistible.

CÉLÉBRITÉS ET ANECDOTES

Saint Hervé était invoqué contre les loups, dont il avait su se faire des alliés : lorsqu'aveugle, il traversait des forêts, des loups venaient le guider. Ancien barde breton, il est le patron des artistes de music-hall.

HILAIRE

CHIFFRE : **8** FÊTE : 13 JANVIER, 5 MAI

ORIGINE

Hilaire vient du latin *hilarius*, (d'où hilare), celui qui est gai.

HISTOIRE

Saint Hilaire (fête le 13 janvier) était un philosophe du IVe siècle qui, s'étant converti, combattit les hérésies et devint évêque de Poitiers.

Saint Hilaire (fête le 5 mai) était un riche homme établi en Lorraine au Ve siècle qui, après sa rencontre avec son cousin saint Honorat (à l'abbaye de Lérins) se fit moine et devint évêque d'Arles.

CARACTÈRE

Il est plus volontaire qu'imaginatif, plus passionné que sentimental. Il aime la gloire, mais aussi la fidélité. Avec lui, en amour comme en affaires, pas de tricheries ou de faux-semblants ; il va droit au but, et s'il y en a qui redoutent sa franchise, de nombreux autres apprécient sa sérénité et son sens de l'honneur. Exigeant avec lui-même, il l'est aussi avec les autres, avant d'accorder son amitié ou son amour.

CÉLÉBRITÉS ET ANECDOTES

Saint Hilaire (de Poitiers) était invoqué contre la grippe.

Saint Hilaire (d'Arles) était invoqué pour protéger la vigne.

HILDEGARDE

CHIFFRE : **1** FÊTE : 17 SEPTEMBRE

ORIGINE

Hildegarde vient du prénom germanique *Hild*, et de *hart*, vaillant.

HISTOIRE

Sainte Hildegarde (1098-1179) abbesse de l'abbaye bénédictine de Bingen, fut une mystique que l'on venait consulter de l'Europe entière. Elle composa un traité de médecine à base d'herbes qui fit longtemps autorité.

CARACTÈRE

Peu expansive, c'est une travailleuse assidue. Rigueur et droiture sont les termes qui la qualifient le mieux. Aimant la vie, elle va au bout de tout ce qu'elle entreprend avec parfois des déboires mais souvent avec beaucoup de réussite. En amour, elle est secrète et fidèle.

CÉLÉBRITÉS ET ANECDOTES

Sainte Hildegarde avait une recette contre la chute des cheveux : il fallait les frictionner avec de la graisse d'ours mélangée à de la poussière de blé. Hildegarde était un nom très répandu dans la noblesse carolingienne. L'épouse de Charlemagne se prénommait ainsi.

HIPPOLYTE

CHIFFRE : **9** FÊTE : 13 AOÛT

ORIGINE

Hippolyte vient du grec *hippolutos*, celui délie les chevaux.

HISTOIRE

Saint Hippolyte, Grec d'Asie Mineure fut, au IIIe siècle, évêque d'Ostie avant d'être martyrisé et jeté dans la mer, une pierre au cou.

CARACTÈRE

C'est un passionné qui recherche l'amour et l'amitié dans des relations sans complication. Courageux, il séduit par son dynamisme. Il a une grande vitalité et une grande capacité de travail, et lorsqu'un obstacle se dresse sur sa route, il ne le contourne pas, mais en part à l'assaut.

CÉLÉBRITÉS ET ANECDOTES

Dans la mythologie grecque, Hippolyte fut la reine des Amazones; séduite par Hercule, mais épouse de Thésée, roi d'Athènes, elle en eut un fils, appelé lui aussi Hippolyte, qui fut victime de Phèdre, la seconde épouse de son père: parce que ce chaste jeune homme repoussait ses avances, Phèdre le dénonça à Thésée, en prétendant qu'il avait porté atteinte à son honneur. Thésée le maudit et Hippolyte mourut en s'enfuyant, son char s'étant renversé. Phèdre se suicida.

HONORAT

CHIFFRE : **9** FÊTE : 16 JANVIER

ORIGINE
Honorat est un dérivé d'Honoré. Voir ce prénom.

HISTOIRE
Né à Fréjus au Vᵉ siècle, saint Honorat fonda une abbaye, qui devint un haut-lieu culturel, dans la petite île de Lérins, où il mourut le 16 janvier 429.

CARACTÈRE
Il est doué d'une grande faculté d'adaptation. Tenace et prudent, charmeur et réservé, il sait mener à bien ses entreprises. Créatif, il préfère agir seul. Sous son apparente indifférence, il mûrit ses projets.

CÉLÉBRITÉS ET ANECDOTES
Un autre saint Honorat (fête le 21 décembre) prêtre espagnol devenu évêque de Toujouse au IIIᵉ siècle, était invoqué contre les panaris.

HONORÉ

CHIFFRE : **3** FÊTE : 9 JANVIER, 16 MAI

ORIGINE
Honoré vient du latin *honoratus*, digne d'être honoré.

HISTOIRE
Saint Honoré (fête le 9 janvier) au XIIIᵉ siècle, est un riche maquignon de Parthenay; touché par la grâce, il demande à ses serviteurs de distribuer

son argent aux pauvres; mais les serviteurs gardent pour eux le trésor; Honoré s'en aperçoit, mais ses serviteurs le poignardent au ventre.

Saint Honoré (fête le 16 mai) né dans l'Ain au début du VIIe siècle, est alors évêque d'Amiens quand il s'aperçoit qu'il n'a pas de pain sacré pour célébrer la messe; il prie, et c'est le Christ lui-même qui vient déposer des hosties dans le ciboire!

CARACTÈRE

Naturel et enjoué, ambitieux, il ne compte pas sur les autres pour arriver où il le souhaite. Timide dans les situations nouvelles, il lui faut parfois du temps pour s'adapter. Amoureux et indépendant, il a du mal à gérer ces deux aspects de sa vie.

CÉLÉBRITÉS ET ANECDOTES

Saint Honoré (fête le 9 janvier) était invoqué contre les maux de ventre. Saint Honoré (fête le 16 mai) est le patron des boulangers-pâtissiers. Au XIXe siècle, un grand romancier, Honoré de Balzac, un grand dessinateur, Honoré Daumier.

HONORINE

CHIFFRE : **8** FÊTE : 27 FÉVRIER

ORIGINE
Honorine est un dérivé féminin d'Honoré.

HISTOIRE
Sainte Honorine, jeune fille gauloise, aurait été martyrisée…

CARACTÈRE
Souvent sceptique, elle passe de l'agitation au flegme, travaille pendant une longue période et peut ensuite rester sans rien faire. Elle peut être cynique ou tendre. Elle est idéaliste, mais en restant pratique. Amoureuse, elle tombe facilement dans des passions dévoreuses. Sentimentale, elle est réservée et ne s'extériorise que rarement.

CÉLÉBRITÉS ET ANECDOTES
Sainte Honorine est la patronne des mariniers.

HORACE

CHIFFRE : **5** FÊTE : 3 OCTOBRE

ORIGINE
Horace est un prénom d'origine latine.

CARACTÈRE
Sérieux dans sa vie professionnelle, il entretient, dans sa vie privée, un fouillis continuel, qui se retrouve dans ses amitiés et ses amours. Rien ne se passe jamais comme il le souhaite. Cependant, il arrive toujours à s'en sortir. Il adore gagner, mais sait se montrer aussi bon perdant.

HORTENSE

CHIFFRE : **5** FÊTE : 11 JANVIER

ORIGINE
Hortense vient du latin *hortus*, jardin.

CARACTÈRE
Elle est gaie et vive. Capricieuse, souvent. D'une grande curiosité, elle aime faire ses découvertes en bonne compagnie, surtout masculine. Elle a bon cœur, à tous les sens du terme. Si elle a besoin d'autonomie, d'indépendance, elle n'en est pas pour autant une fanatique de la solitude. À ceux qui savent la comprendre, elle donne si généreusement sa tendresse, et son amour qu'on lui pardonne d'être légère.

CÉLÉBRITÉS ET ANECDOTES
Hortense de Beauharnais fut la mère de Napoléon III.

HUBERT

CHIFFRE : **2** FÊTE : 3 NOVEMBRE

ORIGINE
Hubert vient du germanique *hug*, intelligence, et *behrt*, illustre.

HISTOIRE
Saint Hubert était un noble qui devint évêque dans la région de Liège où

il fut enterré en 727. Selon sa légende, il chassait dans les Ardennes un vendredi saint au lieu de faire pénitence quand un cerf lui apparut avec une croix entre les bois ; honteux, il se consacra désormais à la prière.

CARACTÈRE

L'intelligence est sa qualité principale. Bohème, il ne manque pas cependant de charme. Il recherche avec passion, le vrai dans ses relations. Réaliste, il sait faire preuve d'audace dans son milieu professionnel. Souvent rêveur, il n'en laisse rien voir au dehors, souriant et courtois.

CÉLÉBRITÉS ET ANECDOTES

Saint Hubert (fête le 3 novembre) est le patron des chasseurs, des forestiers, de bouchers (mais aussi celui des fabricants de… chaussettes !) ; il était invoqué contre la rage., et avant de partir à la chasse, pour se protéger des accidents. Étant mort après avoir supporté plus d'un an une douloureuse blessure à la main qui l'empêchait de dormir, il était aussi invoqué contre l'insomnie.

Un autre saint Hubert (fête le 30 mai) mort au début du VIIIe siècle, était un moine qui guérissait les dépressions nerveuses par imposition des mains. Il était invoqué pour combattre l'angoisse.

HUGHES

CHIFFRE : **9** FÊTE : 1ER AVRIL

ORIGINE

Hugues vient du germanique *hug*, l'intelligence.

HISTOIRE

Saint Hugues, né dans la Drôme, moine à Valence au XIIe siècle, fut nommé contre son gré évêque de Grenoble ; il vendit les bijoux de son diocèse pour nourrir les pauvres, et aida saint Bruno à fonder son monastère de la Grande-Chartreuse.

CARACTÈRE

Il est doué d'une grande faculté d'adaptation. Tenace et prudent, charmeur et réservé, il sait mener à bien ses entreprises. Créatif, il préfère agir seul. Sous son apparente indifférence, il mûrit ses projets, car il est fier, et n'aime pas l'échec.

CÉLÉBRITÉS ET ANECDOTES

Autre saint Hugues (fête le 29 avril) né à Saumur en 1024, mort à Cluny en 1109, fut l'abbé de ce monastère pendant un quart de siècle, et le conseiller de 9 papes et de nombreux souverains. Il était invoqué contre la grippe. Hugues Capet, fondateur de la dynastie capétienne.

HUGO

CHIFFRE : **6** FÊTE : 1ER AVRIL

ORIGINE

Hugo est un diminutif d'Hugues. Voir ce prénom.

CARACTÈRE

Serein en toutes circonstances, son caractère est franc et agréable. Subtil et spirituel, quoique timide, sa conversation est recherchée. Son charme et son intelligence n'empêchent pas gentillesse et bonté. Son solide sens pratique se double d'une obstination qui peut aller jusqu'à l'entêtement.

HUGUETTE

CHIFFRE : **8** FÊTE : 1ER AVRIL

ORIGINE

Huguette est un dérivé féminin de Hugues. Voir ce prénom.

CARACTÈRE

Émotive, parfois capricieuse, déterminée, elle excelle dans son travail. Pour ses ami(e)s elle sait toujours se rendre disponible. Elle déteste les beaux parleurs, apprécie particulièrement les rêveurs et les idéalistes.

HUSSEIN

CHIFFRE : **5**

ORIGINE

Hussein est un dérivé de *Husayn*, prénom du petit-fils de Mahomet

CARACTÈRE

Il est gai et capricieux, et, s'il est infidèle, c'est davantage par curiosité que par désamour. Son besoin d'autonomie se double d'un besoin de protection. À ceux qui savent le comprendre, il donne généreusement sa tendresse. Il déteste la routine.

CÉLÉBRITÉS ET ANECDOTES

Hussein fut le troisième iman des Chiites. Hussein de Jordanie, mort en 1999.

HYACINTHE

CHIFFRE : **3** FÊTE : 17 AOÛT

ORIGINE

Hyacinthe vient du prénom grec *Hyacinthé*.

HISTOIRE

Saint Hyacinthe, surnommé l'apôtre de la Pologne, l'évangélisa au XIIᵉ siècle.

CARACTÈRE

D'un tempérament ferme et tranché, il s'exprime toujours avec franchise. Il est connu pour avoir un mauvais caractère qui avec le temps s'atténue. Sa personnalité très affirmée lui confère une influence incontestable sur les autres. Intelligent mais peu perspicace, souvent seul, il reprend confiance et vivacité dans le giron familial. En amour, il respecte ses engagements.

CÉLÉBRITÉS ET ANECDOTES

Saint Hyacinthe, qui prêcha jusqu'en Chine, était invoqué par les marcheurs, lorsqu'ils se sentaient les jambes fatiguées.

Autre saint Hyacinthe (fête le 28 octobre), officier impérial en Cappadoce, au IIIᵉ siècle : emprisonné parce que chrétien, il se laissa mourir de faim plutôt que de manger de la viande consacrée aux idoles. On l'invoquait lors des famines.

Hyacinthe Rigaud, peintre préféré de Louis XIV.

IBRAHIM

CHIFFRE : **6**

ORIGINE

Forme arabe d'Abraham. Voir ce prénom.

CARACTÈRE

Il peut se montrer sévère et réservé, mais, quand il vous accorde sa confiance, c'est un ami plein de délicatesse et d'humour. Lucide, il aspire aussi bien à une réussite professionnelle que familiale. Ce qui peut le faire paraître sans ambition. Mais il se soucie peu du regard des autres, et suit sa route sans en dévier. C'est souvent un chercheur, un scientifique.

IDA / IDE

CHIFFRE : **5** FÊTE : 13 AVRIL

ORIGINE

Ida est la montagne de Crète où fut caché Zeus enfant.

HISTOIRE

Ida de Boulogne (1040-113), fille du duc de Lorraine, mère de Godefroy de Bouillon, fonda plusieurs monastères en Picardie.

CARACTÈRE

Bavarde, élégante et raffinée, elle aime être en société. La discrétion, chez cette sentimentale, n'est par la qualité première. Frivole, elle aime se faire de nouveaux amis, et avoir des aventures amoureuses.

CÉLÉBRITÉS ET ANECDOTES

Sainte Ida était invoquée contre la surdité.

IGNACE

CHIFFRE : 3 FÊTE : 17 OCTOBRE

ORIGINE

Ignace vient du latin *ignitus* brûlé (par la grâce).

HISTOIRE

Saint Ignace, évêque d'Antioche au début du IIe siècle, fut déporté à Rome où il fut, dans un cirque, dévoré par des loups.

CARACTÈRE

D'un tempérament réservé, qu'on prend pour de la timidité, il est en réalité gai. Intelligent, il manque souvent de confiance en lui. Volontaire dans son travail, tendre avec sa compagne, il cultive fidélité et sincérité.

CÉLÉBRITÉS ET ANECDOTES

Saint Ignace était invoqué contre les loups.

Saint Ignace (fête le 23 octobre), fils d'un empereur byzantin au VIIIe siècle, patriarche de Constantinople, était invoqué pour protéger les enfants de l'inceste, car il avait refusé de bénir un empereur qui couchait avec sa fille. Saint Ignace de Loyola, (fête le 31 juillet), ancien officier qu'une blessure avait rendu boiteux, fondateur des Jésuites, était invoqué pour venir en aide aux enfants maltraités.

IGOR

CHIFFRE : **4** FÊTE : 5 JUIN

ORIGINE

Igor vient du germanique *ingward*, fils de roi.

HISTOIRE

Saint Igor, grand duc de Russie au XIIe siècle, abandonna le monde après avoir été renversé, et voulut s'adonner à la prière. Mais ses ennemis le retrouvèrent, et le massacrèrent dans le monastère où il avait trouvé refuge.

CARACTÈRE

Volontaire et possessif, sa vie amoureuse est intense. Trop actif pour son entourage, insatisfait, il peut changer d'opinion ou de projet à chaque instant. L'amitié sincère le touche profondément. Sensible, il ne le montre que très rarement, ne souhaitant pas dévoiler ce qu'il prend pour une fragilité. En amour, il est aussi lucide qu'exigeant.

INÈS

CHIFFRE : **2** FÊTE : 10 SEPTEMBRE

ORIGINE

Inès est un dérivé féminin d'Agnès. Voir ce prénom.

HISTOIRE

Sainte Inès est une Japonaise qui, convertie au christianisme par les jésuites, fut décapitée au XVIIe siècle.

CARACTÈRE

D'un tempérament réservé, elle n'est pas pour autant timide. Plutôt optimiste, elle n'a pas pour habitude de mettre en avant ses capacités intellectuelles pourtant indéniables. Sans ambition, elle préfère vivre dans le calme, sans avoir de compte à rendre à quiconque. Elle aime les hommes séduisants et raffinés, qui doivent savoir la retenir, car la fidélité n'est pas la qualité première de cette sensuelle.

INGRID

CHIFFRE : 7 FÊTE : 2 SEPTEMBRE

ORIGINE

Ingrid vient du germanique *ingfridh*, belle, digne d'amour.

HISTOIRE

Sainte Ingrid, princesse royale de Suède, y fonda un couvent au XIIIe siècle.

CARACTÈRE

Plutôt calme et réfléchie, elle peut s'entêter quand il s'agit de son avenir. Sa franchise est souvent déconcertante. Légèrement indolente, elle a tendance à se laisser porter par les événements, mais pallie ce défaut par une grande intuition. Ayant insuffisamment confiance en elle, elle a besoin d'être rassurée. Chez cette émotive, la colère monte aussi vite qu'elle redescend. Fidèle et exigeante en amitié comme en amour, presque possessive ; malheur à qui trahit sa confiance !

INNOCENT

CHIFFRE : **4** FÊTE : 12 AOÛT

HISTOIRE

Saint Innocent XI, mort en 1689, fut un pape qui voulut rompre avec les fastes de Rome et vécut dans la pauvreté.

CARACTÈRE

Volontaire et possessif, sa vie amoureuse est intense. Actif, il ne tient pas en place, ce qui déplaît à son entourage. Insatisfait, il peut changer d'opinion ou de projet à chaque instant. L'amitié sincère le touche. Sensible, il ne le montre que très rarement, ne souhaitant pas dévoiler ce qu'il prend pour une fragilité. En amour, il est aussi lucide qu'exigeant.

CÉLÉBRITÉS ET ANECDOTES

Saint Innocent était invoqué pour lutter contre l'orgueil.

Les saints Innocents (fête le 28 décembre), eux, massacrés sur l'ordre d'Hérode qui craignait la naissance de Jésus, étaient invoqués pour résister à l'ambition.

IRÈNE

CHIFFRE : **6** FÊTE : 5 AVRIL

ORIGINE
Irène vient du grec *Eirené*, la paix.

HISTOIRE
Sainte Irène (fête le 5 avril) était fille de bonne famille, en Grèce, au début du IVe siècle ; arrêtée parce que chrétienne, elle refusa de trahir ses compagnons et fut brûlée vive.

Autre sainte Irène (fête le 20 octobre), une belle vierge qui, au VIe siècle, victime de la machination d'un moine qu'elle avait éconduit, fut poignardée par son fiancé, et jetée dans le Tage qui rejeta son corps à Santarem (Santa Iria).

CARACTÈRE
Malgré l'amour qu'on lui porte, elle est parfois infidèle et capricieuse. Mais sa générosité finit toujours par l'emporter. Elle a besoin de coups de tête, pour devenir raisonnable. Esthète, aimant le hasard, elle réagit plus au sentiment qu'à la raison. Intuitive, elle savoure la vie avec gourmandise, mais sans la gaspiller.

CÉLÉBRITÉS ET ANECDOTES
Sainte Irène (celle du Portugal) était invoquée pour se consoler des chagrins d'amour.

ISAAC

CHIFFRE : **6**

ORIGINE
Isaac vient d'un mot hébreu signifiant celui qui rit.

HISTOIRE
Fils d'Abraham, il est le père de Jacob (voir ce prénom).

CARACTÈRE
D'un naturel enjoué, il fait parfois aussi preuve de beaucoup (de trop ?) de fermeté avec les siens. Intelligent et droit, il est exigeant avec lui-

même et ne se trouve aucune excuse en cas d'échec. Brillant, il sait s'attirer la réussite professionnelle. Ses amis sont nombreux, ses amies aussi, car il est aussi sincère que tendre, séduisant que sensuel. Peu enclin à critiquer les autres, il déteste les bavards et les mauvaises langues. Sa gaieté et sa bonne humeur ravissent son entourage familial qui a tendance parfois a le surestimer. En amour, il ne s'engage pas à la légère.

CÉLÉBRITÉS ET ANECDOTES

Isaac Newton, le physicien qui découvrit les lois de la gravitation en recevant une pomme sur la tête pendant sa sieste.

ISABELLE

CHIFFRE : **2** FÊTE : 22 FÉVRIER

ORIGINE

Isabelle est un dérivé ibérique d'Élisabeth. Voir ce prénom.

HISTOIRE

Sainte Isabelle, morte en 1270, sœur du roi saint Louis, refusa d'épouser l'empereur d'Allemagne pour se consacrer au couvent de clarisses qu'elle avait fondé à Longchamp. Son ange gardien lui ayant donné la date de sa mort, elle organisa elle-même ses funérailles.

CARACTÈRE

Sous des dehors assurés, c'est une grande sensible, d'une sensibilité qui va jusqu'à l'anxiété. Imaginative, désinvolte, elle adore séduire, quitte à se révéler volage. Son à-propos et son charme lui permettent d'exceller dans les métiers de commerce. Mais son manque de rigueur parfois, peut la desservir. Toutefois, elle finit toujours par retomber sur ses pieds ; la chance, qui aime les séductrices, est avec elle. Surtout qu'elle est prête à la bousculer, et à aider le hasard à lui être favorable, par des moyens pas toujours très orthodoxes…

CÉLÉBRITÉS ET ANECDOTES

Sainte Isabelle était invoquée pour veiller sur les nourrissons afin qu'ils ne s'étouffent pas pendant leur sommeil.

ISIDORE

CHIFFRE : **5** FÊTE : 4 AVRIL

HISTOIRE

Saint Isidore (560-636) fut évêque de Séville et auteur d'ouvrages rassemblant tout le savoir de l'époque.

CARACTÈRE

Bavard, élégant et raffiné, il aime être en société. La discrétion, chez ce sentimental, n'est par la qualité première. Pas farouche, frivole, il aime se faire de nouvelles amies.

CÉLÉBRITÉS ET ANECDOTES

Saint Isidore était invoqué contre les piqûres d'abeille ; il est souvent confondu avec un autre Isidore (fête le 10 mai), lui aussi espagnol, mais au XIIᵉ siècle, humble paysan d'une grande piété, patron des laboureurs et de la ville de Madrid.

IVAN

CHIFFRE : **1** FÊTE : 27 DÉCEMBRE

ORIGINE

Ivan est une déformation de Jean. Voir ce prénom.

CARACTÈRE

Peu expansif, c'est un travailleur assidu. Rigueur et droiture sont les termes qui le qualifient le mieux. Aimant la vie, il va au bout de tout ce qu'il entreprend avec parfois des déboires mais souvent avec beaucoup de réussite. En amour, il est secret et fidèle.

JACINTHE

CHIFFRE : **7** FÊTE : 17 AOÛT

ORIGINE

Jacinthe, prénom fleuri, est un dérivé féminin d'Hyacinthe. Voir ce prénom.

CARACTÈRE

Elle a tendance, sentimentalement, à trop vite s'emporter, puis à se laisser dévorer par l'incertitude. Mais l'instabilité amoureuse n'est pas toujours pour déplaire à cette romantique qui n'oublie pas que pour recevoir, il faut aussi donner. Elle déteste la routine, et sait se remettre en cause.

JACK

CHIFFRE : **7** FÊTE : 25 JUILLET

ORIGINE

Forme anglo-saxonne de Jacques. Voir ce prénom.

CARACTÈRE

Intelligent, il prend de la distance par rapport aux événements., et n'accorde que peu d'importance aux honneurs et aux flatteries. Exigeant avec son entourage, la vie peut devenir vite infernale si on le laisse faire. Disponible, il trouve toujours les mots pour expliquer une situation. Le charme, le sourire et la bonne humeur sont ses armes de séduction. Il aime particulièrement le naturel et l'esprit d'initiative chez les femmes, et déteste la sophistication exagérée.

JACKIE

CHIFFRE : **3** FÊTE : 8 FÉVRIER

ORIGINE
Jackie est un dérivé féminin de Jacques. Voir ce prénom.

CARACTÈRE
Elle est impatiente, en amour comme en affaires. Cette nerveuse, pleine de vivacité, se lasse vite de ses soupirants, et s'épuise à trop se disperser. Mais quand elle a trouvé l'âme sœur, elle est d'une fidélité et d'une efficacité qui la rendent méconnaissable. Plutôt que d'avouer ses angoisses, elle préfère jouer la maladroite et la futile.

JACKY

CHIFFRE : **5** FÊTE : 8 FÉVRIER

ORIGINE
Jacky est un dérivé féminin de Jacques. Voir ce prénom. C'est aussi, parfois, un prénom masculin.

CARACTÈRE
Original(e), sa volonté de réussir indépendamment des autres ne l'empêche pas d'être un(e) ami(e) fidèle et disponible. Aimant le contact humain, ses activités professionnelles et amicales sont toujours à rebondissements ; querelles, rencontres et réconciliations rythment ses journées. Jamais épuisé(e), elle(il) aime être en agréable compagnie. Les apparences comptent peu pour elle(lui) mais le beau l'attire et elle(il) aime transmettre ses engouements aux autres.

JACOB

CHIFFRE : **4** FÊTE : 20 DÉCEMBRE

ORIGINE

Jacob vient du latin *Jacobus*, prénom lui-même issu d'un mot hébreu signifiant "à la place de Dieu".

HISTOIRE

Fils d'Isaac, Jacob est l'un des principaux héros de l'Ancien Testament. Il achète à son frère Ésaü son droit d'aînesse contre un plat de lentilles, et devient le patriarche du peuple juif, ses douze fils fondant des douze tribus d'Israël.

CARACTÈRE

Franc mais têtu, il se laisse dompter par un sourire. Simple dans sa vie et dans ses choix, il a besoin d'être mis en confiance. Peu expressif, il est fidèle et sincère dans l'épreuve. Il déteste le superficiel. Tendre avec les femmes, il est patient et compréhensif avec son entourage, sauf lorsqu'il est en colère ; dans ce cas, mieux vaut laisser passer l'orage.

CÉLÉBRITÉS ET ANECDOTES

Pendant les guerres de religions, Jacob était la version "protestante" de Jacques.

JACQUELINE

CHIFFRE : **7** FÊTE : 8 FÉVRIER

ORIGINE

Jacqueline est le dérivé féminin de Jacques. Voir ce prénom.

HISTOIRE

Sainte Jacqueline était une riche disciple de saint François d'Assise qu'elle accueillait dans son palais romain. Lorsqu'elle devint veuve, elle donna tous les biens hérités de son riche mari à l'ordre de saint François. Elle mourut en 1239.

CARACTÈRE

D'un tempérament fort et volontaire, droite et rigoureuse, rien ne l'arrête dans sa course à la réussite sociale. Ambitieuse, elle est acceptée et reconnue dans son milieu professionnel. Révoltée et gaie, elle pardonne difficilement, quand on la blesse. Elle est une amie sûre et chaleureuse, un remède sûr à la déprime, avec ses proches. En amour elle est très expansive, aimant comme on dévore, à belles dents.

JACQUES

CHIFFRE : **4** FÊTE : 25 JUILLET

ORIGINE
La même que Jacob. Voir ce prénom.

HISTOIRE
Saint Jacques le Majeur (fête le 25 juillet), l'un des principaux apôtres, partit évangéliser l'Espagne. Hérode le fit tuer en 44. Ses restes, transportés en Espagne, furent retrouvés au IXe siècle à Compostelle, qui devint un centre de pèlerinage. Saint Jacques le Mineur (fête 3 mai), fut lui aussi l'un des principaux apôtres, et le premier évêque de Jérusalem. Il fut jeté du haut du temple et lapidé en 62 par les Juifs orthodoxes.

CARACTÈRE
Agréable et fin, persévérant, il va toujours au bout de ce qu'il entreprend. C'est un ami fidèle et attentif. Aimant la beauté des femmes, il est tendre et affectueux avec elles. Volontaire dans sa vie professionnelle, il s'intègre avec facilité. En amour, il évite de blesser l'autre et lui reste fidèle.

CÉLÉBRITÉS ET ANECDOTES
Saint Jacques le Majeur était invoqué contre les rhumatismes ; il est le patron des voyageurs et des pharmaciens. Saint Jacques le Mineur, patron des chapeliers, était invoqué par les blessés, pour combattre la douleur. Saint Jacques de la Marche, avocat du XIVe siècle devenu missionnaire (et inquisiteur) en Europe centrale passait pour guérir de la goutte ceux qui l'invoquaient. Saint Jacques (fête le 15 juillet), évêque en Grèce au IIIe siècle, passant près de lavandières, leur reprocha d'avoir retroussé leurs tuniques ; elles lui répondirent vertement : il leur jeta un sort qui leur fit aussitôt, malgré leur jeunesse, blanchir leurs cheveux. Il leur rendit leur couleur naturelle, après leur avoir fait promettre de laver leur linge sale dans une tenue décente. On l'invoquait pour freiner la venue des cheveux blancs. Prénom de plusieurs rois d'Angleterre.

JAMES

CHIFFRE : 3 FÊTE : 25 JUILLET

ORIGINE
Forme anglo-saxonne de Jacques. Voir ce prénom.

CARACTÈRE
Sociable et agréable à vivre, il a de nombreux amis. Sa vie sentimentale tumultueuse ne l'empêche pas d'être sérieux dans son travail. Il n'hésite pas à s'engager dans des causes qu'il estime juste au risque parfois de se trouver en conflit avec son entourage. Entier et réservé, il sait retourner une situation à son avantage. Charmeur, il fait preuve d'une grande tendresse envers ceux qui l'entourent.

JANE

CHIFFRE : 3 FÊTE : 30 MAI

ORIGINE
Jane est une version anglo-saxonne de Jeanne. Voir ce prénom.

CARACTÈRE
Gaie et souriante, agréable à côtoyer, elle réagit sur tout ce qui la dérange ou la choque. Son charme tient à son style, qui n'appartient qu'à elle. Prête à tout pour conquérir l'homme qu'elle aime, elle sait lui rester fidèle.

JANINE

CHIFFRE : 8 FÊTE : 30 MAI

ORIGINE
Janine (ou Jeanine) est un dérivé de Jeanne. Voir ce prénom.

CARACTÈRE
Elle est généreuse et femme de caractère. Gaie, à la fois tempérée et fonceuse, elle a appris à séduire sans être pour autant provocante. Lucide sur ses capacités, elle sait mettre en avant ce qu'elle a de meilleur. Les chaînes de l'amour sont paradoxalement indispensables à cette indépendante.

JANVIER

CHIFFRE : 7 FÊTE : 19 SEPTEMBRE

ORIGINE

Janvier vient de Janus, dieu romain à deux visages.

HISTOIRE

Saint Janvier, évêque de Bénévent (Italie), fut martyrisé en 304. Depuis, son sang, contenu dans des ampoules en la cathédrale de Naples (il en est le patron) se liquéfie le jour de sa fête.

CARACTÈRE

D'apparence rude au premier contact, il peut se révéler bien romantique. Inquiet ou. optimiste, têtu ou généreux, selon les circonstances et l'humeur du jour, il est toujours droit et honnête, fidèle à la parole donnée. La famille lui est indispensable. L'amour aussi, qu'il vit avec une naïveté roublarde et beaucoup d'humour.

CÉLÉBRITÉS ET ANECDOTES

Saint Janvier était invoqué contre les engelures, les éruptions volcaniques, et pour faire repousser les sourcils ; il est le patron des orfèvres.

JEAN

CHIFFRE : 3 FÊTE : 27 DÉCEMBRE

ORIGINE

Jean, en hébreu, signifie "ce que Dieu donne", et vient des mots hébreux jo (abréviation de Jéhovah) et natan (donner).

HISTOIRE

Jean est le frère de Jacques le Majeur, comme lui pêcheur en Galilée ; il est le confident de Jésus, qui, lors de sa crucifixion, lui confie sa mère Marie. Après la résurrection, il se rend en Asie mineure pour prêcher. Exilé à Patmos, il rédige son évangile et l'Apocalypse. Il y meurt, centenaire, vers l'an 100.

CARACTÈRE

Dynamique, et obstiné, rien ne peut l'arrêter. Intelligent et émotif, il a besoin d'être entouré et encouragé. Attentionné et tendre, il est bon confident, et sait reconnaître les qualités des autres. Coquet, il aime plaire et séduire. Dans l'intimité, il est calme et sobre. L'amour et les femmes sont pour lui une source d'inspiration perpétuelle. Lorsqu'il a choisi celle qui va partager sa vie, il se montre fidèle et attentionné.

CÉLÉBRITÉS ET ANECDOTES

Un saint Jean, surnommé le Nain (fête le 15 septembre) en Égypte au Ve siècle, que sa petite taille rendait agressif alla vivre dans le désert. il en revint serein. On l'invoquait pour venir en aide aux enfants complexés par un défaut physique.

Saint Jean de Capistran, né au XVe siècle en Italie, fut légat du pape et aida les Hongrois à repousser les Turcs. Il était invoqué lorsqu'un chef d'État était à l'agonie.

Saint Jean Bosco (fête le 31 janvier) né et mort dans le Piémont italien (1815-1888) est un prêtre qui pour donner une instruction chrétienne aux enfants fonda l'ordre des Salésiens.

Jean, l'un des prénoms les plus répandus depuis le début de notre ère, a été celui de nombreux papes et rois, et de saints (on en compte plus de dix, en dehors de ceux déjà cités).

JEAN-BAPTISTE

CHIFFRE : **6** FÊTE : 24 JUIN

ORIGINE

Voir Jean, et Baptiste

HISTOIRE

Jean le Baptiste (fête au solstice d'été, le 24 juin ; Jean l'évangéliste a sa fête au solstice d'hiver), baptisa Jésus dans le Jourdain. Hérode le fit décapiter pour plaire à Salomé, qui avait réclamé sa tête sur un plateau d'argent.

CARACTÈRE

D'une nature discrète, il est curieux de tout. Intelligent et fin, il séduit par sa réserve et ses allures de poète. Il réfléchit toujours avant de se décider. Le milieu professionnel n'est pas celui où il s'épanouit. Il choisit avec soin ses amis. Peu expansif en amour, ses sentiments sont parfois difficiles à cerner, d'autant qu'il sera toujours un indépendant forcené.

CÉLÉBRITÉS ET ANECDOTES

Saint Jean-Baptiste était invoqué pour combattre la timidité, et les convulsions chez les enfants; c'est le patron des tripiers, aubergistes, ramoneurs et couteliers. Saint Jean-Baptiste de la Salle (fête le 7 avril) fonda au XVIIe siècle la congrégation des Frères des Écoles chrétiennes. C'est le patron des enseignants. Jean-Baptiste Poquelin, dit Molière.

JEAN-BERNARD

CHIFFRE : **2** FÊTE : 27 DÉCEMBRE

ORIGINE

Voir Jean, et Bernard.

CARACTÈRE

Grand sensible. Imaginatif et brouillon, il sait séduire, mais, aussi, être volage. Son esprit inventif et son à-propos lui permettent d'exceller dans les métiers de commerce. Mais son manque de rigueur parfois, peut le desservir. Toutefois il finit toujours par retomber sur ses pieds; la chance, qui aime les séducteurs, est avec lui.

JEAN-CHARLES

CHIFFRE : **7** FÊTE : 27 DÉCEMBRE

ORIGINE

Voir Jean, et Charles.

HISTOIRE

Saint Jean-Charles Cornay, missionnaire français au Tonkin, y est martyrisé en 1837.

CARACTÈRE

Séducteur, et instable dans sa vie affective, mais apprécié de ses amis, c'est un rebelle qui a du mal à se discipliner. Il est brillant, dans ses études et sa profession, et généreux au point de promettre ce qu'il n'a pas. Sentimentalement, c'est un affectueux qu'il faut savoir dompter.

JEAN-CHRISTOPHE

CHIFFRE : **7** FÊTE : 27 DÉCEMBRE·

ORIGINE

Voir Jean, et Christophe.

CARACTÈRE

Intelligent, il prend de la distance par rapport aux événements., et n'accorde que peu d'importance aux flatteries. Exigeant avec son entourage, mais disponible, il trouve toujours les mots pour se justifier. Le charme, le sourire et la bonne humeur sont ses armes de séduction. Il aime particulièrement le naturel et l'esprit d'initiative chez les femmes, et déteste la sophistication exagérée.

CÉLÉBRITÉS ET ANECDOTES

Jean-Christophe, cycle romanesque de l'écrivain Romain Rolland, fut un succès mondial pendant l'entre-deux guerres.

JEAN-DENIS

CHIFFRE : **9** FÊTE : 27 DÉCEMBRE

ORIGINE

Voir Jean, et Denis.

CARACTÈRE

Il est doué d'une grande faculté d'adaptation. Tenace et prudent, charmeur et réservé, il sait mener à bien ses entreprises. Créatif, il préfère agir seul. Sous son apparente indifférence, il mûrit ses projets, car il est fier, et n'aime pas l'échec.

JEAN-FRANÇOIS

CHIFFRE : **5** FÊTE : 16 JUIN

ORIGINE

Voir Jean, et François.

HISTOIRE

Saint Jean-François Régis, jésuite du début du XVIIe siècle, prêcha dans les Cévennes dévastées par les guerres de religion. Il mourut d'épuisement en 1640 au village de La Louvesc; son tombeau est toujours un lieu de pèlerinage.

CARACTÈRE

Gai et capricieux, il s'amuse de ce qui est nouveau. D'une grande curiosité, il aime faire ses découvertes en bonne compagnie, surtout féminine. Il a bon cœur, à tous les sens du terme. S'il a besoin d'autonomie, d'indépendance, il n'en est pas pour autant une fanatique de la solitude. À ceux qui savent le comprendre, il donne si généreusement son amour qu'on lui pardonne d'être parfois léger, voire infidèle.

JEAN-JACQUES

CHIFFRE : **7** FÊTE : 27 DÉCEMBRE

ORIGINE

Voir Jean, et Jacques.

CARACTÈRE

Plutôt calme et réfléchi, il peut s'entêter quand il s'agit de son avenir. Sa franchise est souvent déconcertante. Légèrement indolent, il a tendance à se laisser porter par les événements, mais pallie ce défaut par une grande intuition. Ayant insuffisamment confiance en lui, il a besoin d'être rassuré. Chez cet émotif, la colère monte aussi vite qu'elle redescend. Fidèle et exigeant en amitié comme en amour, presque possessif; malheur à qui trahit sa confiance !

CÉLÉBRITÉS ET ANECDOTES

Jean-Jacques Rousseau (1712-1778), romancier et philosophe, précurseur des écrits romantiques comme des idéaux révolutionnaires.

JEAN-LOUIS

CHIFFRE : **7** FÊTE : 1 MAI

ORIGINE
Voir Jean, et Louis.

HISTOIRE
Jean-Louis Bonnard, missionnaire français, fut martyrisé au Tonkin en 1852.

CARACTÈRE
Séducteur, il est instable dans sa vie affective, mais très apprécié de ses amis. C'est un rebelle qui a des difficultés à se discipliner. Brillant, dans ses études et sa profession, et généreux dans ses amours, au point de promettre ce qu'il n'a pas.

JEAN-LOUP

CHIFFRE : **7** FÊTE : 27 DÉCEMBRE

ORIGINE
Voir Jean, et Loup.

CARACTÈRE
Séducteur, il est instable dans sa vie affective, mais très apprécié de ses nombreux amis. C'est un rebelle qui a des difficultés à se plier à une discipline. Il est brillant, dans sa profession, et généreux au point de promettre ce qu'il n'a pas.

JEAN-LUC

CHIFFRE : **3** FÊTE : 27 DÉCEMBRE

ORIGINE
Voir Jean, et Luc.

CARACTÈRE
De caractère entier, il refuse les compromissions. Résolu et imaginatif, intelligent, ambitieux, il peut être sévère avec son entourage professionnel,

mais se montre tendre en famille. L'amour est pour lui source de plaisir et de séduction, qui savoure les femmes comme un gastronome le bon vin…

JEAN-MARC

CHIFFRE : **2** FÊTE : 27 DÉCEMBRE

ORIGINE
Voir Jean, et Marc.

CARACTÈRE
Imaginatif et brouillon, il sait séduire, mais, aussi, être volage. Son esprit inventif et son à-propos lui permettent d'exceller dans le commerce. Mais son manque de rigueur parfois, peut le desservir. Toutefois il finit toujours par retomber sur ses pieds ; la chance, qui aime les séducteurs, est avec lui.

JEAN-MARIE

CHIFFRE : **4** FÊTE : 4 AOÛT

ORIGINE
Voir Jean, et Marie.

HISTOIRE
Saint Jean-Marie Vianney (1786-1859), fils d'un pauvre paysan des environs de Lyon, veut être prêtre mais est à plusieurs reprises renvoyé du séminaire car incapable d'étudier. L'Église manquant de prêtres, il est toutefois ordonné en 1815, et nommé dans la paroisse d'Ars (Ain). Il y devient rapidement célèbre, rendant la foi à ceux qui l'ont perdue. On dit que le diable, furieux, vint, sans succès, le tourmenter pendant ses rares heures de sommeil. Il meurt d'épuisement le 4 août 1859 ; son tombeau devient un lieu de pèlerinage.

CARACTÈRE
Adaptable, il mène sa vie avec prudence et ténacité. Original et créatif, les idées nouvelles le dynamisent. Son besoin d'isolement peut parfois créer des tensions dans son travail. Solitude qui se retrouve souvent dans

sa vie intime. Le secret qu'il entretient sur ses rencontres et ses amours l'amuse, et il en joue. Mais ce mystérieux, qui en rajoute parfois dans l'aspect "ours mal léché" a le culte de l'amour vrai, et de l'amitié.

CÉLÉBRITÉS ET ANECDOTES
Saint Jean-Marie est le patron des curés, et des confesseurs. On s'adresse à lui lorsqu'on n'a pas le courage d'avouer de mauvaises actions.

JEAN-MICHEL

CHIFFRE : **8** FÊTE : 27 DÉCEMBRE

ORIGINE
Voir Jean, et Michel.

CARACTÈRE
Souvent sceptique, il passe de l'agitation au flegme, travaille pendant une longue période et peut ensuite rester sans rien faire pendant de long mois. Peu facile à comprendre, il peut être très cynique ou très tendre. Jamais satisfait de son sort, il est idéaliste, mais en restant pratique. Amoureux, il tombe facilement dans des passions dévoreuses. Sentimental, il est réservé et ne s'extériorise que rarement.

JEAN-NOËL

CHIFFRE : **4** FÊTE : 27 DÉCEMBRE

ORIGINE
Voir Jean, et Noël.

CARACTÈRE
D'un tempérament de battant, il a tout pour être un chef. Toujours actif, il aime les optimistes et l'humour. Au travail, il fait preuve d'une très grande autorité. Il aime l'ordre. Il a besoin que sa famille et ses amis l'entourent. Il aime séduire et plaire, mais reste fidèle, à sa manière, à sa compagne.

JEAN-PAUL

CHIFFRE : **8** FÊTE : 27 DÉCEMBRE

ORIGINE
Voir Jean, et Paul.

CARACTÈRE
Il a tendance, sentimentalement, à trop vite s'emporter, puis à se laisser dévorer par l'incertitude. Mais l'instabilité amoureuse n'est pas pour déplaire à ce romantique qui déteste la routine et sait qu'il peut compter sur ses nombreux amis

CÉLÉBRITÉS ET ANECDOTES
Deux papes contemporains ont choisi ce prénom. Jean-Paul Sartre (1905-1980), philosophe de l'existentialisme.

JEAN-PIERRE

CHIFFRE : **2** FÊTE : 18 FÉVRIER

ORIGINE
Voir Jean, et Pierre.

HISTOIRE
Jean-Pierre Neel, missionnaire français, fut martyrisé en Chine en 1862.

CARACTÈRE
C'est un confident discret et sincère. Fidèle en amitié et en amour., grand travailleur, généreux, il sait en qui il peut avoir confiance. Il fait preuve de beaucoup de tendresse et de douceur avec sa compagne. Parfois maladroit, rarement excessif, il a son franc-parler et un mépris total pour les apparences.

JEAN-RENÉ

CHIFFRE : **9** FÊTE : 27 DÉCEMBRE

ORIGINE
Voir Jean, et René.

CARACTÈRE

Doué d'une intelligence vive, mais il le sait, et s'entête parfois sur ses idées, les estimant les meilleures… Les difficultés le stimulent. C'est un battant, capable de rudesse contre ceux qui se mettent en travers de sa route. Mais il peut aussi, dans l'intimité, se révéler sensible, fin et spirituel, surtout avec celles qu'il veut - et sait - séduire.

JEAN-SÉBASTIEN

CHIFFRE : **7** FÊTE : 27 DÉCEMBRE

ORIGINE

Jean, en hébreu, signifie "ce que Dieu donne", et vient des mots hébreux *jo* (abréviation de Jéhovah) et *natan* (donner).

CARACTÈRE

D'un tempérament fort et volontaire, il sait ce qu'il veut et y arrive généralement. Droit et rigoureux, rien ne l'arrête dans sa course. Ambitieux et révolté, il pardonne rarement quand on la blesse. c'est un ami fidèle, sincère. Il aime la vie, et l'amour, avec gourmandise. Pour le conquérir, il faut se montrer patient(e).

CÉLÉBRITÉS ET ANECDOTES

Le grand musicien.Jean-Sébastien Bach (1685-1750).

JEANNE / JEANNETTE

CHIFFRE : **4** FÊTE : 30 MAI

ORIGINE

Jeanne est le dérivé féminin de Jean. Voir ce prénom.

HISTOIRE

Sainte Jeanne d'Arc, née en 1412 à Domrémy, en Lorraine, entend des voix qui lui disent de chasser les Anglais de France alors qu'elle garde les moutons. Elle réussit à convaincre son entourage, va voir le roi de France Charles VII qui lui confie une armée, délivre Orléans (printemps 1429). Grâce à elle, Charles VII est sacré à Reims. Faite prisonnière à Compiègne, elle est conduite à Rouen par les Anglais qui la condamnent à être brûlée vive comme sorcière. Elle meurt le 30 mai 1431, mais n'est canonisée qu'en 1920.

CARACTÈRE

Adaptable à toutes les situations, elle mène sa vie avec prudence et ténacité. Originale et créative, les idées nouvelles la dynamisent. Son besoin d'isolement peut parfois créer des tensions avec son entourage, qui ne le comprend pas. Le secret qu'elle entretient sur ses rencontres et ses amours l'amuse, et elle en joue, mais pas longtemps. Car elle a le culte de l'amour vrai, et de l'amitié, et fait tout pour préserver ceux qu'elle aime.

JEHANNE

CHIFFRE : **3** FÊTE : 30 MAI

ORIGINE

Jehanne est une version médiévale de Jeanne. Voir ce prénom.

CARACTÈRE

Gaie et souriante, elle est agréable de la côtoyer. D'un tempérament solide et déterminé, elle n'hésite pas à réagir sur tout ce qui la dérange ou la choque. Son charme tient à son style, qui n'appartient qu'à elle. Prête à tout pour conquérir l'homme qu'elle aime, elle sait lui rester fidèle et fait preuve parfois d'une jalousie excessive à son égard.

JÉRÉMIE

CHIFFRE : **2** FÊTE : 1 MAI

ORIGINE

Jérémie vient d'un mot hébreu signifiant l'élève de Dieu.

HISTOIRE

Jérémie est l'un des quatre grands prophètes d'Israël, auteur du livre des *Lamentations*. Persécuté au VIIe siècle avant Jésus-Christ pour avoir prophétisé les malheurs qui allait s'abattre sur le royaume de Juda, il fut lapidé par ses compagnons lors la captivité du peuple juif à Babylone.

CARACTÈRE

D'un tempérament réservé, il n'est pas pour autant timide. Plutôt optimiste, il n'a pas pour habitude de mettre en avant ses capacités intellectuelles pourtant indéniables. Sans ambition, il préfère vivre dans le calme, sans avoir de compte à rendre à quiconque. Il aime les femmes séduisantes et raffinées, qui doivent savoir le retenir, car la fidélité n'est pas la qualité première de ce sensuel qui le cache.

CÉLÉBRITÉS ET ANECDOTES

Saint Jérémie était invoqué pour aider à supporter la misère.

JÉRÔME

CHIFFRE : **3** FÊTE : 30 SEPTEMBRE

ORIGINE

Jérôme vient du latin *Hieromymus*, mot issu du grec signifiant *nom sacré*.

HISTOIRE

Saint Jérôme, né en Dalmatie au IVᵉ siècle, étudie à Rome la littérature et la théologie. Il est baptisé à l'âge de 19 ans. Pour fortifier sa foi chrétienne, il vit en ermite pendant cinq années dans le désert syrien. Revenu à Rome, le pape lui demande de traduire en latin la Bible jusqu'alors écrite en grec : c'est la *vulgate*. Il repart ensuite pour la Terre sainte où il fonde deux monastères, un pour les hommes, l'autre pour les femmes, tout en poursuivant ses travaux d'érudition et ses disputes avec sa hiérarchie, car le saint homme a très mauvais caractère. ordonné prêtre contre son gré, il refuse de servir la messe car s'en jugeant indigne. Il meurt à Bethléem en 419 et est aussitôt canonisé, puis déclaré docteur d'Église.

CARACTÈRE

Têtu et coléreux, il est souvent d'une intransigeance aveugle. Peu apprécié par ses supérieurs hiérarchiques, il est au contraire aimé de ses collègues. Travailleur, rien ne semble pouvoir l'arrêter dans ses activités diverses. Intelligent, il analyse rapidement les situations et les individus d'un seul coup d'œil. Il aime l'ordre et la morale. En amour, il est affectueux, sensible et très expansif dans l'intimité, charmeur avec une bonne humeur et une gaîté qu'il réserve à ses intimes.

CÉLÉBRITÉS ET ANECDOTES

Saint Jérôme, patron des traducteurs, et des étudiants, était invoqué lorsqu'on était tenté de céder à la violence et à la colère, car Jérôme, malgré sa sainteté, était si irascible qu'il lui arrivait de boxer ses contradicteurs...

Saint Jérôme (fête le 8 février) moine vénitien du XVIe siècle (après avoir été soldat), fonda une congrégation pour recueillir les orphelins, dont il est depuis le patron.

JERRY

CHIFFRE : 4 FÊTE : 1 MAI

ORIGINE

Jerry est un diminutif anglo-saxon de Jérémie.

CARACTÈRE

D'un tempérament de battant, il a tout pour être un chef. Toujours actif, il aime les optimistes et l'humour. Au travail, il fait preuve d'une très grande autorité. Il aime l'ordre. Il a besoin que sa famille et ses amis l'entourent. Il aime séduire et plaire, mais reste fidèle, à sa manière, à sa compagne.

JESSICA

CHIFFRE : 3 FÊTE : 4 NOVEMBRE

ORIGINE

Jessica vient de Jessé (père du roi David), et d'un mot hébreu signifiant "ma force vient de Dieu".

CARACTÈRE

Extravertie, elle livre volontiers les détails de sa vie privée. Volontaire et opportuniste, elle est toujours en compétition, voulant être la meilleure. Sa qualité essentielle n'est pas la franchise ; elle a confiance en elle et son intuition est remarquable. Gourmande et sensuelle, elle joue de sa séduction. Elle aime être séduite mais elle reste fidèle.

JIM

CHIFFRE : **5** FÊTE : 25 JUILLET

ORIGINE
Diminutif anglo-saxon de Jacques. Voir ce prénom.

CARACTÈRE
De premeir abord froid, on peut vite en conclure qu'il n'est pas émotif. Raisonnable, d'aspect froid, il a du mal à montrer ses sentiments. C'est un intellectuel qui peut manquer de réalisme et de goût pour l'aventure. Droit voir rigide, il fait preuve d'une grande assurance dans son travail. Ses relations intimes sont plus diverses qu'il ne le laisse paraître ; il s'avère être un humoriste agréable et original, surtout auprès des femmes.

JIMMY

CHIFFRE : **7** FÊTE : 25 JUILLET

ORIGINE
Diminutif anglo-saxon de Jacques. Voir ce prénom.

CARACTÈRE
Il a tendance, sentimentalement, à trop vite s'emporter, puis à se laisser dévorer par l'incertitude. Mais l'instabilité amoureuse n'est pas toujours pour déplaire à ce romantique qui n'oublie pas que pour recevoir, il faut aussi donner. Il déteste la routine, et sait se remettre en cause.

JO

CHIFFRE : **7** FÊTE : 19 MARS

ORIGINE
Jo est un diminutif de Joseph. Voir ce prénom.

CARACTÈRE
Ambitieux et honnête, c'est un travailleur rigoureux et organisé, qui aime le travail bien fait. D'un tempérament solitaire, les femmes l'intimident ; mis en confiance, c'est un séducteur discret, un compagnon attentionné.

JOACHIM

CHIFFRE : **5** FÊTE : 26 JUILLET

ORIGINE

Joachim vient d'un mot hébreu signifiant "vœu de dieu".

HISTOIRE

Saint Joachim, époux d'Anne, fut le père de la vierge Marie.

CARACTÈRE

Il est gai et capricieux, et, s'il est infidèle, c'est davantage par curiosité que par désamour. Son besoin d'autonomie se double d'un besoin de protection. À ceux qui savent le comprendre, il donne généreusement sa tendresse. Sa vivacité fait merveille dans la vie professionnelle, surtout quand il lui faut voyager ou fréquemment changer d'air.

CÉLÉBRITÉS ET ANECDOTES

Saint Joachim est le patron des lingères. On l'invoquait pour calmer les enfants qui pleuraient trop. Saint Joachim (fête le 16 avril) fut au XIVe siècle un moine-mendiant qui guérissait l'épilepsie par imposition des mains.

JOANA

CHIFFRE : **5** FÊTE : 30 MAI

ORIGINE

Joana est un dérivé de Jeanne. Voir ce prénom.

CARACTÈRE

Elle a un caractère bouillonnant, elle aime la vie. Intuitive, elle est aussi fantaisiste. Émotive, sensible, et sensuelle, elle est aussi capable, malgré son attrait pour la nouveauté, d'une grande fidélité, même si elle déteste la vie sédentaire. C'est un feu follet dont l'éclat illumine son entourage.

JOCELYN / JOSSELIN

CHIFFRE : **3** FÊTE : 13 DÉCEMBRE

ORIGINE

Josselin vient d'un mot celte signifiant fils de Dieu selon certaines sources, et selon d'autres du germanique *gauss*, nom d'un dieu, et *helm*, le casque.

CARACTÈRE

D'un tempérament ferme et tranché, il s'exprime toujours avec franchise. Il est connu pour avoir un mauvais caractère qui avec le temps s'atténue. Sa personnalité très affirmée lui confère une influence incontestable sur les autres. Intelligent mais peu perspicace, souvent seul, il reprend confiance et vivacité dans le giron familial. En amour, il respecte ses engagements.

JOCELYNE

CHIFFRE : **8** FÊTE : 13 DÉCEMBRE

ORIGINE

Jocelyne est un dérivé féminin de Jocelyn. Voir ce prénom.

CARACTÈRE

Émotive, elle est parfois capricieuse. Lucide et déterminée, elle excelle dans son travail. Pour ses ami(e)s elle sait toujours se rendre disponible. Elle déteste les beaux parleurs, mais apprécie particulièrement les rêveurs et les idéalistes.

JOËL

CHIFFRE : **6** FÊTE : 13 JUILLET

ORIGINE

Joël vient d'un mot hébreu signifiant "Dieu est Dieu".

HISTOIRE

Joël fut un prophète hébreu de l'Ancien Testament.

CARACTÈRE

Aussi émotif que volontaire, ce qui peut faire croire à son entourage qu'il est futile. Subtil et spirituel, ses réparties font mouche, et sa conversation est recherchée. Son solide sens pratique se double d'une obstination qui peut aller jusqu'à l'entêtement. Au paraître il préfère l'efficacité. Avec lui, professionnellement ou sentimentalement, c'est du solide.

JOËLLE

CHIFFRE : **5** FÊTE : 13 JUILLET

ORIGINE
Joëlle est un dérivé féminin de Joël. Voir ce prénom.

HISTOIRE
Joël fut un prophète hébreu de l'Ancien Testament.

CARACTÈRE
Sérieuse dans sa vie professionnelle, elle entretient, dans sa vie privée, un fouillis continuel, qui se retrouve dans ses amitiés et ses amours. Rien ne se passe jamais comme elle le souhaite. Cependant, elle arrive toujours à s'en sortir. Elle adore gagner, mais sait se montrer aussi bonne perdante.

JOEY

CHIFFRE : **1** FÊTE : 19 MARS

ORIGINE
Joey est un diminutif anglo-saxon de Joseph. Voir ce prénom.

CARACTÈRE
Il est épanoui, et porté sur les autres. Il aime la vie en famille, privilégie le mariage aux aventures sans lendemain. Gros travailleur, adepte du principe "mieux vaut un petit chez soi qu'un grand chez les autres", il préfère garder son indépendance, quitte à renoncer à ses ambitions - justifiées. Bon gestionnaire, il sait où il va, quitte, parfois, à déconcerter son entourage, qu'il ne met pas toujours dans la confidence.

JOHN

CHIFFRE : **2** FÊTE : 27 DÉCEMBRE

ORIGINE

John est une forme anglo-saxonne de Jean. Voir ce prénom.

CARACTÈRE

D'un tempérament réservé, il n'est pas pour autant timide. Plutôt optimiste, intelligent mais peu ambitieux, quand il n'est pas dirigé, il préfère vivre dans le calme, sans avoir de compte à rendre à quiconque. Il aime les femmes séduisantes et raffinées, qui doivent savoir le retenir, car la fidélité n'est pas la qualité première de ce sensuel qui s'ignore.

JONAS

CHIFFRE : **5** FÊTE : 21 SEPTEMBRE

HISTOIRE

Jonas, "petit" prophète de l'Ancien Testament, fut jeté à la mer parce qu'on croyait qu'il attirait la tempête ; une baleine l'avala et le recracha trois jours plus tard, indemne, sur un rivage.

CARACTÈRE

Franc, il est parfois d'une naïveté déconcertante. Rapide et précis, il mène ses projets et sa vie jusqu'au succès. Il est apprécié de son entourage, même s'il pense souvent à tort n'avoir besoin de personne. En amour, il n'hésite pas à s'engager, à chaque fois, définitivement, même s'il a parfois, besoin de solitude pour se ressourcer.

CÉLÉBRITÉS ET ANECDOTES

Jonas, le prophète, était invoqué pour une pêche fructueuse.

Autre saint Jonas, un moine égyptien du IVe siècle (fête 11 février), jardinier de son état, qui préparait des tisanes contre l'indigestion, et qui était invoqué en cas d'ennuis gastriques.

JONATHAN

CHIFFRE : **1**

HISTOIRE

Jonathan était un prince hébreu mort au combat contre les Philistins et auquel le roi David, son compagnon d'armes, consacra un psaume.

CARACTÈRE

Peu expansif, c'est un travailleur assidu, rigoureux. Aimant la vie, il va au bout de tout ce qu'il entreprend avec parfois des déboires mais souvent avec beaucoup de réussite. En amour, il est secret et fidèle.

JOSÉ

CHIFFRE : **4** FÊTE : 19 MARS

ORIGINE

José est un diminutif espagnol de Joseph. Voir ce prénom.

CARACTÈRE

Actif, honnête, opiniâtre, il ne manque pas de réussite. Son imagination débordante lui joue parfois de mauvais tours. Il déteste la solitude, et s'entoure volontiers d'amis auxquels il présente les multiples conquêtes d'une vie sentimentale très agitée. La recherche de la perfection fémini-ne sert d'alibi à ce séducteur impénitent.

JOSÉE

CHIFFRE : **9** FÊTE : 19 MARS

ORIGINE

Josée est un dérivé féminin de Joseph. Voir ce prénom.

CARACTÈRE

Cette passionnée recherche l'amour et l'amitié dans des relations sans complication. Audacieuse, elle sait séduire par son équilibre. Elle a une grande vitalité et une grande capacité de travail, et lorsqu'un obstacle se dresse sur sa route, elle ne le contourne pas, mais en part à l'assaut.

JOSEPH

CHIFFRE : **1** FÊTE : 19 MARS

ORIGINE

Joseph vient de l'hébreu *jo*, abréviation de Jéhovah, et d'*eph*, donner : donné par Dieu.

HISTOIRE

Saint Joseph, charpentier à Nazareth, est le mari de Marie, et le père nourricier de Jésus.

CARACTÈRE

D'une nature très sensible et généreuse, il fait preuve d'une grande sincérité dans ses sentiments. Parfois coléreux, grand travailleur, sûr de lui, il sait prendre des décisions rapides. Il a du mal à admettre que les gens ne soient pas tous à son image. Grand amoureux, il sait rester fidèle à celle qu'il aime.

CÉLÉBRITÉS ET ANECDOTES

Saint Joseph est le patron des sonneurs de cloches, des artisans en général et des charpentiers en particulier, et des fossoyeurs. Comme, afin que Marie puisse accoucher de Jésus à l'abri, il était invoqué par ceux qui cherchaient à se loger.

Des écrivains Joseph Conrad, d'origine polonaise, à Joseph Kessel, d'origine russe, les Joseph ont été nombreux de par le monde. Y compris comme saints :

Saint Joseph Barsabbas, le Juste (fête le 20 juillet) faillit remplacer Judas parmi les apôtres ; on l'invoquait en cas d'intoxication alimentaire ou d'empoisonnement.

Saint Joseph Calasanze (fête le 25 août) fonda, au XVIe siècle en Espagne, une congrégation pour l'éducation des enfants ; on l'invoquait pour les protéger sur le chemin de l'école.

Saint Joseph de Cupertino, au XVIe siècle, était un moine qui pouvait entrer en lévitation et survoler l'église pendant l'office (les aviateurs en ont fait leur patron) et de deviner les péchés omis lors de la confession, raison pour laquelle on l'invoquait avant les examens, pour garder la mémoire fraîche.

JOSÉPHINE / JOSÉPHA

CHIFFRE : **2** FÊTE : 9 FÉVRIER

ORIGINE
Josephine est un dérivé féminin de Joseph. Voir ce prénom.

CARACTÈRE
L'intelligence est sa qualité principale. Peu coquette, elle ne manque pas cependant de charme. Elle recherche avec passion le vrai dans ses relations. Réaliste, elle sait faire preuve d'audace dans son milieu professionnel. Souvent rêveuse, elle n'en laisse rien voir au dehors, souriante et joyeuse.

CÉLÉBRITÉS ET ANECDOTES
L'impératrice Joséphine, répudiée par Napoléon parce que ne pouvant lui donner un héritier.

JOSETTE

CHIFFRE : **4** FÊTE : 19 MARS

ORIGINE
Josette est un dérivé féminin de Joseph. Voir ce prénom.

CARACTÈRE
Elle aime être entourée de gens qui l'aiment et qui le lui disent. Elle est toujours élégante. Le quotidien ne lui est pas forcément facile à vivre. D'un tempérament rêveur, elle vit souvent en dehors des réalités. Amoureuse, elle sait les mots et les caresses qui ensorcellent. Elle a besoin d'être parfois un peu bousculée pour réagir et trouver un sens à sa vie. Mais sa douceur est telle qu'on hésite à la brusquer.

JOSIANE

CHIFFRE : **1** FÊTE : 19 MARS

ORIGINE
Josiane est la contraction de Joseph et d'Anne.

CARACTÈRE

Sincère et honnête, elle n'en est pas pour autant naïve. Elle dirige sa vie selon ses idées et ses principes sans y déroger. Simple et passionnée, on la recherche pour sa présence toujours rassurante et solide. Aimant l'humour, elle apprécie la compagnie masculine, mais sait rester fidèle, malgré les sollicitations. En amour, elle est affectueuse et tendre.

JOSSE / JOSSÉ

CHIFFRE : **5** FÊTE : 13 DÉCEMBRE

HISTOIRE

Saint Josse fut roi de Bretagne avant de renoncer au trône pour se consacrer à la prière et mourir en ermite en Picardie à la fin du VIᵉ siècle.

CARACTÈRE

Il est affectueux, et aime la vie familiale. Il fait passer son romantisme avant son désir d'autonomie. Ce qui ne l'empêche pas d'apprécier le changement, et, s'il ne survient pas assez vite, de le provoquer. Ce séducteur discret mais efficace, aime à regrouper autour de lui ceux qu'il aime, auxquels il donne sa chaleur sans compter. À l'argent et à la réussite, il préfère l'amour et la sincérité.

CÉLÉBRITÉS ET ANECDOTES

Saint Josse était invoqué contre les maladies du foie, et pour protéger les récoltes contre les maraudeurs.

JOSUÉ

CHIFFRE : **7** FÊTE : 1 SEPTEMBRE

ORIGINE

Josué vient d'un mot hébreu signifiant "Dieu le sauveur".

HISTOIRE

Josué, héros de l'Ancien Testament, descendant de Moïse, s'empare de Jéricho après avoir arrêté la course du soleil et fait crouler les murailles sous les vibrations de ses trompettes.

CARACTÈRE

Calme et réfléchi, il peut aussi s'entêter. Sa franchise est souvent déconcertante. Légèrement indolent, il a tendance à se laisser porter par les événements, mais pallie ce défaut par une grande intuition. Ayant insuffisamment confiance en lui, il a besoin d'être rassuré. Chez cet émotif, la colère monte aussi vite qu'elle redescend. Fidèle en amitié comme en amour, presque possessif, il s'entoure d'amis de longue date, en lesquels il a toute confiance. Il s'engage toujours avec beaucoup de conviction et on peut s'appuyer sur lui, quand on est membre de son clan.

JUAN

CHIFFRE : **1** FÊTE : 27 DÉCEMBRE

ORIGINE

Juan est la forme espagnole de Jean. Voir ce prénom.

CARACTÈRE

Peu expansif, c'est un travailleur assidu. Rigueur et droiture sont les termes qui le qualifient le mieux. Aimant la vie, il va au bout de tout ce qu'il entreprend avec parfois des déboires mais souvent avec beaucoup de réussite. En amour, il est secret et fidèle.

JUDE

CHIFFRE : **4** FÊTE : 28 OCTOBRE

ORIGINE

Jude est un dérivé de Juda, prénom hébreu signifiant "Gloire à Dieu".

HISTOIRE

Frère de l'apôtre Jacques le Mineur, il prêcha en Mésopotamie avant d'être martyrisé en Perse.

CARACTÈRE

Volontaire et possessif, sa vie amoureuse est intense. Actif, insatisfait, il peut changer d'opinion ou de projet à chaque instant. L'amitié le touche profondément. Sensible, il ne le montre que rarement, ne souhaitant pas dévoiler ce qu'il prend pour une fragilité. En amour, il est aussi lucide qu'exigeant.

CÉLÉBRITÉS ET ANECDOTES
Saint Jude était invoqué dans les situations désespérées.

JUDITH

CHIFFRE : **9** FÊTE : 5 MAI

ORIGINE
Judith vient d'un mot hébreu qui veut dire "juif".

HISTOIRE
Judith est l'héroïne du *Livre de Judith*, dans l'Ancien Testament. Selon sa légende, cette belle jeune femme séduit Holopherne, le général assyrien qui assiège sa ville, et lui tranche la tête pendant son sommeil.

Sainte Judith fut, au XIIe siècle, une ermite allemande, dont l'Église fit la patronne de la Prusse.

CARACTÈRE
Rêveuse, elle n'attache pas d'importance au présent. Vive et romanesque, instable, elle a du mal à concrétiser ses projets. Ne serait-elle pas, en réalité, très solitaire ? Sa morale et sa droiture sont à toute épreuve. L'amour est un jeu pour elle. L'amour et l'amitié sont très souvent idéalisés et elle aime les mondanités. Malgré un côté superficiel, elle est de bon conseil pour l'ensemble de ses ami(e)s.

CÉLÉBRITÉS ET ANECDOTES
Judith c'est, dans les jeux de cartes, la dame de cœur.

JULES

CHIFFRE : **4** FÊTE : 12 AVRIL

ORIGINE
Jules est la francisation du prénom latin Julius.

HISTOIRE

Saint Jules fut pape de 337 à 352. Il renforça l'autorité du Saint Siège contre les hérétiques.

CARACTÈRE

Déterminé dans ses choix, il est parfois difficile de le raisonner. Engagé, il se bat courageusement pour défendre ses points de vue. Convivial et chaleureux, il apprécie particulièrement les réunions de famille. Très tendre avec sa compagne, il est parfois un peu trop paternaliste avec ses enfants. Plutôt conservateur sur les questions amoureuses, il est possessif et jaloux. C'est un hôte chaleureux, simple et agréable.

CÉLÉBRITÉS ET ANECDOTES

Le pape saint Jules était invoqué contre la constipation! C'est sans doute à lui qu'on doit le surnom familier de "jules" pour désigner un pot de chambre! Il était le patron des vidangeurs de fosses d'aisances.

Saint Jules (fête le 19 août) fut un martyr à la fin du IIe siècle. Sénateur romain, il arrêta le bras (ce qui lui valut d'être bastonné jusqu'à ce que mort s'ensuive) de l'empereur Commode, qui était en train de battre sa femme; les femmes battues par leur mari en firent leur patron.

Le premier à avoir imposé ce prénom romain aux Gaulois: Jules César. Plusieurs papes choisirent ce prénom impérial, porté aussi par quelques éminents Français du XIXe siècle: Jules Ferry et Jules Michelet, Jules Verne et Jules Renard...

JULIA

CHIFFRE: **8** FÊTE: 8 AVRIL

ORIGINE

Julia est un dérivé de Julie. Voir ce prénom.

CARACTÈRE

Elle est éprise d'absolu, et a l'audace et le goût du pouvoir. Lorsqu'elle se met en ménage, elle s'emploie avec talent à maintenir l'harmonie dans son couple, grâce à son intuition. Généreuse, dévouée, elle ne semble pas donner prise à la fatigue. Sa tendresse, elle la réserve aux siens.

JULIAN

CHIFFRE : **8** FÊTE : 27 JANVIER

ORIGINE
Julian est un dérivé de Jules. Voir ce prénom.

CARACTÈRE
Sa vie amoureuse est intense. Actif, il ne tient pas en place ce qui agace son entourage. Sa moralité s'adapte aux situations qu'il affronte. Capricieux et insatisfait, il peut changer d'avis à chaque instant. L'amitié sincère le touche profondément et fait ressortir ce qu'il y a de meilleur en lui. Sensible, il ne le montre que très rarement ne souhaitant pas trop dévoiler cette fragilité. Amoureux, il est exclusif. Pour autant, cela ne l'empêche pas d'être lucide et exigeant sur ses relations de couple.

JULIE

CHIFFRE : **3** FÊTE : 8 AVRIL

ORIGINE
Julie est un dérivé féminin de Jules. Voir ce prénom.

HISTOIRE
Sainte Julie, née dans l'Oise en 1751, morte à Namur en 1816, fonda les Sœurs de Notre-Dame, institution chargée de l'éducation des jeunes filles et des institutrices.

CARACTÈRE
D'un tempérament réservé, qu'on prend souvent pour de la timidité. Elle est en réalité gaie, agréable et souriante. Gracieuse et intelligente, elle manque parfois de confiance en elle. Courageuse et volontaire, elle est efficace dans son travail. Sensible et tendre avec son compagnon, elle prend toujours des décisions irrévocables. Exigeante, elle est reconnue pour ses qualités. Fidèle et sincère en amitié.

CÉLÉBRITÉS ET ANECDOTES
Autre sainte Julie, une chrétienne qui, au VIIe siècle, partie évangéliser la Corse, y fut crucifiée. Elle en est aujourd'hui la sainte patronne avec sa sœur, qui connut le même destin qu'elle, sainte Dévote.

JULIEN

CHIFFRE : **8** FÊTE : 27 JANVIER

ORIGINE
Julien est un dérivé de Jules. Voir ce prénom.

HISTOIRE
Saint Julien l'Hospitalier croyant, une nuit, surprendre sa femme en compagnie d'un amant, leur trancha la tête. Il s'était trompé, et venait de tuer ses parents. Hanté par ce crime, il partit vivre en ermite avec son épouse et fonda un hospice pour les mendiants. Un lépreux ayant frappé à sa porte, il la lui ouvrit. C'était, en fait, un ange (ou Jésus) qui venait lui annoncer que, grâce à ce geste charitable, il était pardonné.

CARACTÈRE
Serein et réaliste, il a des opinions très tranchées. Têtu, il est parfois boudeur et colérique. Sensible à l'injustice, il sait faire preuve d'altruisme envers les autres. Il est compréhensif et patient avec son entourage. Combatif et ambitieux, il aime la compétition. Chanceux en amour, il est charmant avec sa compagne, mais toujours sensible au charme féminin.

CÉLÉBRITÉS ET ANECDOTES
Un saint Julien (fête le 17 février) était invoqué contre les brûlures : en 309, il assistait au martyre de onze chrétiens brûlés vifs en Palestine ; "les apôtres étaient douze, vous n'êtes qu'onze" cria-t-il en sautant sur le bûcher faire le douzième !

Saint Julien, (fête le 28 août) fut un martyr au IIIe siècle à Brioude : officier romain converti au christianisme, il avoua sa foi pour partager le sort des martyrs. Il était invoqué lors des épidémies contre la contagion, mais aussi pour retrouver des objets volés.

Saint Julien (fête le 16 mars) martyr au IIIe siècle, sous Dioclétien, fut enfermé dans un sac rempli de vipères que l'on jeta dans la mer. Il était invoqué contre les morsures de serpent.

L'empereur Julien l'Apostat, au IVe siècle, tenta, en vain, de réimposer comme religion officielle les anciennes croyances.

JULIENNE

CHIFFRE : **9** FÊTE : 27 JANVIER

ORIGINE

Julienne est un dérivé féminin de Jules. Voir ce prénom.

HISTOIRE

Sainte Julienne (fête le 16 février) fut martyre à Nicomédie au début du IVᵉ siècle. Sainte Julienne Falconieri (fête le 19 juin), de Florence, fonda un ordre religieux au XIVᵉ siècle. Sur la fin de sa vie, comme elle vomissait tout ce qu'on tentait de lui faire absorber, on lui posa une hostie sur le cœur : l'hostie fut absorbée par sa chair, qui en garda une marque rouge !

CARACTÈRE

Douée d'une grande faculté d'adaptation, elle est tenace et prudente, charmeuse et réservée, et préfère agir seule. Son dynamisme est complété par une intuition très sûre.

CÉLÉBRITÉS ET ANECDOTES

Sainte Julienne de Nicomédie était invoquée lors des accouchements, ou contre la chute des cheveux, et sainte Julienne Falconeri était sollicitée contre les vomissements… Sainte Julienne de Bologne, au Vᵉ siècle, accepta de se séparer de son mari pour qu'il devienne prêtre, et consacra ensuite son temps et sa fortune aux pauvres.

JULIETTE

CHIFFRE : **3** FÊTE : 30 JUILLET

ORIGINE

Juliette est un dérivé féminin de Jules.

HISTOIRE

Sainte Juliette était une riche veuve chrétienne, au IIIᵉ siècle en Turquie. Non content de la spolier, son intendant la dénonça comme chrétienne. Ses derniers biens lui furent confisqués et elle fut brûlée vive.

Une autre sainte Juliette, octogénaire fut, avec six autres vieilles dames, noyée au IIIᵉ siècle en Turquie, parce que chrétienne et pour avoir refusé d'abjurer sa foi.

CARACTÈRE

Elle est impatiente, en amour comme en affaires. Cette nerveuse, pleine de vivacité, se lasse vite de ses soupirants, et s'épuise à trop se disperser. Mais quand elle a trouvé l'âme sœur, elle est d'une fidélité et d'une efficacité qui la rendent méconnaissable. Plutôt que d'avouer ses angoisses, elle préfère jouer la maladroite et la futile.

CÉLÉBRITÉS ET ANECDOTES

Juliette, l'éternelle amoureuse de Roméo.

JULIUS

CHIFFRE : 2 FÊTE : 12 AVRIL

ORIGINE

Julius est un prénom latin. Voir Jules.

CARACTÈRE

L'intelligence est sa qualité principale. Bohème, il ne manque pas cependant de charme. Il recherche avec passion, le vrai dans ses relations. Réaliste, il sait faire preuve d'audace dans son milieu professionnel. Souvent rêveur, il n'en laisse rien voir au dehors, souriant et courtois.

JUST

CHIFFRE : 7 FÊTE : 14 OCTOBRE

ORIGINE

Just, ou Juste, vient du latin *justus*, juste.

HISTOIRE

Saint Just, évêque de Lyon à la fin du IVe siècle, se fit ermite en Égypte (où il mourut) parce que la foule, malgré lui, avait envahi sa cathédrale pour y tuer un criminel qui y avait trouvé refuge.

CARACTÈRE

Ambitieux et honnête, c'est un travailleur rigoureux et organisé, qui aime le travail bien fait. D'un tempérament solitaire, les femmes l'intimident ; mis en confiance, c'est un séducteur discret, un compagnon attentionné.

CÉLÉBRITÉS ET ANECDOTES

CÉLÉBRITÉS ET ANECDOTES

Saint Just (fête le 14 juillet) fut martyrisé au IVe siècle à Constantinople ; soldat romain devenu chrétien, on lui posa sur la tête un casque rougi au feu… Il était invoqué contre la chute des cheveux.

JUSTIN

CHIFFRE : **3** FÊTE : 14 OCTOBRE

ORIGINE

Just, ou Justin vient du latin *justus*, juste.

CARACTÈRE

Joyeux et heureux de vivre, rien ne peut lui faire perdre l'espoir. Peu actif, sa philosophie le pousse à attendre les événements plutôt qu'à les provoquer. Ses défauts sont d'être bavard, et parfois égoïste et jaloux. En amour, c'est un fidèle, mais attention à ne pas le décevoir !

JUSTINE

CHIFFRE : 8 FÊTE : 12 MARS

ORIGINE

Justine est un dérivé féminin de Justin. Voir ce prénom.

HISTOIRE

Sainte Justine, une jeune vierge de Padoue, au IIIe siècle, fut martyrisée parce que chrétienne : on lui transperça les seins avec des poignards.

CARACTÈRE

Plus passionnée que sentimentale, elle aime la gloire, et la fidélité. Avec elle, en amour comme en affaires, pas de tricheries ; elle va droit au but, et s'il y en a qui redoutent sa franchise, d'autres apprécient sa sérénité. Exigeante avec elle, elle l'est aussi avec les autres, en amitié ou en amour.

CÉLÉBRITÉS ET ANECDOTES

Sainte Justine était invoquée contre les douleurs aux seins, mais aussi pour lutter contre l'influence des astrologues. *Justine (ou les malheurs de la vertu)* héroïne du sulfureux marquis de Sade.

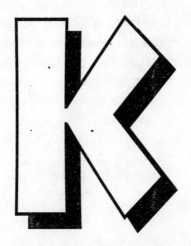

KARIM / KRIM

CHIFFRE : **8**

ORIGINE

Karim vient d'un mot arabe signifiant "généreux".

CARACTÈRE

Possédant le goût du travail collectif, il ne déteste pas pour autant être mis en avant. Réfléchi et honnête, il ne prend pas de décision à la hâte. Doté d'une force de caractère redoutable, il assume.pleinement ses responsabilités, quitte à en bousculer l'ordre établi. S'il est entier dans ses points de vue, l'écoute et la compréhension des autres lui permet d'évoluer dans le bon sens. Sentimentalement, c'est un fidèle qui, pour le rester, saura tenir tête aux entreprises de séduction de celles qui voudraient partager l'intimité de ce fonceur.

KARINE

CHIFFRE : **4** FÊTE : 7 NOVEMBRE

ORIGINE

Karine est une version nordique de Carine. Voir ce prénom.

CARACTÈRE

Elle est adaptable à tout, mène sa vie professionnelle avec prudence et ténacité. Les idées nouvelles la dynamisent et son intuition lui permet de poursuivre les projets les plus fous. Son besoin d'isolement peut parfois créer des tensions. Solitude qui se retrouve souvent dans sa vie intime. Mais cette mystérieuse a le culte de l'amour vrai, et de l'amitié.

KÉVIN

CHIFFRE : **7** FÊTE : 3 JUIN

ORIGINE

Kévin vient d'un mot celtique signifiant "pur".

HISTOIRE

Saint Kévin fonda au VIIᵉ siècle un monastère en Irlande (il est le patron de la ville de Dublin). Ermite, il passait des mois entiers à prier adossé à un arbre, les bras en croix.

CARACTÈRE

Il est sincère dans ses amitiés et ses amours. D'un naturel discret, c'est la passion de son métier ou du sport qui le rend si actif. Parfois capricieux, ses rapports amicaux sont à la fois distants et rares. Charmant et gourmand, il plaît aux femmes. Lucide en amour, il prend son temps avant de s'engager.

CÉLÉBRITÉS ET ANECDOTES

Saint Kévin, parce que les oiseaux se posaient sur ses bras en croix, était le protecteur des oiseaux, comme le sera saint François d'Assise plus tard.

KILIAN

CHIFFRE : **2**

ORIGINE

Kilian est un prénom d'origine celte.

CARACTÈRE

Sous des dehors assurés, c'est un grand sensible. Imaginatif, fringant, il adore séduire, quitte à se révéler volage. Son à-propos et son charme lui permettent d'exceller dans les métiers de commerce. Mais son manque de rigueur parfois, peut le desservir. Toutefois, il finit toujours par retomber sur ses pieds ; la chance, qui aime les séducteurs, est avec lui. Surtout qu'il est prêt à la bousculer, et à aider le hasard à lui être favorable, par des moyens pas toujours très orthodoxes...

KLAUS

CHIFFRE : **1** FÊTE : 6 DÉCEMBRE

ORIGINE
Klaus est la forme germanique de Nicolas. Voir ce prénom.

CARACTÈRE
Il s'épanouit facilement en société. Il tombe aussi fréquemment amoureux. Il aime l'indépendance, mais sait aussi écouter, et obéir. C'est un inventif qui préfère la création à la routine. En amour, c'est un compagnon attentif et agréable, quand il décide de se fixer.

KURT

CHIFFRE : **7** FÊTE : 26 NOVEMBRE

ORIGINE
Kurt est un dérivé de Conrad. Voir ce prénom.

CARACTÈRE
Séducteur, il est instable dans sa vie affective, mais très apprécié de ses nombreux amis. C'est un rebelle qui a des difficultés à se plier à une discipline. Il est brillant, et généreux au point de promettre ce qu'il n'a pas. En amour, il apporte sa fougue et sa loyauté, quand il a trouvé la femme de sa vie.

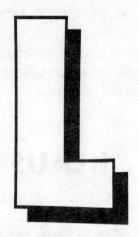

LAETITIA

CHIFFRE : **5** FÊTE : 18 AOÛT

ORIGINE

Laetitia, en latin, signifie "joie".

CARACTÈRE

Sérieuse dans sa vie professionnelle, elle entretient, dans sa vie privée, un fouillis continuel, qui se retrouve dans ses amitiés et ses amours. Rien ne se passe jamais comme elle le souhaite. Cependant, elle arrive toujours à s'en sortir. Elle adore gagner, mais sait se montrer aussi bonne perdante.

CÉLÉBRITÉS ET ANECDOTES

Lætitia Bonaparte, mère de l'empereur Napoléon Ier, qui refusa d'assister à son couronnement parce qu'il se montrait trop irrespectueux à l'égard du pape et à laquelle on doit cette expression fataliste, quand à l'épopée de son fils : pourvu que ça dure…

LAMBERT

CHIFFRE : **8** FÊTE : 17 SEPTEMBRE

ORIGINE
Lambert vient du germanique *land*, et *behrt*, brillant.

HISTOIRE
Saint Lambert, évêque de Maastricht fut, en 705, assassiné par Pépin de Herstal, maire du palais d'Austrasie, auquel il s'opposait politiquement et reprochait, en outre, son concubinage (dont Charles Martel fut le fruit).

CARACTÈRE
Possédant le goût du travail collectif, réfléchi et honnête, il ne prend pas de décision à la hâte. Doté d'une force de caractère redoutable, il assume pleinement ses responsabilités, quitte à en bousculer l'ordre établi. S'il est entier dans ses points de vue, l'écoute et la compréhension des autres lui permet d'évoluer dans le bon sens. Sentimentalement, c'est un fidèle qui, pour le rester, saura tenir tête aux séductions de celles qui voudraient partager l'intimité de ce fonceur.

CÉLÉBRITÉS ET ANECDOTES
Saint Lambert était invoqué contre les maux de reins.

LARA

CHIFFRE : **8** FÊTE : 26 MARS

ORIGINE
Lara est le nom d'une nymphe séduite par Hermès, dans la mythologie gréco-latine.

HISTOIRE
Sainte Lara est une jeune martyre grecque du IVe siècle

CARACTÈRE
Intelligente, travailleuse, elle manque de spontanéité, et peut paraître froide. Il faut pour l'apprécier, la fréquenter longtemps. Sa générosité sincère reste discrète. Elle a le goût du luxe ce qui parfois lui fait faire des choix plus superficiels qu'utiles. Séduisante, elle sait se faire pardonner ses écarts.

LARISSA

CHIFFRE : **6** FÊTE : 26 MARS

ORIGINE
Larissa est une variante de Lara. Voir ce prénom.

CARACTÈRE
Sereine en toutes circonstances, agréable, sa conversation est recherchée. Son intelligence se double de gentillesse et bonté. Son solide sens pratique se double d'une obstination qui peut aller jusqu'à l'entêtement.

LARS

CHIFFRE : **5** FÊTE : 10 AOÛT

ORIGINE
Lars est un diminutif de Laurent. Voir ce prénom.

CARACTÈRE
Simple et discipliné, il aime le travail bien fait. Ce bavard sait, cependant, garder secrets et confidences. D'une morale irréprochable, ce n'est ni un arriviste, ni un opportuniste. S'il est autoritaire dans les situations de crise, la colère n'est pas dans ses habitudes. Diplomate, il arrive à ce qu'il souhaite. En amour, c'est un compagnon fidèle et attentionné, qui aime surprendre.

LARRY

CHIFFRE : **2** FÊTE : 10 AOÛT

ORIGINE
Larry est un diminutif de Laurent. Voir ce prénom.

CARACTÈRE
Curieux et passionné, il lui arrive d'oublier ceux qui l'entourent. D'une grande sensibilité, il a besoin d'être rassuré constamment. Gai et honnête, sa famille est sa plus grande réussite. Ses amitiés sont hétéroclites. Même s'il joue parfois au beau parleur, il reste fidèle à sa compagne.

LAURA / LAUREN

CHIFFRE : **8** FÊTE : 19 OCTOBRE

ORIGINE
Laura, Laure, sont des dérivés féminins de Laurent. Voir ce prénom.

CARACTÈRE
Elle a tendance, sentimentalement, à trop vite s'emporter, puis à se laisser dévorer par l'incertitude. Mais l'instabilité amoureuse n'est pas pour déplaire à cette affectueuse romantique qui déteste la routine et sait qu'elle peut compter sur ses amis, car elle en a beaucoup…

LAURE / LAURETTE

CHIFFRE : **3** FÊTE : 19 OCTOBRE

ORIGINE
Laura, Laure, sont des dérivés féminins de Laurent.

HISTOIRE
Sainte Laure fut, au IXe siècle, torturée et mise à mort à Cordoue pour avoir refusé d'embrasser l'islam.

CARACTÈRE
C'est une impatiente, en amour comme en affaires. Cette nerveuse, pleine de vivacité, se lasse vite de ses soupirants. Mais quand elle a trouvé l'âme sœur, elle est d'une fidélité et d'une efficacité qui la rendent méconnaissable. Plutôt que d'avouer ses angoisses, elle préfère jouer la maladroite, et cacher le sérieux de ses projets sous une apparente futilité.

CÉLÉBRITÉS ET ANECDOTES
Une Laure, en Provence, inspira le poète Pétrarque, au XIVe siècle…

LAUREEN

CHIFFRE : **4**

ORIGINE
Laureen est un diminutif anglo-saxon de Laure. Voir ce prénom.

CARACTÈRE

Volontaire et possessive, sa vie amoureuse est intense. Active, elle ne tient pas en place. Sa moralité s'adapte aux situations qu'elle affronte. Capricieuse et insatisfaite, elle peut vite changer d'avis. L'amitié la touche profondément et fait ressortir ce qu'il y a de meilleur en elle. Sensible et douce, elle ne le montre que très rarement ne souhaitant pas trop dévoiler cette fragilité. Amoureuse, elle est exclusive. Pour autant, cela ne l'empêche pas d'être lucide et exigeante sur ses relations de couple.

LAURENCE

CHIFFRE : 7 FÊTE : 8 OCTOBRE

ORIGINE

Laurence est un dérivé féminin de Laurent. Voir ce prénom.

HISTOIRE

Sainte Laurence était l'esclave chrétienne d'une riche patricienne d'Ancône au début du IVᵉ siècle. Tout ce que sa maîtresse lui offrait, elle le donnait aux pauvres. Émue par tant de générosité, sa maîtresse demanda à se convertir au christianisme ; elles en furent, toutes deux, martyrisées.

CARACTÈRE

Elle a tendance, sentimentalement, à trop vite s'emporter, puis à se laisser dévorer par l'incertitude. Mais l'instabilité amoureuse n'est pas toujours pour déplaire à cette romantique qui n'oublie pas que pour recevoir, il faut aussi donner. Elle déteste la routine, et sait se remettre en cause.

CÉLÉBRITÉS ET ANECDOTES

Sainte Laurence était invoquée par les miséreux en quête d'une aide.

LAURENT

CHIFFRE : 1 FÊTE : 10 AOÛT

ORIGINE

Laurent vient du latin *laurus*, le laurier, symbole de la victoire chez les Romains.

HISTOIRE

Diacre du pape Sixte II, saint-Laurent fut arrêté en 258 et pour avoir refusé de livrer le trésor de l'Église à l'empereur, couché sur un gril placé au-dessus d'un brasier. Résistant à des douleurs atroces, il eut le courage de narguer le bourreau : "retourne-moi, maintenant, que l'empereur ait de la viande bien cuite à manger !" Dieu, ému par son supplice, lui aurait accordé la grâce de libérer, tous les vendredis, une âme du purgatoire.

CARACTÈRE

Réfléchi et patient, il est assez individualiste, aimant la lecture et l'écriture. D'apparence nonchalante, c'est en réalité un battant. N'aimant pas être inutile, il est toujours présent au moment propice. D'une nature plutôt gaie, ses ami(e)s l'apprécient beaucoup. Tombant facilement amoureux, il est très possessif avec chacune de ses conquêtes. Il peut se révéler très maladroit voire brutal avec ceux qu'il n'apprécie pas. Influençable, son esprit critique laisse parfois à désirer.

CÉLÉBRITÉS ET ANECDOTES

Saint Laurent était invoqué, martyre oblige, contre les brûlures, mais aussi contre le lumbago ; il est le patron des policiers, des bibliothécaires, des économes (son métier auprès du pape) et de ceux qui sont en contact avec le feu : pompiers, mais aussi rôtisseurs et repasseuses, qui avaient toujours un fer au chaud…

LAZARE

CHIFFRE : **9** FÊTE : 23 FÉVRIER

ORIGINE

Lazare est une déformation du prénom hébreu Éleazar, "celui que Dieu a secouru".

HISTOIRE

Saint Lazare, au IXᵉ siècle, était moine, et peintre ; pour avoir restauré des fresques religieuses détruites dans les couvents par les iconoclastes, on lui brûla les mains. Ayant refusé, lors de son agonie, de pardonner à ses bourreaux, il fut condamné à effectuer un bref séjour au purgatoire.

CARACTÈRE

Il est doué d'une grande faculté d'adaptation. Tenace et charmeur, il sait mener à bien ses entreprises. Créatif, il préfère agir seul. Sous son apparente indifférence, il mûrit ses projets, car il est fier, et n'aime pas l'échec. Son dynamisme est complété par une intuition très sûre.

CÉLÉBRITÉS ET ANECDOTES

Saint Lazare de Constantinople était le patron des peintres et des sculpteurs ; on l'invoquait contre les rhumatismes dans les bras et les mains, et aussi contre la colère… Saint Luc, dans son *Évangile*, parle d'un Lazare pauvre, mais secourable, opposé au mauvais riche. C'est sous l'autorité de ce saint Lazare-là (dont on met en doute l'authenticité) que furent placés, pendant les croisades, les hôpitaux pour lépreux, les lazarets. Il était invoqué contre la lèpre. À ne pas confondre avec le Lazare que Jésus ressuscita à la demande de sa sœur Marthe, et qui est fêté en même temps qu'elle, le 29 juillet.

LÉA

CHIFFRE : **9** FÊTE : 22 MARS

ORIGINE

Léa vient du verbe latin *lætare*, se réjouir.

HISTOIRE

Sainte Léa, une riche veuve du IVe siècle consacra sa fortune à l'établissement d'un monastère, sous l'autorité de saint Jérôme, et mourut prématurément, à force de privations.

CARACTÈRE

D'un tempérament ferme, elle est appréciée pour sa rigueur et sa franchise. Scrupuleuse et honnête, elle réussit ce qu'elle entreprend dans sa vie professionnelle. Généreuse avec ses proches, elle n'en a pas moins un sens aigu de l'économie. Bien organisée dans sa vie, la solitude ne lui pèse guère. Sociable, elle est aimée pour sa bonne humeur et sa gentillesse. Équilibrée, c'est une femme qui profite des plaisirs que lui offre l'existence. L'amour, le flirt sont parmi ses passe-temps favoris. Elle aime les hommes, mais s'engage sans déplaisir dans le mariage.

LEE

CHIFFRE : **4** FÊTE : 10 NOVEMBRE

ORIGINE

Lee est un dérivé anglo-saxon de Léon. Voir ce prénom.

CARACTÈRE

Actif, honnête, opiniâtre, il ne manque pas de réussite. Il déteste la solitude, et s'entoure volontiers d'amis auxquels il présente les multiples conquêtes d'une vie sentimentale très agitée. La recherche de la perfection féminine sert d'alibi à ce séducteur impénitent.

LEÏLA / LAYLA

CHIFFRE : **3**

ORIGINE

Leïla vient d'une locution arabe signifiant "belle aux yeux noirs".

CARACTÈRE

Elle est impatiente, en amour comme en affaires. Cette nerveuse, pleine de vivacité, se lasse vite de ses soupirants. Mais quand elle a trouvé l'âme sœur pour son foyer et le compagnon sûr dans son travail, elle est d'une fidélité et d'une efficacité qui la rendent méconnaissable. Plutôt que d'avouer ses angoisses, elle préfère jouer la maladroite et la futile.

LÉO

CHIFFRE : **5** FÊTE : 10 NOVEMBRE

ORIGINE

Léo est un dérivé de Léon. Voir ce prénom.

CARACTÈRE

Il est parfois d'une naïveté déconcertante. Rapide et précis, il mène ses projets et sa vie jusqu'au succès. Il est apprécié de son entourage. En amour, il n'hésite pas à s'engager, à chaque fois, définitivement, même s'il a parfois, besoin de solitude pour se ressourcer.

LÉON

CHIFFRE : **1** FÊTE : 10 NOVEMBRE

ORIGINE

Léon vient du latin *leo*, le lion.

HISTOIRE

Saint Léon Ier, pape de 440 à 461, fut surnommé "Le Grand" à cause de son érudition, mais aussi pour avoir réussi à dissuader Attila de ravager Rome en lui proposant, il est vrai, un gros dédommagement financier. Trois ans plus tard, il eut moins de persuasion avec Genséric, roi des Vandales, qui lui, pilla la ville ; mais Léon obtint qu'il en épargne les habitants.

CARACTÈRE

Il s'épanouit facilement en société. Il tombe aussi fréquemment amoureux. Il aime l'indépendance, mais sait aussi écouter, et obéir aux autres, pour apprendre. C'est un inventif qui préfère la création à la routine.

CÉLÉBRITÉS ET ANECDOTES

Saint Léon II, pape de 681 à 683, et compositeur de chants grégoriens, était le patron des musiciens. Saint Léon, né à Carentan au IXe siècle, évêque de Rouen, alla évangéliser dans les Pyrénées, où il aurait démontré son pouvoir de rendre les ours inoffensifs (raison pour laquelle, ensuite, on l'invoquait) et où les Sarrasins le décapitèrent. Les Léon furent nombreux entre les XIXe et XXe siècles : Léon Gambetta, Léon Trotski et Léon Blum en politique, Léon Tolstoï et Léon Bloy en littérature…

LÉONARD

CHIFFRE : **6** FÊTE : 6 NOVEMBRE

ORIGINE

Léonard est un dérivé de Léon. Voir ce prénom.

HISTOIRE

Léonard de Noblat, au VIe siècle, ermite, passait pour guérisseur. La reine d'Aquitaine ne parvenait pas à mettre un enfant au monde ; il lui fit une imposition des mains, et la délivra. Il avait été auparavant conseiller de Clovis.

CARACTÈRE

D'un caractère fort, il est ouvert au monde et avide de réussite. Intelligent, volontaire et rigoureux, il reste maître de lui en toutes circonstances. Lucide, il fait preuve de beaucoup de réserve et s'attache difficilement ; mais lorsqu'il a fait son choix, il est très fidèle en amitié, et en amour.

CÉLÉBRITÉS ET ANECDOTES

Saint Léonard était invoqué lors des accouchements… Un autre saint Léonard, fondateur au VIe siècle d'une l'abbaye près du Mans était invoqué contre la surdité. Saint Léonard de Turin, au XIXe siècle (fête le 30 mars), suggéra aux patrons italiens de ne faire travailler leurs ouvriers que 8 heures par jour, ce qui lui valut quolibets et injures.

Léonard de Vinci, génie universel.

LÉONCE

CHIFFRE : **9** FÊTE : 18 JUIN

ORIGINE

Léonce est un dérivé de Léon. Voir ce prénom.

HISTOIRE

Saint Léonce, frère de Côme, Damien, Anthime et Euprèpe, fut martyrisé avec eux en Cilicie pour avoir refusé d'abjurer sa foi chrétienne, au IVe siècle. Saint Léonce (fête le 15 novembre) né à Saintes au VIe siècle, était général quand il fut touché par la grâce ; il se sépara, avec son accord, de sa femme (qui devint sainte Placidine) et fut évêque de Bordeaux pendant vingt-quatre ans.

CARACTÈRE

Il est doué d'une grande faculté d'adaptation. Tenace et prudent, il sait mener à bien ses entreprises. Créatif, il préfère agir seul, après une longue élaboration de ses projets. Son dynamisme est complété par une intuition très sûre.

CÉLÉBRITÉS ET ANECDOTES

Un autre Saint Léonce, évêque de Fréjus au Ve siècle était invoqué contre les fatigues de la vieillesse.

LÉOPOLD

CHIFFRE : **7** FÊTE : 15 NOVEMBRE

ORIGINE

Léopold vient du latin *leo*, lion, et du germanique *bald*, hardi.

HISTOIRE

Saint Léopold IV, duc d'Autriche au XIIe siècle, traita ses sujets en respectant les commandements des Évangiles ce qui, pour l'époque, était louable. Le pape Innocent VIII le canonisa en 1485. De son vivant, Léopold IV, auquel échappa la couronne impériale, entreprit la construction de plusieurs monastères, et la conquête de territoires aux dépens du roi de Hongrie ; de son épouse Agnès, il n'eut pas moins de dix-huit enfants.

CARACTÈRE

Intelligent, il prend de la distance par rapport aux événements. Exigeant avec son entourage, mais disponible, il trouve toujours les mots pour expliquer une situation. Le charme et la bonne humeur font sa séduction. Il aime le naturel et l'esprit d'initiative chez les femmes, et déteste la sophistication.

LEWIS

CHIFFRE : **5** FÊTE : 25 AOÛT

ORIGINE

Lewis est un diminutif anglo-saxon de Louis.

CARACTÈRE

D'aspect froid, il a du mal à montrer ses sentiments. C'est un intellectuel qui peut manquer de réalisme et de goût pour l'aventure. Il fait preuve d'une grande assurance dans son travail. Dabs l'intimité, il s'avère être un humoriste agréable et original, surtout auprès des femmes.

LILIANE

CHIFFRE : 7

ORIGINE

Liliane est un diminutif d'Élisabeth. Voir ce prénom.

CARACTÈRE

Discrète et douce, elle est sincère dans ses amitiés et ses amours. Elle a la passion de son métier. Parfois capricieuse, ses rapports amicaux sont à la fois distants et rares. Charmante et gourmande, elle plaît aux hommes. Lucide en amour, elle prend son temps avant de s'engager.

LINDA

CHIFFRE : 4

ORIGINE

Linda est une contraction d'Adelinda, diminutif d'Adèle. Voir ce prénom.

CARACTÈRE

Elle mène sa vie avec prudence et ténacité. Originale et créative, les idées nouvelles la dynamisent. Son besoin d'isolement peut parfois créer des tensions dans son travail. Solitude qui se retrouve souvent dans sa vie intime. Mais cette mystérieuse a le culte de l'amour vrai, et de l'amitié.

LIONEL

CHIFFRE : 4 FÊTE : 10 NOVEMBRE

ORIGINE

Lionel est un dérivé de Léon. Voir ce prénom.

CARACTÈRE

Il est parfois difficile de le raisonner. Engagé, il se bat pour défendre ses points de vue. Convivial et chaleureux, il apprécie particulièrement les réunions de famille. Tendre avec sa compagne, il est parfois trop protecteur avec ses enfants. Modeste et intelligent, il apprécie qu'on lui résiste, à condition de lui démontrer pourquoi. En amour, il est possessif et jaloux.

LISA

CHIFFRE : **5** FÊTE : 17 NOVEMBRE

ORIGINE

Lisa est un diminutif d'Élisabeth. Voir ce prénom.

CARACTÈRE

Elle a un caractère bouillonnant, voire brouillon, tant elle aime la vie, et la vivacité. Intuitive, elle est aussi fantaisiste. Émotive, sensible, et sensuelle, elle est aussi capable, malgré son attrait pour la nouveauté, d'une grande fidélité. Même si elle déteste la vie sédentaire. C'est un feu follet dont l'éclat illumine son entourage.

LISE

CHIFFRE : **9** FÊTE : 17 NOVEMBRE

ORIGINE

Lise est un diminutif d'Élisabeth. Voir ce prénom.

CARACTÈRE

Belle et charmante, elle est dotée d'un fort caractère, proche, parfois, de l'entêtement. Avec elle, il faut faire preuve de patience ! Gracieuse, elle ne fait mystère ni de ses déconvenues, ni de ses joies. Volontaire, elle aime être la meilleure en tout et elle met tout en œuvre pour y arriver. Curieuse et intuitive, elle aime les voyages. L'amour est pour cette idéaliste, qui a parfois du mal à assumer les exigences terrestres, une source d'apaisement et d'équilibre.

LISON

CHIFFRE : **6** FÊTE : 17 NOVEMBRE

ORIGINE

Lison est un diminutif d'Élisabeth. Voir ce prénom.

CARACTÈRE

Sérieuse et d'humeur toujours égale, c'est une rêveuse. Calme et sereine, elle est très appréciée de son entourage, professionnel ou privé. Ses passions amoureuses sont souvent orageuses. Elle attend de ses compagnons de vie le respect de son indépendance et de sa personnalité. Mais cette charmeuse un peu rouée a de nombreux atouts pour convaincre, quand elle le veut vraiment.

LIZ

CHIFFRE : **2** FÊTE : 17 NOVEMBRE

ORIGINE

Liz est un diminutif anglo-saxon d'Élisabeth. Voir ce prénom.

CARACTÈRE

L'intelligence est sa qualité principale. Peu coquette, elle ne manque pas cependant de charme et de séduction. Elle recherche avec passion le vrai dans ses relations intimes et professionnelles. Réaliste, elle sait faire preuve d'audace. Sous son sourire se cache sa nature rêveuse.

CÉLÉBRITÉS ET ANECDOTES

Liz Taylor, Cléopâtre hollywoodienne.

LOÏC

CHIFFRE : **3** FÊTE : 25 AOÛT

ORIGINE

Loïc est un diminutif celte de Louis.

CARACTÈRE

De caractère entier, il refuse systématiquement les compromissions. Résolu et imaginatif, intelligent, ambitieux, il met tout en œuvre pour progresser. Il peut être sévère avec son entourage professionnel, mais se montre tendre et agréable en famille. L'amour est pour lui source de plaisir et de séduction, qui savoure les femmes comme un gastronome le bon vin…

LOLA

CHIFFRE : **4**

ORIGINE

Lola et Lolita sont des dérivés de Dolorès. Voir ce prénom.

CARACTÈRE

Combative et parfois coléreuse, intelligente et ambitieuse, elle s'engage avec beaucoup de conviction dans tout ce qu'elle fait. Imaginative, les projets sont là mais le manque de réalisme la conduit souvent à l'échec. Chaleureuse en famille et avec ses ami(e)s. Séduisante, elle apprécie les regards admiratifs. Dans son intimité, elle aime être dorlotée et gâtée. Peu expansive à l'extérieur, elle est tout le contraire à l'intérieur. Honnête et fidèle, elle aime sans compter une fois qu'on l'a conquise.

LOLITA

CHIFFRE : **4**

ORIGINE

Lola et Lolita sont des dérivés de Dolorès. Voir ce prénom.

CARACTÈRE

Calme et organisée, elle est toujours agréable et souriante. Aucune tâche ne la rebute, tout semble lui plaire. Gaie, elle sait apprécier chaque instant de la vie. C'est une femme d'intérieur qui aime recevoir. Heureuse en ménage rien ne semble l'arrêter dans la conquête de son bonheur.

LORÈNE

CHIFFRE : **6**

ORIGINE

Lorène est un diminutif de Laure. Voir ce prénom.

CARACTÈRE

D'un caractère fort, elle est ouverte au monde et ne souhaite qu'une seule chose : réussir. Lucide sur son milieu professionnel, elle s'attache peu.

Dans le privé, elle privilégie les ami(e)s de longue date. En amour, elle réfléchit longtemps avant de s'abandonner ; mais cette froide en apparence peut se révéler une passionnée, à qui sait lui embraser le cœur.

LORENZO

CHIFFRE : **6** FÊTE : 10 AOÛT

ORIGINE
Lorenzo est un dérivé italien de Laurent. Voir ce prénom.

CARACTÈRE
Serein en toutes circonstances, son caractère est franc et agréable. Subtil et spirituel, quoique timide, sa conversation est recherchée. Son solide sens pratique se double d'une obstination qui peut aller jusqu'à l'entêtement.

LORRAINE

CHIFFRE : **2**

ORIGINE
Lorraine est un diminutif de Laure. Voir ce prénom.

CARACTÈRE
L'intelligence est sa qualité principale. Peu coquette, elle ne manque pas cependant de charme. Réaliste, elle sait faire preuve d'audace dans son milieu professionnel. Souvent rêveuse, elle n'en laisse rien voir au dehors, souriante et joyeuse.

LOU

CHIFFRE : **3** FÊTE : 15 MARS

ORIGINE
Lou est un dérivé féminin de Louis. Voir ce prénom.

CARACTÈRE

Heureuse de vivre, elle a une gaieté communicative. Optimiste forcenée, rien ne peut lui faire perdre l'espoir. Sa philosophie la pousse à attendre les événements plutôt que de les provoquer. Ceux qui la prennent pour une bavarde superficielle se trompent. Derrière la cigale, se cache une fourmi qui atteint toujours les objectifs qu'elle s'est fixés, en affaires comme en amour. En amour, elle refuse la frivolité, exige la fidélité et se révèle capable d'une passion insoupçonnée.

LOUIS

CHIFFRE : **4** FÊTE : 25 AOÛT

ORIGINE

Louis vient du germanique *hlod,* gloire, et *wig,* combat, "le glorieux combattant", qui a donné Clovis, puis Louis. Luigi est sa version italienne, Ludwig sa version allemande.

HISTOIRE

Saint Louis IX (1214-1270) roi de France célèbre pour sa piété, organisa deux croisades (il mourut lors de la seconde).

CARACTÈRE

Introverti et timide en public, il se met peu en avant. Modeste et simple, il n'en est pas moins ambitieux, et fait preuve de beaucoup d'acharnement, dans sa vie professionnelle comme dans sa vie amoureuse. Fidèle et solide, attentionné, il est aussi apprécié par ses amis que par les femmes de sa vie.

CÉLÉBRITÉS ET ANECDOTES

Le roi saint Louis, patron des pâtissiers et des coiffeurs, était invoqué pour faire mûrir les abcès.

Saint Louis de Gonzague (fête le 21 juin) quitta une famille princière (qui donna deux cardinaux en une génération) pour entrer chez les jésuites à la fin du XVIe siècle ; il mourut lors d'une épidémie en soignant des malades.

Prénom préféré des rois de France, des musiciens, van Beethoven et Amstrong, de romanciers, Pergaud et Aragon.

LOUISE / LOUISETTE

CHIFFRE : **9** FÊTE : 15 MARS

ORIGINE

Louise et Louisette sont des dérivés féminins de Louis.

HISTOIRE

Sainte Louise de Marillac assista saint Vincent de Paul dans la fondation de l'ordre des Filles de la Charité, au service des orphelins et des malades pauvres.

CARACTÈRE

C'est une passionnée qui recherche l'amour et l'amitié. Courageuse et audacieuse, elle séduit par son équilibre et son dynamisme. Elle a une grande vitalité et lorsqu'un obstacle se dresse sur sa route, elle ne le contourne pas, mais en part à l'assaut.

CÉLÉBRITÉS ET ANECDOTES

Louise Michel, au XIXᵉ siècle, milita pour la liberté des femmes.

LOUISON

CHIFFRE : **6** FÊTE : 25 AOÛT

ORIGINE

Louison est un diminutif de Louis. Il peut s'employer au masculin ou au féminin.

CARACTÈRE

D'une nature tendre et discrète, il(elle) est curieux(se) de tout. Intelligent(e) et fin(e), il(elle) séduit par sa réserve et ses allures de poète(sse). Honnête et juste, il(elle) réfléchit toujours avant de prendre de grandes décisions. Son milieu professionnel n'est pas celui où il(elle) s'épanouit le plus. Il(elle) choisit avec soin ses amis et ses conquêtes. Peu expansif(ve) en amour, ses sentiments sont parfois difficiles à cerner, d'autant qu'à l'amour, cet amoureux(se) de voyages, de rencontres et d'aventure peut préférer l'indépendance.

LOUP

CHIFFRE : **1** FÊTE : 29 JUILLET

ORIGINE
Loup vient du latin *lupus*, le loup (animal protecteur de Rome, une louve ayant Romulus, le fondateur de la ville).

HISTOIRE
Saint Loup, né à Toul et évêque de Troyes réussit en 451 à convaincre Attila d'épargner son diocèse. Les bergers, dont il était le patron, l'invoquaient pour mettre en fuite les loups comme il avait su mettre en fuite Attila.

CARACTÈRE
Il aime le contact avec autrui, ne s'épanouit qu'en société. Mari fidèle, il apprécie le succès. Sa liberté, il est capable de la mettre au service de la collectivité, qui saura récompenser l'esprit d'initiative et le dévouement de cet altruiste.

CÉLÉBRITÉS ET ANECDOTES
Saint Loup, de Limoges, un évêque qui guérissait ses fidèles par imposition des mains. au VIIe siècle. On l'invoquait contre les maladies des intestins. Loup ne s'emploie guère que composé avec Jean (Jean-Loup).

LUC

CHIFFRE : **9** FÊTE : 18 OCTOBRE

ORIGINE
Luc vient du latin *lux*, la lumière.

HISTOIRE
Médecin d'origine grecque, saint Luc se convertit au christianisme lorsqu'il rencontre saint Paul. À partir des témoignages qu'il recueille, il rédige son Évangile ; c'est le seul des quatre évangélistes à n'avoir pas côtoyé le Christ. Ordonné prêtre, il devient évêque de Macédoine jusqu'en 66. À la mort de Paul, il repart en Grèce et meurt vers 90 ans.

CARACTÈRE
Secret et cérébral, il est d'un tempérament réservé. Agréable en famille, il aime être entouré. Travailleur, généreux, il défend les autres avec convic-

tion. Parfois entêté, mais rarement en colère, il est affectueux avec celle qui partage sa vie. Lucide en amour et en amitié, il est protecteur avec ses proches.

CÉLÉBRITÉS ET ANECDOTES
Saint Luc, patron des sculpteurs et des chirurgiens, était invoqué contre l'impuissance masculine.

LUCAS

CHIFFRE : **2** FÊTE : 18 OCTOBRE

ORIGINE
Lucas est un diminutif de Luc. Voir ce prénom.

CARACTÈRE
L'intelligence est sa qualité principale. Bohème, il ne manque pas cependant de charme. Il recherche avec passion le vrai dans ses relations. Réaliste, il sait faire preuve d'audace dans son milieu professionnel. Souvent rêveur, il n'en laisse rien voir au dehors, souriant et joyeux.

LUCIA

CHIFFRE : **1** FÊTE : 13 DÉCEMBRE

ORIGINE
Lucia est un dérivé féminin méditerranéen de Luc.

CARACTÈRE
D'une nature sensible et généreuse, elle fait preuve d'une grande sincérité dans ses sentiments. Parfois coléreuse, travailleuse, sûre d'elle, elle sait prendre des décisions rapides. Grande amoureuse, elle sait rester fidèle à celui qu'elle aime.

LUCE / LUCIE

CHIFFRE : **5** FÊTE : 13 DÉCEMBRE

ORIGINE

Lucie et Luce sont des dérivés féminins de Luc. Voir ce prénom.

HISTOIRE

Sainte Lucie, une jeune Sicilienne à la fin du IIIe siècle, fut dénoncée comme chrétienne par un soupirant éconduit. Elle fut condamnée à être enfermée dans une maison de prostitution, mais personne ne parvint à l'arracher du tribunal ; on tenta de la traîner avec des bœufs, mais elle paraissait indéracinable. Alors on mit le feu sous ses jambes et ses pieds ; en vain. Il fallut, en dernier recours, lui trancher la gorge.

CARACTÈRE

Bavarde, élégante et raffinée, elle aime être en société. La discrétion, chez cette sentimentale, n'est par la qualité première. Pas farouche, frivole, elle aime se faire de nouveaux amis.

CÉLÉBRITÉS ET ANECDOTES

On invoquait sainte Lucie pour améliorer sa vue, et contre la dysenterie.

LUCIEN

CHIFFRE : **1** FÊTE : 8 JANVIER

ORIGINE

Lucien est dérivé de Luc, mais provient aussi de *Lucianus*, famille romaine.

HISTOIRE

Saint Lucien, prêtre romain venu évangéliser le nord de la Gaule fut martyrisé dans la région de Beauvais, au IIIe siècle.

CARACTÈRE

D'une nature très sensible et généreuse, il fait preuve d'une grande sincérité dans ses sentiments. Grand travailleur, sûr de lui, il sait prendre des décisions rapides. Il a du mal à admettre que les gens ne soient pas tous à son image. Grand amoureux, il sait rester fidèle à celle qu'il aime.

CÉLÉBRITÉS ET ANECDOTES

Saint Lucien était invoqué contre l'impétigo.

LUCILE

CHIFFRE : **8** FÊTE : 17 NOVEMBRE

ORIGINE

Lucile, comme Lucie, est un dérivé de Luc. Voir ces prénoms.

CARACTÈRE

Sensible, délicate et timide, elle est, aussi, susceptible. Même si elle paraît gaie et souriante, elle n'apprécie guère les critiques, même amicales, qu'on peut lui faire. Originale, sensible, elle émeut par une parole. Elle rêve du grand amour, et, à force de ténacité, finit par le trouver ; mais même le bonheur de vivre à deux n'entame pas sa volonté de réussite.

LUCRÈCE

CHIFFRE : **4** FÊTE : 15 MARS

ORIGINE

Lucrèce est un prénom romain.

HISTOIRE

Sainte Lucrèce, née à Cordoue dans une famille musulmane au IXe siècle, fut tuée par ses parents pour s'être convertie au christianisme, et son corps jeté dans le Guadalquivir ; mais il flotta miraculeusement jusqu'à ce que les chrétiens le recueillent et l'enterrent religieusement.

CARACTÈRE

D'apparence timide et réservée, elle est cependant très volontaire et arrive où elle a décidé d'aller. Intelligente et ambitieuse, elle sait se faire respecter de tous. Aimant famille et ami(e)s, elle leur reste fidèle et dévouée. Elle est aussi à l'aise dans les fêtes que dans le travail collectif. En amour, c'est une ardente et une exclusive.

CÉLÉBRITÉS ET ANECDOTES

Sainte Lucrèce était invoquée pour venir en aide aux enfants martyrs Elle était aussi invoquée contre les accidents digestifs dus à des arêtes de poisson, car sa légende prétendait que son corps avait pu flotter sur le Guadalquivir grâce aux poissons qui s'étaient groupés pour le maintenir à la surface.

Lucrèce Borgia, aussi belle que perverse : nièce d'un pape de la Renaissance (qui était loin d'être un saint homme) elle fut la maîtresse de son frère. Tout le contraire d'une autre Lucrèce, Romaine au IVe siècle av. J.-C., qui préféra se poignarder plutôt que d'être infidèle à son mari.

LUCY

CHIFFRE : **7** FÊTE : 13 DÉCEMBRE

ORIGINE
Lucy est un dérivé féminin anglo-saxon de Luc.

CARACTÈRE
Elle a tendance, sentimentalement, à trop vite s'emporter. Mais l'instabilité amoureuse n'est pas toujours pour déplaire à cette romantique qui n'oublie pas que pour recevoir, il faut aussi donner. Elle déteste la routine, et se remet souvent en cause.

LUDIVINE

CHIFFRE : **6**

ORIGINE
Ludivine est un dérivé féminin de Louis.

CARACTÈRE
Sa gentillesse fait d'elle une séductrice qui s'ignore. Optimiste dans les pires moments, elle sait faire preuve de courage. Elle aime rire et apprécie la fidélité en amitié et en amour.

LUDMILLA

CHIFFRE : **3** FÊTE : 16 SEPTEMBRE

ORIGINE
Ludmilla vient du germanique *hirt*, peuple, et *mund*, protection.

HISTOIRE

Sainte Ludmilla, veuve d'un duc de Bohème à la fin du Xe siècle, fut chargée de l'éducation de son petit-fils, Venceslas, dont elle fit un saint. Sa belle-fille (qui était païenne), jalouse de son autorité morale, la fit assassiner.

CARACTÈRE

D'un tempérament réservé, qu'on prend pour de la timidité, elle est en réalité gaie. Intelligente, elle manque souvent de confiance en elle. Volontaire dans son travail, tendre avec son compagnon, elle cultive fidélité et sincérité.

CÉLÉBRITÉS ET ANECDOTES

Sainte Ludmilla était invoquée pour venir en aide aux parents maltraités par leurs enfants.

LUDOVIC

CHIFFRE : **5** FÊTE : 25 AOÛT

ORIGINE

Ludovic est un dérivé de Louis. Voir ce prénom.

CARACTÈRE

Raisonnable, d'aspect froid, il a du mal à montrer ses sentiments. C'est un intellectuel qui peut manquer de réalisme et de goût pour l'aventure. Il fait preuve d'une grande assurance dans son travail. Dans l'intimité, il s'avère être un humoriste agréable et original, surtout auprès des femmes.

LUDWIG

CHIFFRE : **4** FÊTE : 25 AOÛT

ORIGINE

Ludwig est la version allemande de Louis. Voir ce prénom.

LUIGI

CHIFFRE : **4** FÊTE : 25 AOÛT

ORIGINE
Luigi est la version italienne de Louis. Voir ce prénom.

LUIS

CHIFFRE : **7** FÊTE : 25 AOÛT

ORIGINE
Luis est un diminutif espagnol de Louis.

CARACTÈRE
Il a tendance, sentimentalement, à trop vite s'emporter, puis à se laisser dévorer par l'incertitude. Mais l'instabilité amoureuse n'est pas toujours pour déplaire à ce romantique qui n'oublie pas que pour recevoir, il faut aussi donner. Il déteste la routine, et sait se remettre en cause.

LUISA

CHIFFRE : **8** FÊTE : 15 MARS

ORIGINE
Luisa est un dérivé féminin de Louis. Voir ce prénom.

CARACTÈRE
Elle est généreuse et femme de caractère. Gaie et communicative, à la fois tempérée et fonceuse, elle a appris à séduire sans être pour autant provocante. Lucide sur ses capacités, elle sait mettre en avant ce qu'elle a de meilleur. Les chaînes de l'amour sont paradoxalement indispensables à cette indépendante.

LUKE

CHIFFRE : **4** FÊTE : 18 OCTOBRE

ORIGINE
Luke est un diminutif de Luc. Voir ce prénom.

CARACTÈRE
Actif, honnête, opiniâtre, il ne manque pas de réussite. Son imagination débordante lui joue parfois des tours. Il déteste la solitude, et s'entoure d'amis auxquels il présente les multiples conquêtes d'une vie sentimentale très agitée. La recherche de la perfection féminine sert d'alibi à ce séducteur.

LYDIE

CHIFFRE : **1** FÊTE : 3 AOÛT

ORIGINE
Lydie est une contrée de l'Asie mineure où coulait le Pactole.

HISTOIRE
Sainte Lydie, marchande d'étoffes de luxe (et de pourpre), aurait été la première femme à être convertie par saint Paul.

CARACTÈRE
Elle est simple et sophistiquée à la fois. Sensible et émotive, elle se montre franche et directe en toutes circonstances. Toujours prête à rendre service, elle a parfois, à trop se replier sur elle-même, tendance à se couper du réel. Sa conversation spirituelle fait qu'on lui pardonne volontiers ses changements d'opinion. Elle ne confond jamais sa vie professionnelle, dans laquelle elle se montre très active, avec sa vie privée.

MACAIRE

CHIFFRE : **5** FÊTE : 10 MARS

HISTOIRE

Au IVe siècle, saint Macaire, évêque de Jérusalem, d'origine égyptienne, aurait identifié la Sainte Croix, découverte par sainte Hélène, mère de l'empereur Constantin, ainsi que les croix des deux larrons compagnons de crucifixion de Jésus.

CARACTÈRE

Il est affectueux, et apprécie la vie familiale. Il fait passer son romantisme avant son désir d'autonomie. Ce qui ne l'empêche pas d'apprécier le changement, et, s'il ne survient pas assez vite, de le provoquer. Ce séducteur discret mais efficace aime à regrouper autour de lui ceux qu'il aime. À l'argent et à la réussite, il préfère l'amour et la sincérité

CÉLÉBRITÉS ET ANECDOTES

Saint Macaire était invoqué contre les inondations. Autre saint Macaire (fête le 10 avril) un évêque d'Antioche venu prêcher à Gand où il mourut de la peste au début du XIe siècle, qui était invoqué pour ouvrir les portes aux serrures récalcitrantes.

MADELEINE

CHIFFRE : **9** FÊTE : 22 JUILLET

ORIGINE

Madeleine est l'adaptation de *Magdala,* ancienne ville de Palestine. Voir Marie-Madeleine. Magdeleine en vieux français.

HISTOIRE

La fête des Madeleine est celle des Marie-Madeleine. Mais il y a aussi une sainte Madeleine de Pazzi, carmélite née à Florence (fête le 25 mai) au XVᵉ siècle, que l'on invoquait contre les vomissements des femmes enceintes parce qu'elle-même était prise de vomissements lorsqu'elle se trouvait à proximité d'une personne en état de péché.

CARACTÈRE

Elle préfère le passé au futur, sans pour autant sombrer dans la nostalgie. Bonne vivante et sensible, elle a le sens de l'accueil, et le sourire toujours chaleureux. Elle sait séduire au moment opportun. Chanceuse en amour et en amitié, elle s'emploie avec talent à ce que sa vie soit sereine.

CÉLÉBRITÉS ET ANECDOTES

Sainte Madeleine-Sophie Barat fonda, à Paris, au XIXᵉ siècle, la congrégation des Dames du Sacré-Cœur. Une Madeleine a laissé son prénom à une pâtisserie chère à Proust lequel, en la plongeant dans une tasse de thé, revivait les goûters de son enfance…

MADELON

CHIFFRE : **1** FÊTE : 22 JUILLET

ORIGINE

Madelon est un diminutif de Madeleine.

CARACTÈRE

Sensible et émotive, elle est franche dans les situations amicales et amoureuses. Elle a parfois, à trop se replier sur elle-même, tendance à se couper des réalités. Sa conversation spirituelle fait qu'on lui pardonne volontiers ses changements d'opinion. Elle ne confond jamais sa vie professionnelle, dans laquelle elle se montre très active, avec sa vie privée.

MAEL

CHIFFRE : **4** FÊTE : 24 MAI

ORIGINE
Mael, en saxon, signifie le maître.

HISTOIRE
Saint Mael fut un ermite breton - ou gallois - du Ve siècle.

CARACTÈRE
Actif, honnête, opiniâtre, il ne manque pas de réussite. Il déteste la solitude, et s'entoure volontiers d'amis auxquels il présente les multiples conquêtes d'une vie sentimentale très agitée. La recherche de la perfection féminine sert d'alibi à ce séducteur impénitent.

MAEVA

CHIFFRE : **6**

ORIGINE
Maeva vient d'un mot canaque signifiant bienvenue.

CARACTÈRE
émotive et volontaire, on peut la croire futile. Subtile et spirituelle, son charme et son intelligence n'empêchent pas simplicité et modestie, gentillesse et bonté. Son solide sens pratique se double d'une obstination qui peut aller jusqu'à l'entêtement. Au paraître elle préfère l'efficacité. Avec elle, professionnellement ou sentimentalement, c'est "du solide".

MAGALI

CHIFFRE : **7** FÊTE : 20 JUILLET

ORIGINE
Magali vient de l'occitan magal, la *houe*; mot désignant, par extension, ceux qui travaillaient la terre. Selon d'autres sources, ce sera un dérivé provençal de Marguerite.

CARACTÈRE

Elle est susceptible, et ses colères sont spectaculaires. Peu rigoureuse, elle a du mal à aller au bout de ses projets. Mais bien entourée, et mise en confiance, elle fait preuve de beaucoup de pertinence et de dynamisme. L'action et le concret ne lui font pas peur. Elle a le goût de l'humour et du rire. Généreuse en amour et amitié, elle partage volontiers son énergie. Heureux celui qui réussira à la convaincre de renoncer à son indépendance : c'est une compagne agréable, mais qui joue volontiers à se faire désirer.

MAGGY

CHIFFRE : **1** FÊTE : 22 JUILLET

ORIGINE

Maggy est un diminutif anglo-saxon de Madeleine.

CARACTÈRE

Elle est simple et sophistiquée à la fois. Sensible et émotive, elle se montre franche et directe dans les situations amicales et amoureuses. Toujours prête à rendre service, elle a parfois, à trop se replier sur elle-même, tendance à se couper des réalités. Sa conversation spirituelle fait qu'on lui pardonne volontiers ses changements d'opinion. Elle ne confond jamais sa vie professionnelle, dans laquelle elle se montre très active, avec sa vie privée.

MAGUELONNE

CHIFFRE : **8** FÊTE : 16 NOVEMBRE

ORIGINE

Maguelonne est une forme occitane de Marguerite.

CARACTÈRE

Possédant le goût du travail collectif, elle ne déteste pas pour autant être mise en avant. Réfléchie et honnête, elle ne prend pas de décision à la hâte. Dotée d'une force de caractère redoutable, elle assume pleinement ses responsabilités, quitte à en bousculer l'ordre établi. La compréhension des autres lui permet d'évoluer dans le bon sens. Sentimentalement, c'est une fidèle qui saura tenir tête aux entreprises de séduction de ceux qui voudraient partager l'intimité de cette amoureuse de la vie.

MAHAUD

CHIFFRE : **1** FÊTE : 14 MARS

ORIGINE
Mahaud (ou Mahaut) est un dérivé de Mathilde. Voir ce prénom.

CARACTÈRE
Romantique, elle aime la tendresse, et aux plaisirs de la vie préfère ceux du rêve ; la fidélité aussi, compte beaucoup pour elle. Intelligente et volontaire, franche en société, elle sait se faire respecter mais n'admet que rarement avoir tort, comme si elle craignait de révéler sa fragilité.

MAÏTÉ

CHIFFRE : **3**

ORIGINE
Maïté est un diminutif occitan de Marie-Thérèse.

CARACTÈRE
Vive et rieuse, parfois versatile, elle aime séduire. Ce qui n'empêche pas, dans sa vie sociale, lucidité et rigueur. Son entourage profite de sa joie de vivre et de son originalité. En amour, elle est facilement insatisfaite, et déteste les jaloux. Elle n'aime l'amour que partagé, et brûlant.

MANON

CHIFFRE : **3**

ORIGINE
Manon est un dérivé de Marie, et d'Anne. Voir ces prénoms.

CARACTÈRE

Gaie et souriante, elle est agréable de la côtoyer. D'un tempérament solide et déterminé, elle n'hésite pas à réagir sur tout ce qui la dérange ou la choque. Son charme tient à son style, qui n'appartient qu'à elle. Prête à tout pour conquérir l'homme qu'elle aime, elle sait lui rester fidèle et fait preuve parfois d'une jalousie excessive à son égard.

CÉLÉBRITÉS ET ANECDOTES

Manon Lescaut, demi-mondaine qui trouve la rédemption dans l'amour : ce drame écrit par l'abbé Prévost bouleversa les cœurs à la fin du XVIIIe s.

MANOU

CHIFFRE : **1** FÊTE : 25 DÉCEMBRE

ORIGINE

Manou est un dérivé d'Emmanuelle. Voir ce prénom.

CARACTÈRE

Elle s'épanouit en société. Elle tombe aussi fréquemment amoureuse. Elle aime l'indépendance, mais sait aussi écouter, et obéir aux autres, pour apprendre. C'est un inventive qui préfère la création à la routine.

MANSOUR / MANSUR

CHIFFRE : **2**

ORIGINE

Mansour vient d'un mot arabe signifiant la victoire.

CARACTÈRE

Sous des dehors assurés, c'est un grand sensible jusqu'à l'anxiété. Imaginatif, fringant, il adore séduire, quitte à se révéler volage. Mais son manque de rigueur peut le desservir. Toutefois, il finit toujours par retomber sur ses pieds ; la chance est avec lui. Surtout qu'il est prêt à aider le hasard à lui être favorable, par des moyens pas toujours très orthodoxes…

CÉLÉBRITÉS ET ANECDOTES

Mansour fut, de 978 à sa mort en 1002, le maître de Cordoue et triompha à plusieurs reprises des rois catholiques d'Espagne.

MANUEL

CHIFFRE : **3** FÊTE : 25 DÉCEMBRE

ORIGINE

Manuel est un dérivé d'Emmanuel. Voir ce prénom.

CARACTÈRE

Naturel et enjoué, ambitieux, il ne compte pas sur les autres pour arriver où il le souhaite. Timide dans les situations nouvelles, il lui faut parfois du temps pour s'adapter. Amoureux et indépendant, il a du mal à gérer ces deux aspects de sa vie.

MANUELA

CHIFFRE : **4** FÊTE : 25 DÉCEMBRE

ORIGINE

Manuela est un dérivé d'Emmanuelle. Voir ce prénom.

CARACTÈRE

Volontaire et possessive, elle ne tient pas en place. Sa moralité s'adapte aux situations. Capricieuse et insatisfaite, elle peut changer d'opinion. L'amitié sincère la touche et fait ressortir ce qu'il y a de meilleur en elle. Sensible et douce, elle ne le montre que rarement ne souhaitant pas dévoiler cette fragilité. Amoureuse, elle est exclusive. Pour autant, cela ne l'empêche pas d'être lucide et exigeante sur ses relations de couple.

MANUELLE

CHIFFRE : **2** FÊTE : 25 DÉCEMBRE

ORIGINE
Manuelle est un dérivé d'Emmanuelle. Voir ce prénom.

CARACTÈRE
C'est une sentimentale. Imaginative autant qu'intuitive, elle a la séduction facile, même si elle sait qu'elle s'expose à des revers et à des déceptions amoureuses. Son esprit inventif lui permet de dominer les obstacles, son sens d'autrui lui permet de briller dans les relations sociales.

MARC

CHIFFRE : **8** FÊTE : 25 AVRIL

ORIGINE
Marc vient de *Marcus*, le marchand, en latin.

HISTOIRE
Saint Marc, fils d'une riche veuve de Jérusalem, assiste à l'arrestation du Christ ; disciple de saint Pierre, il écrit le deuxième Évangile. Premier évêque d'Alexandrie (il fonde l'Église d'Égypte), il est martyrisé sous Néron en l'an 74. Il est le patron de Venise, où ses reliques ont été déposées.

CARACTÈRE
Émotif et généreux, volontaire, c'est, dans ses activités professionnelles, un créatif. Fidèle et à l'écoute des autres, il est toujours prêt à rendre service à ses ami(e)s. Mais son enthousiasme cache souvent un manque de confiance en lui. Il a besoin d'être choyé et entouré. Côté cœur, il s'engage avec une entière sincérité ; l'amour pour lui se construit sur le long terme avec, pour piliers, confiance et fidélité.

CÉLÉBRITÉS ET ANECDOTES
Saint Marc, patron des notaires, était invoqué contre la gale. On l'invoquait aussi pour que les héritages, au moment de l'ouverture du testament, se passent bien… Saint Marc, médecin italien du XVe siècle, se fit franciscain et fonda les monts-de-piété.

MARC-ANTOINE

CHIFFRE : **5** FÊTE : 25 AVRIL

ORIGINE

Voir ces prénoms.

CARACTÈRE

Franc, il est parfois d'une naïveté déconcertante. Rapide et précis, il mène ses projets et sa vie jusqu'au succès. Il est apprécié de son entourage, même s'il pense souvent à tort n'avoir besoin de personne. En amour, il n'hésite pas à s'engager, à chaque fois, définitivement, même s'il a parfois, besoin de solitude pour se ressourcer.

CÉLÉBRITÉS ET ANECDOTES

Marc-Antoine, bras droit de Jules César qui, après l'assassinat de ce dernier, perdra la bataille du pouvoir, contre Auguste, et se donnera la mort avec la belle Cléopâtre, qu'il avait épousée pour régner sur l'Égypte…

MARCEL

CHIFFRE : **7** FÊTE : 16 JANVIER

ORIGINE

Marcel est un diminutif de Marc. Voir ce prénom.

HISTOIRE

Saint Marcel fut pape de 308 à 309. Son intransigeance envers les chrétiens qui, pour fuir les persécutions, avaient abjuré, lui valut d'être exilé par l'empereur Maxence. Une veuve l'accueillit, et transforma sa maison, où il mourut, en église.

Un autre saint Marcel, officier dans l'armée romaine au IIIe siècle, jeta son épée lors d'une parade en déclarant que, parce que chrétien, il ne voulait plus s'en servir. Il fut exécuté sur l'ordre de son général.

CARACTÈRE

Ambitieux et honnête, c'est un travailleur rigoureux et organisé, qui aime le travail bien fait. D'un tempérament solitaire, les femmes l'intimident ; mis en confiance, c'est un séducteur discret, un compagnon attentionné.

CÉLÉBRITÉS ET ANECDOTES

Saint Marcel, évêque de Paris au Ve siècle, était le patron des merciers et le protecteur des nourrissons. Saint Marcel (le pape) était invoqué pour obtenir la sollicitude d'une dame, et plus, si affinités… Marcel, prénom en vogue au début du XXe siècle, a été porté par d'éminents écrivains : Proust, Pagnol, Aymé…

MARCELINE

CHIFFRE : **8** FÊTE : 17 JUILLET

ORIGINE

Marceline est le dérivé féminin de Marcel. Voir ce prénom.

HISTOIRE

Sainte Marcelline, au IVe siècle, sœur de saint Ambroise, évêque de Milan, entretint, depuis son couvent, une correspondance d'une haute élévation avec son frère.

CARACTÈRE

Femme de caractère, gaie et communicative, à la fois tempérée et fonceuse, elle a appris à séduire sans être pour autant provocante. Lucide sur ses capacités, elle sait mettre en avant ce qu'elle a de meilleur. Les chaînes de l'amour sont paradoxalement indispensables à cette indépendante.

CÉLÉBRITÉS ET ANECDOTES

Marceline Desbordes-Valmore, délicate poétesse du début du XIXe siècle, à laquelle on doit les *Roses de Saadi*…

MARCELLE

CHIFFRE : **6** FÊTE : 31 JANVIER

ORIGINE

Marcelle est un diminutif de Marcel. Voir ce prénom.

HISTOIRE

Sainte Marcelle, au IVe siècle, riche patricienne romaine employa sa fortune à fonder une communauté féminine laïque.

CARACTÈRE

D'un tempérament ferme et tranché, elle s'exprime avec franchise, ce qui lui confère une influence incontestable sur les autres. Intelligente mais peu perspicace, souvent seule, elle reprend confiance dans le giron familial. En amour, elle respecte ses engagements.

CÉLÉBRITÉS ET ANECDOTES

Sainte Marcelle était invoquée contre les douleurs dans les bras.

MARCELLIN

CHIFFRE : **3** FÊTE : 6 AVRIL

ORIGINE

Marcellin (ou Marcelin) est un diminutif de Marcel.

HISTOIRE

Saint Marcellin évangélisa le Dauphiné au IVe siècle.

CARACTÈRE

Naturel et enjoué, ambitieux, il ne compte pas sur les autres pour arriver. Timide dans les situations nouvelles, il lui faut du temps pour s'adapter. Amoureux et indépendant, il a du mal à gérer ces deux aspects de sa vie.

MARCO

CHIFFRE : **5** FÊTE : 25 AVRIL

ORIGINE

Marc vient de *Marcus*, le marchand, en latin.

CARACTÈRE

Il est gai et vif. Capricieux, souvent. Il s'amuse de ce qui est nouveau. D'une grande curiosité, il aime faire ses découvertes en bonne compagnie, surtout féminine. Il a bon cœur, à tous les sens du terme. S'il a besoin d'autonomie, d'indépendance, il n'en est pas pour autant un fanatique de la solitude. À ceux qui savent le comprendre, il donne si généreusement sa tendresse, et son amour qu'on lui pardonne d'être léger, voire infidèle.

MARGARET

CHIFFRE : **2** FÊTE : 16 NOVEMBRE

ORIGINE

Margaret est une forme anglo-saxonne de Marguerite. Voir ce prénom.

CARACTÈRE

C'est une grande sentimentale. Imaginative autant qu'intuitive, elle a la séduction facile, même si elle s'expose à des revers et à des déceptions amoureuses. Son esprit inventif lui permet de dominer les obstacles, son sens de l'autre lui permet de briller dans les relations sociales. Elle ne sait pas être économe, et de ses efforts, et de ses deniers ; cela la conduit parfois à de grosses fatigues, et à quelques difficultés bancaires parce que, trop sûre d'elle, elle a entrepris des dépenses inconsidérées.

MARGARITA

CHIFFRE : **7** FÊTE : 16 NOVEMBRE

ORIGINE

Margarita est un dérivé de Marguerite. Voir ce prénom.

CARACTÈRE

Possédant le goût du travail collectif, réfléchie et honnête, elle ne prend pas de décision à la hâte. Dotée d'une force de caractère redoutable, elle assume ses responsabilités. L'écoute et la compréhension des autres lui permet d'évoluer dans le bon sens. Sentimentalement, c'est une fidèle qui, pour le rester, saura tenir tête aux entreprises de ceux qui voudraient partager l'intimité de cette amoureuse de la vie.

MARGUERITE

CHIFFRE : **1** FÊTE : 16 NOVEMBRE

ORIGINE

Marguerite vient du latin *margarita*, la perle.

HISTOIRE

Sainte Marguerite, au XIe siècle, appartenait à la famille royale anglaise chassée du trône par Guillaume le Conquérant. Elle se réfugia en Écosse dont elle épousa le roi, lui donnant 8 enfants et fondant des monastères.

CARACTÈRE

D'une grande sensibilité de cœur et toujours prête à rendre service, elle apporte toujours beaucoup aux autres. C'est l'amour et non l'ambition qui la fait agir, pour aller au bout de ses combats et espoirs. Sa séduction naturelle et sa sincérité sont ses armes. Sa franchise lui vaut parfois des remarques désobligeantes, mais elle peut compter sur le soutien de ses amis en cas de besoin. Les échecs ne lui font pas peur. Cependant, on a parfois du mal à comprendre sa soudaine brusquerie et ses enfantillages.

CÉLÉBRITÉS ET ANECDOTES

Marguerite-Marie Alacoque (fête le 16 octobre) dans son couvent de Paray-le-Monial, au XVIIe siècle, eut des visions du cœur saignant de Jésus-Christ ; elle inaugura le culte du Sacré-cœur. Elle était invoquée contre les varices. Sainte Marguerite de Cortone, au XIIIe siècle (fête le 22 février) entra dans les ordres lorsqu'elle fut trentenaire ; auparavant, elle avait été une jeune femme fort belle, et, devenue nonne, en conçut une telle honte qu'elle se défigura en se heurtant le visage avec une pierre. Les mères l'invoquaient lorsqu'elles trouvaient leurs filles trop coquettes, ou affichant de mauvais penchants. Marguerite de Provence fut la vertueuse femme de saint Louis, Marguerite de Valois, première épouse d'Henri IV, dite la "reine Margot" fut, elle, beaucoup moins prude ; poétesse de l'amour, elle le pratiqua sans vergogne en dehors des liens conjugaux. La sœur de François Ier, elle autre Marguerite de Valois (avant de devenir reine de Navarre), protégea elle aussi les poètes, mais sans pour autant les inviter dans sa couche ; pieuse et tolérante, elle soutint les premiers Protestants. *La Dame aux camélias*, d'Alexandre Dumas fils, se prénommait Marguerite. Deux femmes de lettres du XXe siècle : Marguerite Yourcenar, première femme à entrer à l'Académie française, et Marguerite Duras.

MARIA

CHIFFRE : **6** FÊTE : 15 AOÛT

ORIGINE

Maria est le dérivé latin de Marie. Voir ce prénom.

CARACTÈRE

D'un naturel enjoué, elle fait parfois aussi preuve de beaucoup (de trop ?) de fermeté avec les siens. Intelligente et droite, elle est exigeante avec elle-même. Ses amis sont nombreux, car elle est aussi sincère que tendre, séduisante que sensuelle. Sa gaieté et sa bonne humeur ravissent son entourage familial qui a tendance parfois a la surestimer. En amour, elle ne s'engage pas à la légère.

MARIANNE

CHIFFRE : **2** FÊTE : 9 JUILLET

ORIGINE

Marianne est la contraction de Marie et d'Anne. Voir ces prénoms. C'est aussi un dérivé de prénom hébreu Mariamne.

HISTOIRE

Sainte Marianne fut, sous la Révolution française, décapitée à Orange parce que religieuse. Sainte Marianne, de Quito (Équateur) au XVIIe siècle, ayant été refusée comme religieuse, se comporta comme telle dans la maison familiale. Lors d'un tremblement de terre, elle montra un si grand dévouement qu'elle en mourut d'épuisement.

CARACTÈRE

Intelligente et impertinente, elle se distingue par sa franchise. Certaine de son charme, elle n'en abuse pas. Dynamique et parfois coléreuse, elle a besoin, pour son équilibre, d'un mari ou d'un compagnon. Peu bavarde en public, c'est le contraire dans l'intimité.

CÉLÉBRITÉS ET ANECDOTES

Sainte Marianne (celle de Quito) était invoquée pour échapper aux tremblements de terre. Marianne symbolise la République française ; sous le Second Empire, des comploteurs avaient utilisé ce prénom de code pour désigner la république qu'ils voulaient rétablir. Mariamne, reine de Judée au Iᵉʳ siècle avant J.-C. fut assassinée par son époux Hérode le Grand qui la soupçonnait de complot. Voltaire, de son destin, fit une tragédie.

MARIE

CHIFFRE : **1** FÊTE : 15 AOÛT

ORIGINE

Marie vient de l'hébreu myriam, voyante (ou souveraine).

HISTOIRE

Un ange avertit Marie qu'elle allait mettre au monde Jésus, qu'elle éleva et suivit jusqu'au pied du calvaire. Ensuite, elle se serait retirée chez l'apôtre Jean. Elle ne mourut pas, mais eut une *assomption*, enlevée, corps et âme, par des anges ; le pape Pie XII le réaffirma en 1950. Auparavant, le concile d'Éphèse, au IVᵉ siècle, l'avait établie "Mère de Dieu".

CARACTÈRE

Gaie et souriante, elle est d'une compagnie toujours plaisante. Intelligente et travailleuse, mais parfois un peu trop bavarde, elle est aussi extravertie dans la vie sociale que réservée dans sa vie amoureuse. La fidélité est, pour elle, essentielle.

CÉLÉBRITÉS ET ANECDOTES

Sainte Marie d'Oignies (fête le 23 juin), mariée contre son gré au XIIIᵉ siècle, obtint de son mari que le mariage ne soit pas consommé, et que leur maison soit transformée pour recevoir les femmes qui allaient accoucher ; on l'invoquait, bien sûr, lors des premières douleurs, mais aussi pour s'empêcher de proférer des jurons. Coutume due à une légende selon laquelle les ossements de la sainte s'étaient entrechoqués dans leur reliquaire lorsque le pape Grégoire IX, qui était fort grossier, avait juré à proximité ... Sainte Marie d'Égypte, fêtée (2 avril) par les chrétiens d'Orient, vécut au IVᵉ siècle. Dès son adolescence, elle se livra à la débauche jusqu'à ce que la Vierge lui apparaisse ; elle se retira alors dans le désert, où elle vécut en ermite pendant un demi-siècle. C'est, comme Marie-Madeleine, la patronne des pécheresses repenties. Marie est le prénom féminin qui, en Occident, a été le plus porté, des princesses (de France et d'Angleterre) aux bergères.

MARIE-ANTOINETTE

CHIFFRE : **8**

ORIGINE
Voir Marie, et Antoinette.

CARACTÈRE
Souvent sceptique, elle passe de l'agitation au flegme, travaille pendant une longue période et peut ensuite rester sans rien faire pendant de long mois. Peu facile à comprendre, elle peut être très cynique ou très tendre. Jamais satisfaite de son sort, elle est idéaliste, mais en restant pratique. Amoureuse, elle tombe facilement dans des passions dévoreuses. Sentimentale, elle est réservée et ne s'extériorise que rarement.

CÉLÉBRITÉS ET ANECDOTES
La reine de France Marie-Antoinette, qui aimait les fêtes ou jouait à la bergère dans son petit Trianon, guillotinée en 1793.

MARIE-CHANTAL

CHIFFRE : **6**

ORIGINE
Voir Marie et Chantal.

CARACTÈRE
Elle est aussi émotive que volontaire, ce qui peut faire croire à son entourage qu'elle est futile. Subtile et spirituelle, quoique timide, ses réparties font mouche, quand elle se sent en confiance, et sa conversation est recherchée. Son charme et son intelligence n'empêchent pas simplicité et modestie, gentillesse et bonté. Son solide sens pratique se double d'une obstination qui peut aller jusqu'à l'entêtement. Au paraître elle préfère l'efficacité. C'est plus une femme de l'ombre qu'un porte-drapeau, mais avec elle, professionnellement ou sentimentalement, c'est "du solide".

MARIE-CHRISTINE

CHIFFRE : **7**

ORIGINE
Voir Marie et Christine.

CARACTÈRE
Plutôt calme et réfléchie, elle peut s'entêter quand il s'agit de son avenir. Sa franchise est souvent déconcertante. Légèrement indolente, elle a tendance à se laisser porter par les événements, mais pallie ce défaut par une grande intuition. Ayant insuffisamment confiance en elle, elle a besoin d'être rassurée. Chez cette émotive, la colère monte aussi vite qu'elle redescend. Fidèle et exigeante en amitié comme en amour, presque possessive ; malheur à qui trahit sa confiance !

MARIE-CLAIRE

CHIFFRE : **4**

ORIGINE
Voir Marie et Claire.

CARACTÈRE
Elle aime être entourée de gens qui l'aiment et qui le lui disent. Son quotidien n'est pas toujours facile à vivre. D'un tempérament rêveur, parfois fuyante, elle vit pour elle-même, en dehors des réalités. Elle a, de temps en temps, besoin d'un "coup de gueule" de ses proches pour la ramener sur terre. Lorsqu'elle est amoureuse, elle se métamorphose, usant de sa douceur et de sa séduction avec une tendre efficacité.

MARIE-CLAUDE

CHIFFRE : **2**

ORIGINE
Voir Marie et Claude.

CARACTÈRE

D'un tempérament réservé, elle n'est pas pour autant timide. Plutôt optimiste, elle préfère vivre dans le calme, sans avoir de compte à rendre à quiconque. Elle aime les hommes raffinés, qui doivent savoir la retenir, car la fidélité n'est pas la qualité première de cette sensuelle.

MARIE-FRANCE

CHIFFRE : **3**

ORIGINE

Voir Marie et France.

CARACTÈRE

Joyeuse et heureuse de vivre, elle est dotée d'une gaieté communicative. Sa philosophie personnelle la pousse à attendre les événements plutôt qu'à les provoquer. L'apparence compte beaucoup pour elle, mais elle n'en néglige pas pour autant l'intériorité de ceux auxquels elle accorde sa confiance. Ceux qui la prennent pour une bavarde superficielle se trompent. Derrière la cigale, se cache une fourmi qui atteint toujours les objectifs qu'elle s'est fixés, en affaires comme en amour. En amour, elle refuse la frivolité, exige la fidélité et se révèle capable d'une passion insoupçonnée.

MARIE-HÉLÈNE

CHIFFRE : **5**

ORIGINE

Voir Marie et Hélène.

CARACTÈRE

Elle a un caractère bouillonnant, voire brouillon, tant elle aime la vie, et la vivacité. Intuitive, elle est aussi fantaisiste. Émotive, sensible, et sensuelle, elle est aussi capable, malgré son attrait pour la nouveauté, d'une grande fidélité. Même si elle déteste la vie sédentaire. C'est un feu follet dont l'éclat illumine son entourage.

MARIE-JEANNE

CHIFFRE : **5**

ORIGINE

Voir Marie et Jeanne.

CARACTÈRE

Elle est gaie et vive, s'amuse de ce qui est nouveau. Curieuse, elle aime faire ses découvertes en bonne compagnie, surtout masculine. Elle a bon cœur, à tous les sens du terme. Si elle a besoin d'autonomie, d'indépendance, elle n'en est pas pour autant une fanatique de la solitude. À ceux qui savent la comprendre, elle donne si généreusement de sa tendresse, et de son amour qu'on lui pardonne d'être légère, voire infidèle.

MARIE-LAURE

CHIFFRE : **4**

ORIGINE

Voir Marie et Laure.

CARACTÈRE

D'apparence timide et réservée, elle est cependant volontaire et réussit ce qu'elle met en œuvre. Intelligente et ambitieuse, elle sait se faire respecter. N'étant pas extravertie, elle cache ses sentiments et ses émotions même à ses proches, auxquelles elle reste fidèle et dévouée. L'amour partagé la transforme, et l'épanouit. Heureux celui qui peut accéder à son jardin secret ; mais c'est un labyrinthe, et il est peu probable qu'il puisse, un jour, en ressortir : quand elle aime, c'est à vie.

MARIE-MADELEINE

CHIFFRE : **1** FÊTE : 22 JUILLET

ORIGINE

Madeleine est l'adaptation française de *Magdala*, ancienne ville de Palestine. Marie-Madeleine signifie Marie de Magdala.

HISTOIRE

Marie-Madeleine, c'est la pécheresse à qui Jésus pardonne son passé de fille perdue. Mais il y a dans le Nouveau Testament une autre Marie-Madeleine, qui suit Jésus et assiste à sa crucifixion. Les catholiques romains les ont confondues en une seule Marie-Madeleine laquelle, avec Marthe et Lazare, fuyant la Palestine après la mort de Jésus, aurait débarqué aux Saintes-Maries-de-la-mer, en Camargue.

CARACTÈRE

Indépendante, elle mène sa vie avec beaucoup de rigueur. Jamais en colère et coquette, elle aime instinctivement plaire, mais reste sur sa réserve tant qu'elle n'a pas accordé sa confiance, ou son amour. Sa sensibilité et sa sensualité ne s'épanouissent que dans l'intimité. Lorsqu'elle tombe amoureuse, c'est pour longtemps.

CÉLÉBRITÉS ET ANECDOTES

Marie-Madeleine était invoquée pour surmonter les chagrins d'amour; elle est la patronne des prostituées et des plombiers, des parfumeurs et des tanneurs lesquels, pourtant, ne travaillent pas dans les mêmes senteurs…

MARIE-MARTINE

CHIFFRE : **9**

ORIGINE

Voir Marie et Martine.

CARACTÈRE

C'est une passionnée qui recherche l'amour et l'amitié dans des relations sans complication. Courageuse et audacieuse, elle sait séduire par son équilibre et son dynamisme. Elle a une grande vitalité et une grande capacité de travail, et lorsqu'un obstacle se dresse sur sa route, elle ne le contourne pas, mais en part à l'assaut.

MARIE-ODILE

CHIFFRE : **9**

ORIGINE

Voir Marie et Odile.

CARACTÈRE

Elle est douée d'une grande faculté d'adaptation. Tenace et prudente, charmeuse, elle sait mener à bien ses entreprises. Créative, elle préfère agir seule, mais si vous lui proposez votre aide, elle ne la repoussera pas. Plus on est de fous, plus on rit ! Sous son apparente indifférence, elle mûrit longuement ses projets, car elle est fière, et n'aime pas l'échec. Son dynamisme est complété par une intuition très sûre.

MARIE-PAULE

CHIFFRE : **8**

ORIGINE

Voir Marie et Paule.

CARACTÈRE

Émotive, elle est parfois capricieuse. Lucide et déterminée, elle excelle dans son travail. Pour ses ami(e)s elle sait toujours se rendre disponible. Elle déteste les beaux parleurs, mais apprécie particulièrement les rêveurs et les idéalistes.

MARIE-ROSE

CHIFFRE : **4**

ORIGINE

Voir Marie, et Rose.

CARACTÈRE

Combative et parfois coléreuse, elle a tout d'un garçon manqué. Intelligente et ambitieuse, elle s'engage avec conviction dans tout ce qu'elle fait, mais le manque de réalisme peut l'amener à l'échec. Séduisante, elle apprécie les regards admiratifs. Elle aime, dans l'intimité, être dorlotée, et ne demande qu'à être conquise par celui qui pourra alors compter sur son honnêteté, son amour et sa fidélité.

MARIE-THÉRÈSE

CHIFFRE : **9**

ORIGINE
Voir Marie et Thérèse.

HISTOIRE
Sainte Marie-Thérèse, née à Castelnaudary, fonda au XIXe siècle la congrégation de Marie-Auxiliatrice.

CARACTÈRE
Belle et charmante, elle est dotée d'un fort caractère, proche, parfois, de l'entêtement. Avec elle, il faut faire preuve de patience ! Gracieuse, elle ne fait mystère ni de ses déconvenues, ni de ses joies. Volontaire, elle aime être la meilleure en tout et elle met tout en œuvre pour y arriver. Curieuse et intuitive, elle aime les voyages. L'amour est pour cette idéaliste qui a parfois du mal à assumer les exigences terrestres une source d'apaisement et d'équilibre.

CÉLÉBRITÉS ET ANECDOTES
Marie-Thérèse d'Autriche, fille du roi d'Espagne, et épouse discrète du flamboyant Louis XIV.

Une autre Marie-Thérèse d'Autriche régna au XVIIIe siècle sur l'Autriche-Hongrie, et, parmi ses seize enfants, eut Marie-Antoinette, malheureuse reine de France.

MARIELLE

CHIFFRE : **3** FÊTE : 15 AOÛT

ORIGINE
Marielle est un dérivé de Marie. Voir ce prénom.

CARACTÈRE

Gaie, sensible et timide, elle aime rire des autres mais est très susceptible quand on se moque d'elle. Imaginative, ces idées inattendues séduisent son entourage, qu'il soit familial ou professionnel. Intelligente et émotive, elle reste secrète en ce qui concerne ses sentiments amoureux. Elle fait toujours de son mieux pour atteindre les buts qu'elle se fixe ou qu'on lui fixe. Si la colère n'est pas l'un de ses arguments, pour se faire entendre, elle peut se montrer violente devant l'injustice.

MARIN

CHIFFRE : **1** FÊTE : 3 MARS

ORIGINE

Marin vient du latin *marinus*, le marin.

HISTOIRE

Saint Marin fut martyrisé à Césarée au IIIe siècle : officier dans l'armée romaine, il fut dénoncé comme chrétien par un soldat jaloux de son avancement plus rapide que le sien, et décapité.

CARACTÈRE

Il est épanoui, et porté sur les autres. Il aime la vie en famille, privilégie le mariage aux aventures sans lendemain. Gros travailleur, il préfère garder son indépendance, quitte à renoncer à ses ambitions - justifiées. Bon gestionnaire, il sait où il va, quitte, parfois, à déconcerter son entourage, qu'il ne met pas toujours dans la confidence.

CÉLÉBRITÉS ET ANECDOTES

Saint Marin, parce qu'on lui avait tranché la sienne, était invoqué contre les maux de gorge.

MARINE

CHIFFRE : **6** FÊTE : 20 JUILLET

ORIGINE

Marine est un dérivé de Marin. Voir ce prénom.

HISTOIRE

Sainte Marine, à Antioche au IIIe siècle, est chassée de sa famille parce que chrétienne ; la jeune fille devient bergère. Le gouverneur Olibrius la voit au milieu de ses moutons et en tombe amoureux. Mais en bonne chrétienne, elle repousse ses avances. De colère, il la fait mettre à mort. La veille de son exécution, le diable, déguisé en dragon, entre dans sa cellule et l'avale, afin de l'arracher à la mort. Mais elle refuse l'aide du démon et grâce à la petite croix autour du cou, elle ouvre les entrailles du monstre, s'en échappe et le met en fuite.

CARACTÈRE

Sérieuse et d'humeur toujours égale, c'est une rêveuse. Calme et sereine, elle est très appréciée de son entourage, professionnel ou privé. Ses passions amoureuses sont souvent orageuses. Elle attend de ses compagnons de vie le respect de son indépendance et de sa personnalité. Mais cette charmeuse un peu rouée a de nombreux atouts pour convaincre, quand elle le veut vraiment.

CÉLÉBRITÉS ET ANECDOTES

Sainte Marine était la patronne des nourrices.

MARINETTE

CHIFFRE : **2** FÊTE : 20 JUILLET

ORIGINE

Marinette est un diminutif de Marine. Voir ce prénom.

CARACTÈRE

C'est une sentimentale. Imaginative autant qu'intuitive, elle a la séduction facile, même si elle sait qu'elle s'expose à des revers et à des déceptions amoureuses. Son esprit inventif lui permet de dominer les obstacles, son sens d'autrui lui permet de briller dans les relations sociales.

MARIO

CHIFFRE : **3** FÊTE : 19 JANVIER

ORIGINE

Mario est un diminutif de Marius. Voir ce prénom.

CARACTÈRE

D'un tempérament réservé, qu'on prend pour de la timidité, il est en réalité gai. Intelligent, il manque souvent de confiance en lui. Volontaire dans son travail, tendre avec sa compagne, il cultive fidélité et sincérité.

MARION

CHIFFRE : **8**

ORIGINE

Marion est un dérivé de Marie. Voir ce prénom.

CARACTÈRE

D'un tempérament studieux, elle persévère malgré les difficultés. Son ambition est mal acceptée par sa famille qui souhaiterait des choix plus simples. L'apparence et les convenances sont fondamentales pour elle. Ses ami(e)s sont peu nombreux mais fidèles. Curieuse, elle prend beaucoup de plaisir à voyager. Séductrice, sa vie intime est beaucoup plus tumultueuse que sa vie professionnelle.

MARIUS

CHIFFRE : **9** FÊTE : 19 JANVIER

ORIGINE

Marius est le prénom du dictateur romain qui sauva Rome de l'invasion des Cimbres et des Teutons en les battant au pied de la montagne Sainte-Victoire, près de Marseille.

HISTOIRE

Saint Marius, au IIIe siècle, patricien romain, fut martyrisé avec sa famille pour s'être converti au christianisme.

CARACTÈRE

D'un tempérament jaloux, il est courageux et volontaire, compétent dans son milieu professionnel. Chez les femmes, il apprécie l'intelligence et la finesse d'esprit. Exigeant avec sa famille, d'humeur changeante, il est parfois difficile à vivre. En fait, c'est un introverti avide d'amour et d'amitié qui s'ignore.

MARJORIE

CHIFFRE : **8**

ORIGINE

Marjorie est un dérivé de Marguerite. Voir ce prénom.

CARACTÈRE

Elle a de l'audace et le goût du pouvoir. Mais cet appétit n'est-il pas un complexe d'infériorité déguisé ? Elle s'emploie avec talent à maintenir l'harmonie dans son couple. Généreuse, dévouée, elle ne semble pas donner prise à la fatigue. Sans être passéiste, aime ce qui est ancien.

MARK

CHIFFRE : 7 FÊTE : 25 AVRIL

ORIGINE

Mark est un diminutif de Marc. Voir ce prénom.

CARACTÈRE

Séducteur, il est instable dans sa vie affective, mais très apprécié de ses nombreux amis, quand il daigne les écouter. C'est un rebelle qui a des difficultés à se plier à une discipline. Il est brillant, dans ses études et sa profession, et généreux au point de promettre ce qu'il n'a pas.

MARLÈNE

CHIFFRE : **5**

ORIGINE
Marlène est un dérivé de Marie-Hélène. Voir ces prénoms.

CARACTÈRE
Attentive et sérieuse, elle veut réussir ses vies professionnelle et privée. Toujours optimiste, elle croit à la justice, au bonheur et à l'amour. Brillante en société, elle a parfois tendance à se contenter de vivre sur ses acquis. Sentimentalement, elle n'est pas toujours un modèle de fidélité. Pour la séduire, il faut la surprendre.

CÉLÉBRITÉS ET ANECDOTES
Marlène Dietrich, star d'origine allemande dans les années 40 alors les plus belles jambes d'Hollywood, et chanteuse à la voix rauque.

MARTHE

CHIFFRE : **2** FÊTE : 29 JUILLET

ORIGINE
Marthe vient de l'araméen *mar*, maîtresse.

HISTOIRE
Sainte Marthe est évoquée dans l'Évangile de saint Luc. Jésus s'étant arrêté chez elle, elle continue à faire le ménage et houspille sa sœur Marie qui, elle, écoute parler Jésus. Mais Marthe reconnaît comme Messie ce beau parleur lorsqu'il ressuscitera son frère Lazare. Selon une légende provençale, elle aurait, après avoir débarqué aux Saintes-Maries-de-la mer, vaincu la tarasque, un dragon qui dévastait les environs de Tarascon (ville dont elle est la patronne)…

CARACTÈRE
L'intelligence est sa qualité principale. Peu coquette, elle ne manque pas cependant de charme et de séduction. Elle recherche avec passion le vrai dans ses relations intimes et professionnelles. Réaliste, elle sait faire preuve d'audace. Sous son sourire se cache sa nature rêveuse.

CÉLÉBRITÉS ET ANECDOTES

Une sainte Marthe espagnole fut, au IIIe siècle, décapitée parce que chrétienne. La prier aidait à surmonter les maux d'estomac.

Sainte Marthe, patronne des femmes de ménage, était invoquée contre les maux de dos, fréquents lorsqu'on se livre à des taches domestiques.

MARTIAL

CHIFFRE : 2 FÊTE : 30 JUIN

ORIGINE

Martial vient du latin *martius*, qui signifie guerrier, Mars étant le dieu de la guerre chez les Romains.

HISTOIRE

Saint Martial, au IIIe siècle, évangélisa le Limousin.

CARACTÈRE

Intelligent, bohème, il ne manque pas de charme. Il recherche avec passion, le vrai dans ses relations. Réaliste, il sait faire preuve d'audace dans son milieu professionnel. Souvent rêveur, il n'en laisse rien voir au dehors, souriant et courtois.

CÉLÉBRITÉS ET ANECDOTES

Saint Martial, premier évêque de Limoges, était invoqué contre les oreillons, et pour obtenir beaucoup de châtaignes.

MARTIN

CHIFFRE : 3 FÊTE : 11 NOVEMBRE

ORIGINE

Martin, comme Martial, vient du latin *martius*, qui signifie guerrier, Mars ayant été le dieu de la guerre chez les Romains.

HISTOIRE

Saint Martin, né en Hongrie au début du IVe siècle, était officier dans l'armée romaine en Picardie. Croisant, l'hiver, un mendiant, il partagea en deux son manteau et en donna la moitié au misérable. La nuit suivante, en songe, il vit le Christ sous les traits du mendiant. Il se fit baptiser et christianisa la moitié nord de la France, jusqu'à la Loire.

CARACTÈRE

Inquiet de nature, il manque de confiance en lui-même, malgré les apparences. C'est un sentimental. Il réussit mieux dans sa vie affective que dans sa vie professionnelle, qui pour lui est secondaire. Il a la bonne humeur naturelle, spontanée, au point d'avoir l'humour un peu lourd. C'est un compagnon agréable, parce qu'attentif.

CÉLÉBRITÉS ET ANECDOTES

Saint Martin faisait l'objet d'un culte particulier des premiers rois de France, qui revendiquaient la moitié de son manteau comme étendard ; c'est pour abriter cette "chape" que l'on bâtit, dans l'église qui lui était consacrée à Tours, la première "chapelle". Il était invoqué, peut-être à cause de son manteau protecteur, par les femmes d'ivrognes lorsqu'elles subissaient des coups et aussi pour faire revenir les animaux égarés.

Cinq papes ont choisi ce prénom, porté aussi par le grand adversaire de la papauté : Martin Luther.

MARTINE

CHIFFRE : **8** FÊTE : 30 JANVIER

ORIGINE

Martine est un dérivé féminin de Martin.

HISTOIRE

Sainte Martine fut l'une des premières chrétiennes suppliciées à Rome, dont elle est l'une des saintes patronnes.

CARACTÈRE

Elle est éprise d'absolu, et a l'audace et le goût du pouvoir. Lorsqu'elle se met en ménage, elle s'emploie avec talent à maintenir l'harmonie dans son couple, grâce à son intuition. Généreuse, dévouée, elle ne semble pas donner prise à la fatigue. Sa tendresse, elle la réserve aux siens.

CÉLÉBRITÉS ET ANECDOTES

Sainte Martine était invoquée en cas de coliques.

MARVIN

CHIFFRE : **9**

CARACTÈRE

D'un tempérament réservé, qu'on prend pour de la timidité, il est en réalité gai. Intelligent, il manque souvent de confiance en lui. Volontaire dans son travail, tendre avec sa compagne, il cultive fidélité et sincérité.

MARYLIN

CHIFFRE : **2**

ORIGINE

Marylin est un diminutif de Marie-Lise. Voir ces prénoms.

CARACTÈRE

Sous des dehors assurés, c'est une sensible, une anxieuse. Son charme ne suffit pas toujours à combler son manque de rigueur. Mais la chance, qui aime la séduction, est avec elle. Surtout qu'elle est prête à aider le hasard à lui être favorable, par des moyens pas toujours très orthodoxes…

CÉLÉBRITÉS ET ANECDOTES

L'actrice Marylin Monroe…

MARY

CHIFFRE : 3 FÊTE : 15 AOÛT

ORIGINE

Mary et May sont des dérivés anglo-saxons de Marie.

CARACTÈRE

Elle est impatiente, en amour comme en affaires. Cette nerveuse s'épuise vite à trop se disperser. Mais quand elle a trouvé l'âme sœur pour son foyer et le compagnon sûr dans son travail, elle est d'une fidélité et d'une efficacité qui la rendent méconnaissable. Plutôt que d'avouer ses angoisses, elle préfère jouer la maladroite et la futile.

MARYSE

CHIFFRE : **9**

ORIGINE

Maryse est un diminutif de Marie, de Marie-Elisabeth, et de Marie-Lise. Voir ces prénoms. Selon une autre étymologie, Maryse est dans la langue provençale, le féminin de Marius.

CARACTÈRE

Une passionnée qui recherche l'amour et l'amitié dans des relations sans complication. Audacieuse, elle sait séduire par son équilibre et son dynamisme. Elle a une grande vitalité et une grande capacité de travail.

MAT

CHIFFRE : **7** FÊTE : 21 SEPTEMBRE

ORIGINE

Mat est un diminutif de Matthieu. Voir ce prénom.

CARACTÈRE

Sérieux et droit, il manque d'assurance en affaire. Pourtant, son originalité et sa franchise ont le don de séduire. Il brille en société par sa perspicacité. Détestant la solitude, il a besoin, pour son équilibre, d'amour et de passion.

MATÉO

CHIFFRE : **9** FÊTE : 21 SEPTEMBRE

ORIGINE

Matéo est un diminutif méditerranéen de Matthieu.

CARACTÈRE

D'un tempérament jaloux, il est courageux et volontaire, compétent. Chez les femmes, il apprécie l'intelligence et la finesse d'esprit. D'humeur changeante, il est parfois difficile à vivre. En fait, c'est un introverti avide d'amour et d'amitié qui s'ignore.

MATHILDE

CHIFFRE : **9** FÊTE : 14 MARS

ORIGINE
Mathilde vient du germanique *maht*, puissant, et *hild*, le combat (ou le bouclier).

HISTOIRE
Sainte Mathilde, au Xᵉ siècle, fut l'épouse du roi d'Allemagne Henri l'Oiseleur dont elle eut cinq enfants qu'elle éleva pieusement, tout en fondant des abbayes. En vain, car à la mort de son mari, ses enfants l'exilèrent dans l'un des couvents qu'elle avait fondés et l'y oublièrent, ne se réconciliant avec elle qu'à la fin de ses jours. Il faut dire, à leur décharge, que sa piété n'avait d'égal que son goût de l'intrigue, et qu'elle se mêlait volontiers de politique, aptitude dont ses rejetons héritèrent : sainte Mathilde fut mère du premier empereur d'Allemagne, du duc de Bavière, et, par sa fille, grand-mère d'Hugues Capet, premier roi de France

CARACTÈRE
D'un tempérament ferme, elle est appréciée pour sa franchise. Scrupuleuse, elle réussit ce qu'elle entreprend. Très économe, elle sait toutefois se montrer généreuse avec ses proches. Sociable, elle sait profiter des plaisirs que lui offre l'existence. L'amour fait partie des passes temps favoris de cette fausse ingénue qui papillonne volontiers avant de trouver le grand amour, celui pour lequel elle deviendra fidèle et passionnée.

CÉLÉBRITÉS ET ANECDOTES
Sainte Mathilde était invoquée par les parents maltraités par leurs enfants.

MATHURIN

CHIFFRE : 5 FÊTE : 1 NOVEMBRE

ORIGINE
Mathurin vient d'un mot latin désignant l'homme mûr.

HISTOIRE
Saint Mathurin fut évêque de Sens au IVᵉ siècle.

CARACTÈRE

Sérieux dans sa vie professionnelle, il entretient, dans sa vie privée, un fouillis continuel. Rien ne se passe jamais comme il le souhaite. Cependant, il arrive toujours à s'en sortir. Il adore gagner, mais sait se montrer aussi bon perdant.

CÉLÉBRITÉS ET ANECDOTES

Saint Mathurin, patron des potiers et tisserands, était invoqué en cas de troubles psychiques (il avait guéri de la folie la fille d'un roi), et par les époux craignant une scène de ménage.

MATTEW

CHIFFRE : **1** FÊTE : 21 SEPTEMBRE

ORIGINE

Mattew est une version anglo-saxonne de Matthieu. Voir ce prénom.

CARACTÈRE

Il s'épanouit facilement en société. Il tombe aussi fréquemment amoureux. Il aime l'indépendance, mais sait aussi écouter, et obéir aux autres, pour apprendre. C'est un inventif qui préfère la création à la routine.

MATTHIAS

CHIFFRE : **1** FÊTE : 14 MAI

ORIGINE

Matthias est un dérivé de Matthieu. Voir ce prénom.

HISTOIRE

Saint Matthias, disciple de Jésus, fut tiré au sort comme douzième apôtre, à la place de Judas. Il serait parti évangéliser en Turquie et aurait été martyrisé au sud du Caucase.

CARACTÈRE

Il aime le contact avec autrui, ne s'épanouit qu'en société. Mari fidèle, il apprécie la notoriété, le succès. Sa liberté, il la met au service de la collectivité, qui apprécie l'esprit d'initiative et le dévouement de cet altruiste.

CÉLÉBRITÉS ET ANECDOTES

Saint Matthias était invoqué par les alcooliques qui voulaient guérir de leur vice. Un autre saint Matthias fut évêque de Jérusalem au début du IIe siècle. Il était invoqué en cas de douleurs à l'estomac.

MATTHIEU

CHIFFRE : 7 FÊTE : 21 SEPTEMBRE

ORIGINE

Matthieu vient de l'hébreu *mattaï*, don de Dieu.

HISTOIRE

Saint Matthieu, percepteur d'impôt du roi Hérode, rencontre Jésus, décide de le suivre, devient l'un de ses douze apôtres, et écrit le premier évangile. Après avoir participé à l'évangélisation de la Palestine et de l'Éthiopie, où il serait mort martyr.

CARACTÈRE

Sérieux et droit, il manque parfois d'assurance. Pourtant, son originalité a le don de séduire les plus réservés. Il brille en société par sa perspicacité. Détestant la solitude, il a besoin, pour son équilibre, d'amour et de passion. Le charme et la séduction sont des armes qu'il n'hésite pas à utiliser.

MAUD

CHIFFRE : **3**

ORIGINE

Maud est un dérivé de Mathilde. Voir ce prénom.

CARACTÈRE

C'est une impatiente, en amour comme en affaires. Cette nerveuse s'épuise vite à trop se disperser. Mais quand elle a trouvé l'âme sœur pour son foyer et le compagnon sûr dans son travail, elle est d'une fidélité et d'une efficacité qui la rendent méconnaissable. Plutôt que d'avouer ses angoisses, elle préfère jouer la maladroite, et cacher le sérieux de ses projets sous une apparente futilité.

MAUR

CHIFFRE : **8** FÊTE : 8 NOVEMBRE

ORIGINE
Maur, comme Maurice, vient de *maur*, du pays des Maures (Mauritanie).

HISTOIRE
Saint Maur fut évêque de Verdun au IVe siècle.

CARACTÈRE
Il est plus volontaire qu'imaginatif, plus passionné que sentimental. Il aime la gloire, mais aussi la fidélité. Avec lui, en amour comme en affaires, pas de tricheries ou de faux-semblants ; il va droit au but, et s'il y en a qui redoutent sa franchise, de nombreux autres apprécient sa sérénité et son sens de l'honneur. Exigeant avec lui-même, il l'est aussi avec les autres, avant d'accorder son amitié ou son amour.

MAURICE

CHIFFRE : **7** FÊTE : 22 SEPTEMBRE

ORIGINE
Maurice, comme Maur, vient de *maur*, c'est-à-dire originaire du pays des Maures (Mauritanie).

HISTOIRE
Saint Maurice, chef de la légion thébaine, rattachée à l'armée impériale, est envoyé en Suisse combattre les Vandales sous le règne de Maximilien. Mais ces légionnaires sont chrétiens, et refusent de sacrifier aux dieux. L'empereur ordonne que la légion soit décimée : 1 soldat sur 10 (ils étaient plus de 6 000) est exécuté. La punition n'ayant pas fait céder les survivants, ceux-ci sont, à leur tour, décimés… Tout l'effectif de cette légion thébaine sera ainsi massacré, y compris Maurice.

CARACTÈRE
Beaucoup de réflexion, et d'à propos. Doué dans les matières artistiques, il est sensible, d'une grande richesse intérieure. Il n'aime pas se perdre dans des bavardages. Pour se sentir en confiance, il a besoin de se sentir entouré. En amour, ce tendre donne au centuple ce qu'il reçoit.

CÉLÉBRITÉS ET ANECDOTES

Saint Maurice, dont le casque aurait été porté par Charles Martel lors de la bataille de Poitiers, était invoqué par les soldats pour obtenir la victoire ou, moins martialement, contre les douleurs de la goutte. Un saint Maurice, conseiller des ducs de Bretagne au XIIe siècle, fonda le monastère de Carnoët. Barrès, Ravel, Utrillo, Béjart, Chevalier: Maurice est un prénom d'artistes.

MAURIN

CHIFFRE : **8** FÊTE : 8 NOVEMBRE

ORIGINE

Maurin est un diminutif de Maur. Voir ce prénom.

CARACTÈRE

Possédant le goût du travail collectif, il ne déteste pas pour autant être mis en avant. Réfléchi et honnête, il ne prend pas de décision à la hâte. Doté d'une force de caractère redoutable, il assume pleinement ses responsabilités, quitte à en bousculer l'ordre établi. S'il est entier dans ses points de vue, l'écoute et la compréhension des autres lui permet d'évoluer dans le bon sens. Sentimentalement, c'est un fidèle qui, pour le rester, saura tenir tête aux entreprises de séduction de celles qui voudraient partager l'intimité de ce fonceur.

MAX / MAXIME

CHIFFRE : 2

ORIGINE

Maxime (dont Max est un diminutif) vient du latin *maximus*, le plus grand.

HISTOIRE

Maxime, abbé d'un monastère de Constantinople au VIIe siècle, eut les deux mains coupées parce qu'il soutenait, contre le patriarche de la ville, que, conformément aux principes catholiques, il y avait deux natures en Jésus Christ (l'homme et le Dieu) ; son bourreau lui déclara que s'il avait soutenu qu'il n'y avait qu'une nature, il ne lui en aurait coupée qu'une.

CARACTÈRE

Séducteur, il est instable dans sa vie affective, mais très apprécié de ses nombreux amis, quand il daigne les écouter. C'est un rebelle qui a des difficultés à se plier à une discipline. Il est brillant, dans ses études et sa profession, et généreux au point que certains n'hésitent pas à abuser de ce qu'ils prennent pou de la naïveté. Il accorde une grande influence au couple et à la vie familiale.

CÉLÉBRITÉS ET ANECDOTES

Saint Maxime, on comprend pourquoi, était invoqué contre les blessures aux mains. Un saint Maxime (fête le 5 mai) fut au IVe s. évêque de Jérusalem, et condamné à travailler dans les mines après avoir eu un œil crevé. Les aveugles se plaçaient sous sa protection. Saint Maxime (fête le 25 novembre) abbé du monastère de Lérins, évangélisa la Provence au Ve s.

MAXIMILIEN

CHIFFRE : **1** FÊTE : 12 MARS

ORIGINE

Maximilien est un dérivé de Maxime. Voir ce prénom.

HISTOIRE

Saint Maximilien, un jeune Numide (Afrique du Nord) au IIIe siècle, fut exécuté parce que, devenu chrétien, il refusa de prendre les armes pour tuer ses semblables.

CARACTÈRE

Romantique et utopique, son originalité séduit. Rêveur, il sait aussi être un fonceur. Dans les situations difficiles, il utilise avec brio séduction et humour. Sa vie familiale et amicale est dense, même s'il ressent parfois le besoin d'être seul pour sauvegarder son équilibre.

CÉLÉBRITÉS ET ANECDOTES

Maximilien a été un des prénoms favoris des princes allemands et des archiducs autrichiens. L'un d'eux, fait empereur du Mexique par Napoléon III, fut fusillé par ses sujets rebellés.

MAY

CHIFFRE : 3 FÊTE : 15 AOÛT

ORIGINE
Mary et May sont des dérivés anglo-saxons de Marie. Voir *Mary*.

MÉLANIE

CHIFFRE : **5** FÊTE : 31 DÉCEMBRE

ORIGINE
Mélanie vient du grec *mélanos*, la couleur noire.

HISTOIRE
Mélanie, abbesse d'un monastère à Jérusalem, après avoir été une riche Romaine qui avait donné ses biens à l'Église, était redoutée pour ses colères. Sur son lit de mort, elle promit d'intervenir auprès des saints, si jamais elle arrivait parmi eux, pour obtenir le pardon des femmes coléreuses.

CARACTÈRE
Réservée et distante en public, maîtrisant sa spontanéité, elle est beaucoup plus exubérante avec ses proches. Réaliste, elle prend du recul avant de se décider. Cette confidente est appréciée pour sa disponibilité. Romantique - et parfois naïve -, elle craque facilement au premier regard, et dans sa passion, a parfois du mal à différencier flirt et véritable amour.

MELCHIOR

CHIFFRE : **9**

ORIGINE
Melchior vient d'un mot hébreu signifiant le roi.

HISTOIRE
Melchior est l'un des trois rois mages (avec Balthazar et Gaspard) qui, suivant l'étoile du berger, parvint jusqu'à Bethléem et déposa la myrrhe aux pieds de Jésus dans sa crèche.

CARACTÈRE

C'est un grand sensible. Imaginatif et brouillon. Son à-propos lui permettent d'exceller dans les métiers de commerce. Mais son manque de rigueur parfois, peut le desservir. Toutefois il finit toujours par retomber sur ses pieds ; la chance, qui aime les séducteurs, est avec lui.

MÉLISSA

CHIFFRE : **6**

ORIGINE

Mélissa vient du mot grec désignant le miel.

CARACTÈRE

Calme et organisée, elle est toujours agréable et souriante. Tout semble lui plaire ; elle sait apprécier chaque instant de la vie et rien ne semble l'arrêter dans la conquête de son bonheur.

MÉLISANDE

CHIFFRE : 5

ORIGINE

Mélisande est dérivé de Mélissa. Voir ce prénom.

CARACTÈRE

Sérieuse dans sa vie professionnelle, elle entretient, dans sa vie privée, un fouillis continuel, qui se retrouve dans ses amitiés et ses amours. Rien ne se passe jamais comme elle le souhaite. Cependant, elle arrive toujours à s'en sortir. Elle adore gagner, mais sait se montrer aussi bonne perdante.

MÉLODIE

CHIFFRE : **9**

ORIGINE

Mélodie vient d'un verbe grec signifiant chanter.

CARACTÈRE

C'est une passionnée qui recherche l'amour et l'amitié dans des relations sans complications. Courageuse et audacieuse, elle sait séduire par son équilibre et son dynamisme. Elle a une grande vitalité et une grande capacité de travail. Devant un obstacle, elle ne le contourne pas, elle l'affronte.

MERCÉDÈS

CHIFFRE : **9**

ORIGINE

Mercédès vient du mot merci, dans son ancien sens de grâce.

CARACTÈRE

Elle est douée d'une grande faculté d'adaptation. Tenace et prudente, charmeuse, elle préfère agir seule. Sous son apparente indifférence, elle mûrit longuement ses projets, car elle est fière, et n'aime pas l'échec. Son dynamisme est complété par une intuition très sûre.

CÉLÉBRITÉS ET ANECDOTES

L'ingénieur Benz, en hommage à sa femme, donna son prénom à ses voitures. Depuis, Mercédès est synonyme de solide, sinon de belle Allemande…

MICHAEL

CHIFFRE : **6** FÊTE : 29 SEPTEMBRE

ORIGINE

Michael est un dérivé anglo-saxon de Michel. Voir ce prénom.

CARACTÈRE

Serein en toutes circonstances, son caractère est franc et agréable. Subtil et spirituel, quoique timide, sa conversation est recherchée. Son charme et son intelligence n'empêchent pas gentillesse et bonté. Son solide sens pratique se double d'une obstination qui peut aller jusqu'à l'entêtement.

MICHEL

CHIFFRE : **5** FÊTE : 29 SEPTEMBRE

ORIGINE
Michel vient d'un mot hébreu signifiant "qui est comme Dieu."

HISTOIRE
Saint Michel est un archange, chef des légions célestes, vainqueur du démon dans l'Apocalypse de saint Jean. Il apparut à Jeanne d'Arc et l'envoya auprès de Charles VII. L'évêque d'Avranches, après une autre de ses apparitions, lui fit bâtir une église sur le mont… Saint-Michel.

CARACTÈRE
Simple et discipliné, il aime le travail bien fait. Ce bavard sait, cependant, garder secrets et confidences. D'une morale irréprochable, ce n'est ni un arriviste, ni un opportuniste. S'il est autoritaire dans les situations de crise, la colère n'est pas dans ses habitudes. Diplomate, il arrive à ce qu'il souhaite. En amour, c'est un compagnon fidèle et attentionné, qui aime surprendre.

CÉLÉBRITÉS ET ANECDOTES
Saint Michel, que Dieu envoie arrêter le bras d'Abraham, ouvrir la mer Rouge devant Moïse ou aider Daniel à tenir tête aux lions dans la fosse, était prié par les grands pécheurs d'intercéder en leur faveur pour écourter leur séjour en purgatoire. Michel est l'un des prénoms les plus fréquents en Occident depuis le haut Moyen Âge, de Michel-Ange à Montaigne.

MICHÈLE / MICHELLE

CHIFFRE : **1** FÊTE : 29 SEPTEMBRE

ORIGINE
Michèl(l)e est un dérivé féminin de Michel. Voir ce prénom.

CARACTÈRE
Peu expansive, c'est une travailleuse assidue. Aimant la vie, elle va au bout de tout ce qu'elle entreprend avec parfois des déboires mais souvent avec beaucoup de réussite. En amour, elle est secrète et fidèle.

MICHELINE

CHIFFRE : **1** FÊTE : 19 JUIN

ORIGINE

Micheline est un dérivé de Michèle. Voir ce prénom.

HISTOIRE

Micheline, en Italie au début du XIVe siècle, mariée à 12 ans, veuve à 20, entra chez les franciscaines et donna sa fortune aux pauvres, à la grande colère de sa belle-famille, qui la fit emprisonner. Ses gardiens, émus par sa détresse, la délivrèrent. Pour ne pas les dénoncer, Micheline prétendit avoir été délivrée par des anges. Elle mourut au retour d'un pèlerinage en terre Sainte.

CARACTÈRE

Peu expansive, c'est une travailleuse assidue. Rigueur et droiture sont les termes qui la qualifient le mieux. Aimant la vie, elle va au bout de tout ce qu'elle entreprend avec parfois des déboires mais souvent avec beaucoup de réussite. En amour, elle est secrète et fidèle.

CÉLÉBRITÉS ET ANECDOTES

Sainte Micheline avait un gros défaut : la gourmandise. Aussi l'invoquaient celles qui y succombaient… L'autorail nommé *micheline* fut ainsi désigné parce que, lors de son lancement, il était équipé de pneus Michelin.

MIGUEL

CHIFFRE : **4** FÊTE : 29 SEPTEMBRE

ORIGINE

Miguel est un dérivé espagnol de Michel. Voir ce prénom.

CARACTÈRE

Il aime être entouré de gens qui l'aiment. Son quotidien n'est pas toujours facile à vivre. D'un tempérament rêveur, il vit pour lui-même, en dehors des réalités. Il a, de temps en temps, besoin d'un "coup de gueule" de ses proches pour le ramener sur terre. Lorsqu'il est amoureux, il se métamorphose, usant de sa douceur et de sa séduction avec efficacité.

MIKE

CHIFFRE : **2** FÊTE : 29 SEPTEMBRE

ORIGINE

Mike est un dérivé anglo-saxon de Michel. Voir ce prénom.

CARACTÈRE

Respectueux de la liberté des autres et de leur intimité, il est volontaire, réfléchi et honnête. On lui reproche même parfois d'en faire un peu trop. L'exigence qu'il a pour son travail agace souvent ses collègues ou subalternes. Très tranché sur ce qui est bien ou mal, il n'apprécie pas les beaux parleurs. D'un caractère entier, il sait se montrer ambitieux aux moments propices, et apprécie qu'on lui résiste (mais pas trop). L'amour, quand il le trouve, le rend tendre et beaucoup moins exigeant. Il est sincère en amour comme en amitié.

MIREILLE

CHIFFRE : **2**

ORIGINE

Mireille est un prénom provençal "réinventé" par Frédéric Mistral.

CARACTÈRE

Sous des dehors assurés, c'est une sensible, une anxieuse. Imaginative, fringante, voire désinvolte, elle adore séduire, quitte à se révéler volage. Son à-propos et son charme lui permettent d'exceller dans les métiers de commerce. Mais son manque de rigueur parfois, peut la desservir. Toutefois, elle finit toujours par retomber sur ses pieds ; la chance, qui aime les séductrices, est avec elle. Surtout qu'elle est prêt à la bousculer, et à aider le hasard à lui être favorable, par des moyens pas toujours très orthodoxes…

CÉLÉBRITÉS ET ANECDOTES

Mireille, dans le poème occitan de Frédéric Mistral, est la fille d'un riche paysan amoureuse d'un pauvre vannier. Gounod a fait un opéra de leurs amours tragiques.

MISHA

CHIFFRE : **5** FÊTE : 29 SEPTEMBRE

ORIGINE
Michel vient d'un mot hébreu signifiant "qui est comme Dieu." Misha est la version slave de Michel ; voir ce prénom.

MOHAMED
MOHAMMED
MOHAMMAD

CHIFFRE : **9**

ORIGINE
Mohammed vient d'un mot arabe signifiant "le glorifié."

CARACTÈRE
C'est un passionné qui recherche l'amour et l'amitié dans des relations sans complications. Courageux et audacieux, il sait séduire par son équilibre et son dynamisme. Il a une grande vitalité et une grande capacité de travail. Un obstacle, il ne le contourne pas, il l'affronte.

CÉLÉBRITÉS ET ANECDOTES
Mohammed est un prénom très répandu, prénom de califes et de marchands, de poètes et de soldats.

MOÏSE

CHIFFRE : **7**

HISTOIRE
Moïse, l'un des principaux personnages de l'Ancien Testament, conduit le peuple juif hors d'Égypte où il était retenu en captivité, après avoir négo-

cié son départ avec le pharaon, jusqu'en Israël, la Terre promise. Sur le Sinaï, il reçoit de Dieu les Table de la Loi.

CARACTÈRE

Plutôt calme et réfléchi, il peut s'entêter. Sa franchise est déconcertante. Légèrement indolent, il a tendance à se laisser porter par les événements, mais pallie ce défaut par une grande intuition. Ayant insuffisamment confiance en lui, il a besoin d'être rassuré. Chez cet émotif, la colère monte aussi vite qu'elle redescend. Fidèle en amitié comme en amour, possessif, il s'entoure d'amis en lesquels il a toute confiance. Il s'engage toujours avec beaucoup de conviction et on peut s'appuyer sur lui.

CÉLÉBRITÉS ET ANECDOTES

Moïse est un prénom commun aux chrétiens et aux Juifs.

MONICA

CHIFFRE : **4** FÊTE : 27 AOÛT

ORIGINE ·

Monica est un diminutif de Monique. Voir ce prénom.

CARACTÈRE

Elle est simple et sophistiquée à la fois. Sensible et émotive, elle est directe. Toujours prête à rendre service, elle a parfois, à trop se replier sur elle-même. Sa conversation spirituelle fait qu'on lui pardonne volontiers ses changements d'opinion. Elle ne confond jamais sa vie professionnelle, dans laquelle elle se montre très active, avec sa vie privée.

MONIQUE

CHIFFRE : **4** FÊTE : 27 AOÛT

ORIGINE

Monique vient du mot grec *monos*, l'unique, le seul.

HISTOIRE

Sainte Monique, née à Carthage au IVe siècle, fut la mère de saint Augustin, qu'elle convertit après une jeunesse agitée.

CARACTÈRE

Volontaire et persévérante, elle est une travailleuse acharnée, qui sait ménager sa vie privée tout en poursuivant ses ambitions professionnelles. Réaliste et droite, elle est toujours de bon conseil. Sentimentale et affectueuse, passionnée, elle conçoit l'amour comme un engagement fort, durable, fondé sur la confiance et la fidélité.

CÉLÉBRITÉS ET ANECDOTES

Sainte Monique était invoquée par les mères qui désiraient ramener leurs fils dans le droit chemin.

MORGAN

CHIFFRE : 5

ORIGINE

Morgan vient du gallois et signifie grand et brillant.

CARACTÈRE

Il est gai et capricieux, et, s'il est infidèle, c'est davantage par curiosité que par désamour. Son besoin d'autonomie se double d'un besoin de protection. À ceux qui savent le comprendre, il donne généreusement sa tendresse. Sa vivacité fait merveille dans la vie professionnelle, surtout quand il lui faut voyager ou fréquemment changer d'air. Il déteste la routine, et les contraintes… bancaires.

MORGANE

CHIFFRE : 1

ORIGINE

Morgane est le féminin de Morgan. Voir ce prénom.

CARACTÈRE

Elle est simple et sophistiquée à la fois. Sensible et émotive, elle aime la justice, et se montre franche dans les situations amoureuses. Toujours prête à rendre service, elle a parfois, à trop se replier sur elle-même, tendance à se couper des réalités. Sa gentillesse fait qu'on lui pardonne volontiers ses changements d'opinion. Elle ne confond jamais sa vie profes-sionnelle, où elle se montre très active, avec sa vie privée.

CÉLÉBRITÉS ET ANECDOTES

La Morgane la plus célèbre est la fée des légendes celtiques, dont même l'enchanteur Merlin tomba amoureux.

MORVAN

CHIFFRE : **2**

ORIGINE

Morvan est un dérivé celte de Maurice, et de Maur.

CARACTÈRE

Curieux et passionné par son travail, il lui arrive d'oublier ceux qui l'entourent. D'une grande sensibilité et ayant besoin d'être rassuré constamment, on s'épuise à son contact. Gai et honnête, sa famille est sa plus grande réussite. Ses amitiés sont hétéroclites. Même s'il joue parfois au beau parleur, il reste fidèle à sa compagne.

MOSHÉ

CHIFFRE : **7**

ORIGINE

Version hébraïque de Moïse ; voire ce prénom.

MOSTAFA / MUSTAFA

CHIFFRE : **3**

ORIGINE

Mostafa vient d'un mot arabe signifiant "élu de Dieu".

CARACTÈRE

D'une nature sensible, ce timide gai aime les contacts, mais ne s'engage jamais en entier. Il séduit par son imagination, son intelligence et sa sensibilité. Il se dédouble : d'un côté l'homme brillant, de l'autre l'introverti cultivant dans le calme son jardin secret.

MURIEL

CHIFFRE : **6** FÊTE : 15 AOÛT

ORIGINE

Muriel serait une forme… normande de Marie.

CARACTÈRE

D'un caractère fort, elle est ouverte au monde et ne souhaite qu'une seule chose : réussir. Elle sait canaliser son émotion, et rester maîtresse d'elle en toutes circonstances. Lucide sur son milieu professionnel, elle s'attache peu. Dans le privé, elle privilégie les ami(e)s de longue date. En amour, elle réfléchit longtemps avant de s'abandonner ; mais cette froide en apparence peut se révéler une passionnée, à qui sait lui embraser le cœur.

MYRIAM

CHIFFRE : **7** FÊTE : 15 AOÛT

ORIGINE

Myriam, c'est Marie en hébreu. Voir ce prénom.

CARACTÈRE

D'un naturel gai, elle s'intéresse à tout ce qui l'entoure. Sa vie professionnelle est parfois chaotique mais elle s'en sort toujours avec intelligence. Sensible et susceptible, il lui arrive de perdre son sang-froid. Généreuse, elle sait rendre service tout en restant discrète. Sincère et loyale avec ses amis, sa vie amoureuse est faite de douceur et de tendresse.

NADÈGE

CHIFFRE : **9** FÊTE : 18 SEPTEMBRE

ORIGINE

Nadège vient d'un mot russe signifiant l'espérance.

HISTOIRE

Sainte Nadège aurait été martyrisée au IIe siècle à Rome.

CARACTÈRE

C'est une passionnée qui recherche l'amour et l'amitié dans des relations sans complication. Courageuse, elle sait séduire par son équilibre et son dynamisme. Elle a une grande vitalité et une grande capacité de travail. Devant un obstacle, elle ne le contourne pas, elle l'affronte.

NADIA

CHIFFRE : **2** FÊTE : 18 SEPTEMBRE

ORIGINE

Nadia est un dérivé de Nadège. Voir ce prénom.

CARACTÈRE

L'intelligence est sa qualité principale. Peu coquette, elle ne manque pas cependant de charme et de séduction. Elle recherche avec passion le vrai dans ses relations intimes, amicales et professionnelles. Réaliste, elle sait faire preuve d'audace dans son milieu professionnel. Souvent mélancolique et rêveuse, elle n'en laisse rien voir au dehors, souriante et joyeuse.

NADINE

CHIFFRE : 9 FÊTE : 18 SEPTEMBRE

ORIGINE

Nadine est un dérivé de Nadège. Voir ce prénom.

CARACTÈRE

Elle est douée d'une grande faculté d'adaptation. Tenace et prudente, charmeuse et réservée, elle sait mener à bien ses entreprises. Créative, elle préfère agir seule. Sous son apparente indifférence, elle mûrit longuement ses projets, car elle est fière, et n'aime pas l'échec. Son dynamisme est complété par une intuition très sûre.

NARCISSE

CHIFFRE : **7** FÊTE : 29 OCTOBRE

ORIGINE

Narcisse vient d'un mot grec désignant cette fleur, à partir de la racine *narkos*, le sommeil.

HISTOIRE

Saint Narcisse fut évêque de Rome au IIe siècle : élu à ce siège centenaire, il l'aurait occupé seize ans !

CARACTÈRE

Séducteur, instable dans sa vie affective, mais très apprécié de ses nombreux amis. C'est un rebelle qui a des difficultés à se plier à une discipline. Il est brillant, dans ses études et sa profession, et généreux au point de promettre ce qu'il n'a pas.

CÉLÉBRITÉS ET ANECDOTES

Saint Narcisse, nouveau Mathusalem, était invoqué par ceux qui voulaient vivre vieux.

Le premier Narcisse, d'après la mythologie, fut un Grec, jeune et beau, qui, en se mirant dans une fontaine, tomba amoureux de sa propre image. Il mourut de langueur en se contemplant ; à sa place, poussa la fleur qui porte son nom.

NATACHA

CHIFFRE : **1** FÊTE : 1 DÉCEMBRE

ORIGINE

Natacha est un diminutif de Nathalie. Voir ce prénom.

CARACTÈRE

Elle est simple et sophistiquée à la fois. Sensible et émotive, elle aime la justice, et se montre franche dans les situations amoureuses. Toujours prête à rendre service, elle a parfois, à trop se replier sur elle-même, tendance à se couper des réalités. Sa gentillesse fait qu'on lui pardonne volontiers ses changements d'opinion. Elle ne confond jamais sa vie professionnelle, où elle se montre très active, avec sa vie privée.

NATHALIE

CHIFFRE : **7** FÊTE : 27 JUILLET

ORIGINE

Nathalie vient du latin *natalis*, "jour de naissance", allusion à celui du Christ.

HISTOIRE

Sainte Nathalie, au IVe siècle, vivait en Turquie où elle visitait les prisons afin de soigner les chrétiens qu'on y avait suppliciés. Elle l'aurait payé de sa vie, partageant le supplice de son époux, saint Adrien (voir ce prénom). Selon une autre légende, elle aurait réussi à s'enfuir à Constantinople, où elle aurait achevé ses jours dans la prière et la charité.

CARACTÈRE

Elle a tendance, sentimentalement, à trop vite s'emporter, puis à se laisser dévorer par l'incertitude. Mais l'instabilité amoureuse n'est pas toujours pour déplaire à cette affectueuse qui sait que pour recevoir, il faut aussi donner. Elle déteste la routine, et réussit dans les professions où l'on se remet constamment en cause. Sa situation financière s'en ressent ; il y a des hauts, mais aussi des bas... Mais elle sait qu'elle peut compter sur ses amis, tant elle sait s'en faire... Cette avide de tendresse préserve avec soin sa vie privée.

CÉLÉBRITÉS ET ANECDOTES

Sainte Nathalie était invoquée pour venir en aide aux blessés.

Sainte Nathalie aurait, au IXe siècle à Cordoue, ville musulmane, subi le martyre en compagnie de son époux saint Aurèle. Elle avait caché qu'elle était chrétienne jusqu'à ce qu'elle voit un coreligionnaire fouetté en public. Elle osa alors, par défi, se promener sans son voile islamique, et fut décapitée.

NATHAN

CHIFFRE : 4

ORIGINE

Nathan vient d'un mot hébreu signifiant le don de Dieu.

CARACTÈRE

Très adaptable, il mène sa vie professionnelle avec prudence et ténacité. Original et créatif, les idées nouvelles le dynamisent et son intuition lui permet de poursuivre les projets les plus fous. Son besoin d'isolement peut parfois créer des tensions. Le secret qu'il entretient sur ses rencontres et ses amours le rend attirant auprès des femmes, et il s'en amuse. Mais ce mystérieux a le culte de l'amour vrai, et de l'amitié.

CÉLÉBRITÉS ET ANECDOTES

Nathan est un prophète biblique qui reproche au roi David d'avoir fait tuer l'un des officiers de son armée pour ensuite épouser sa femme, Bethsabée (future mère de Salomon).

NATHANAËL

CHIFFRE : **4** FÊTE : 24 AOÛT

ORIGINE

Nathanaël vient d'un mot hébreu signifiant "ce que Dieu seul peut donner". C'est le prénom de Barthélémy (voir ce prénom) qui change d'identité après sa rencontre avec le Christ.

CARACTÈRE

Possédant le sens de l'amitié, il est agréable à vivre. Il sait être le confident idéal en cas de besoin. D'un tempérament dynamique et impatient, il est parfois incompris de ses proches qui n'adhèrent pas automatiquement à ses projets ou à ses changements. Drôle et fin d'esprit, il a l'habitude de séduire son assistance aussi bien masculine que féminine. Sa morale et sa droiture sont à toute épreuve. L'amour est un jeu pour lui, et il garde de très bonnes relations avec ses anciennes compagnes.

NELLY

CHIFFRE : **5** FÊTE : 25 DÉCEMBRE

ORIGINE

Nelly est un dérivé féminin de Noël. Voir ce prénom.

CARACTÈRE

Elle est affectueuse, mais peut se montrer infidèle, tant elle aime la nouveauté, et l'aventure… Idéaliste, elle hésite constamment entre les chaînes du grand amour et son besoin de liberté. Comme elle aime les voyages, elle choisit sa profession en conséquence. Dynamique et douée de l'esprit d'initiative, elle est appréciée de son entourage, et de ses clients, car elle excelle dans le commerce. Cette "bosseuse" qui, sous une apparente décontraction, cache une grande application, est parfois trahie par sa nervosité qui se manifeste en cas de grosse fatigue.

NESTOR

CHIFFRE : **1** FÊTE : 26 FÉVRIER

ORIGINE

Nestor est le prénom d'un vieux roi, dont la vie couvre trois générations, héros de la guerre de Troie, et qui passe son temps, en vain, à vouloir réconcilier les Grecs entre eux.

HISTOIRE

Saint Nestor, évêque en Turquie au IIIe siècle, condamné à être crucifié, demanda à Dieu, alors que ses bourreaux l'emmenaient au supplice, de faire cesser la pluie, afin que ces derniers ne soient pas mouillés !

CARACTÈRE

Mari fidèle, il ne s'épanouit bien qu'en société. Sa liberté et son esprit d'indépendance, il les met au service de la collectivité, qui apprécie son esprit d'initiative et son dévouement.

CÉLÉBRITÉS ET ANECDOTES

Saint Nestor était, bien sûr, invoqué pour faire cesser la pluie.

Un autre Nestor, théologien dont l'Église a fait un hérétique, combattit au Ve siècle le culte de Marie, disant qu'une femme pouvait donner naissance à un homme, mais pas à un Dieu.

NICK / NICOLAS

CHIFFRE : **1** FÊTE : 6 DÉCEMBRE

ORIGINE

Nicolas vient du grec *niké*, la victoire, et de *laos*, le peuple.

HISTOIRE

Saint Nicolas, évêque de Myre, en Turquie au IVe siècle, entra un jour chez un aubergiste qui venait d'égorger, de découper et de mettre au saloir de trois jeunes enfants afin de les donner à manger ultérieurement à ses clients. Saint Nicolas ressuscita les petits, en recolla les morceaux épars et pardonna à l'aubergiste. Une autre fois, il fit parvenir à un homme ruiné une bourse pleine d'or afin qu'il renonce à son projet de prostituer ses trois jeunes filles pour subvenir aux besoins de sa famille.

CARACTÈRE

Il s'épanouit facilement en société. Il tombe aussi fréquemment amoureux. Il aime l'indépendance, mais sait aussi écouter, et obéir. C'est un inventif qui préfère la création à la routine. En amour, c'est un compagnon attentif et agréable, quand il décide de se fixer.

CÉLÉBRITÉS ET ANECDOTES

Saint Nicolas, patron de la Russie et de la Lorraine, protecteur des petits enfants et des jeunes filles pauvres, est invoqué lors des maladies infantiles. Prénom populaire tout au long des siècles, Nicolas a été porté par des savants un peu alchimistes, Copernic et Flamel, des peintres classiques, Poussin et Fouquet, des hommes de lettres à la plume acérée, Restif de la Bretonne, Machiavel, Boileau, Chamfort, Gogol…

NICOLE

CHIFFRE : **4** FÊTE : 6 DÉCEMBRE

ORIGINE

Nicole est un dérivé féminin de Nicolas. Voir ce prénom et voir Colette, son diminutif.

CARACTÈRE

Adaptable comme un caméléon, originale et créative, elle mène sa vie avec prudence et ténacité. Son besoin d'isolement peut parfois créer des tensions. Solitude qui se retrouve souvent dans sa vie intime. Le secret qu'elle entretient sur ses rencontres et ses amours l'amuse, et elle en joue. Mais cette mystérieuse a le culte de l'amour vrai, et de l'amitié.

NILS

CHIFFRE : **1** FÊTE : 6 DÉCEMBRE

ORIGINE

Nils est un dérivé scandinave de Nicolas. Voir ce prénom.

CARACTÈRE

D'une grande sensibilité et toujours prêt à rendre service, il apporte beaucoup aux autres. C'est l'amour et non l'ambition qui le fait agir, pour aller au bout de ses combats et espoirs. Sa séduction naturelle et sa sincérité sont ses armes. Sa franchise lui vaut parfois des remarques désobligeantes, mais il peut compter sur le soutien de ses amis en cas de besoin. Les échecs ne lui font pas peur. Cependant, on a parfois du mal à comprendre sa soudaine brusquerie et ses enfantillages.

NINA

CHIFFRE : **2** FÊTE : 14 JANVIER

ORIGINE

Nina est-il un diminutif de Ninon (voir ce prénom) ou tient-il son origine du mot espagnol *nina*, qui veut dire petite fille ?

HISTOIRE

Sainte Nina, au IVe siècle, bien qu'esclave, réussit à convertir au christianisme le roi de Georgie et sa famille.

CARACTÈRE

C'est une grande sentimentale. Imaginative autant qu'intuitive, elle a la séduction facile, même si elle s'expose à des revers et à des déceptions amoureuses. Son esprit inventif lui permet de dominer les obstacles, son sens de l'autre lui permet de briller dans les relations sociales. Elle ne sait pas être économe, et de ses efforts, et de ses deniers ; cela la conduit parfois à de grosses fatigues, et à quelques difficultés bancaires parce que, trop sûre d'elle, elle a entrepris des dépenses inconsidérées.

NINON

CHIFFRE : **3** FÊTE : 15 DÉCEMBRE

ORIGINE

Dérivé d'Anne, ou dérivé de *Ninos*, l'époux de Sémiramis, la reine mythique de Babylone ?

CARACTÈRE

C'est une impatiente, en amour comme en affaires. Elle se lasse vite de ses soupirants, et s'épuise à trop se disperser. Mais quand elle a trouvé l'âme sœur pour son foyer et le compagnon sûr dans son travail, elle est d'une fidélité et d'une efficacité qui la rendent méconnaissable. Plutôt que d'avouer ses angoisses, elle préfère jouer la maladroite, et cacher le sérieux de ses projets sous une apparente futilité.

CÉLÉBRITÉS ET ANECDOTES

Ninon de Lanclos, au XVIIe siècle, fut une femme d'esprit et une grande séductrice, et continua à recevoir des hommages masculins jusqu'à un âge très avancé. Selon les chroniqueurs de son époque, dont Mme de Sévigné, elle fut l'égérie de trois générations...

NOËL

CHIFFRE : **1** FÊTE : 25 DÉCEMBRE

ORIGINE

Noël vient du latin *nativus*, "il est né".

CARACTÈRE

Il est épanoui, et porté sur les autres. Il aime la vie en famille, privilégie le mariage aux aventures sans lendemain. Gros travailleur, adepte du principe "mieux vaut un petit chez soi qu'un gros chez les autres", il préfère garder son indépendance, quitte à renoncer à ses ambitions - justifiées - au sein d'une grande entreprise. Bon gestionnaire, contraire d'un "panier percé", il sait où il va, quitte, parfois, à désorienter son entourage, qu'il ne met pas toujours dans la confidence.

NOËLLE

CHIFFRE : **9** FÊTE : 25 DÉCEMBRE

ORIGINE

Noëlle est une adaptation féminine de Noël.

CARACTÈRE

Belle et charmante, elle est dotée d'un fort caractère, proche, parfois, de l'entêtement. Avec elle, il faut faire preuve de patience ! Gracieuse, elle ne fait mystère ni de ses déconvenues, ni de ses joies. Volontaire, elle aime être la meilleure en tout et elle met tout en œuvre pour y arriver. Elle aime les voyages pour les contacts avec les autochtones, et se lie vite d'amitié avec les étrangers. L'amour est pour elle une source d'apaisement et d'équilibre.

NOÉMIE

CHIFFRE : **7**

ORIGINE

Noémie vient d'un mot hébreu signifiant "ma grâce".

HISTOIRE

Noémie, dans la Bible, est la belle-mère de Ruth, dont elle favorise le mariage avec Booz.

CARACTÈRE

Elle a tendance, sentimentalement, à trop vite s'emporter, puis à se laisser dévorer par l'incertitude. Mais l'instabilité amoureuse n'est pas toujours pour déplaire à cette affectueuse romantique qui n'oublie pas que pour recevoir, il faut aussi donner. Et comme elle aime les cadeaux… Elle déteste la routine, et sait, car d'une grande honnêteté intellectuelle, se remettre fréquemment en cause. Sa situation financière s'en ressent ; il y a des hauts, mais aussi des bas… Mais elle sait qu'elle peut compter sur ses amis, car elle en a beaucoup…

NORA

CHIFFRE : **3**

ORIGINE
Nora est un diminutif d'Éléonore. Voir ce prénom.

CARACTÈRE
Gaie, sensible et timide, elle aime rire des autres mais est très susceptible quand on se moque d'elle. Imaginative, ces idées inattendues séduisent son entourage, qu'il soit familial ou professionnel. Intelligente et émotive, elle reste secrète en ce qui concerne ses sentiments amoureux. Elle fait toujours de son mieux pour atteindre les buts qu'elle se fixe ou qu'on lui fixe. Si la colère n'est pas l'un de ses arguments, pour se faire entendre, elle peut se montrer violente devant l'injustice.

NORBERT

CHIFFRE : **2** FÊTE : 6 JUIN

ORIGINE
Norbert vient du germanique *north*, le nord et *behrt*, illustre.

HISTOIRE
Saint Norbert, né en Rhénanie au XIe siècle, est un noble à la vie dissipée, malgré son poste à la cour de l'empereur de chapelain. En 1115, il est frappé par la foudre. On le croit mort. Il en réchappe et fait le vœu de mener, désormais, une vie austère. Il s'exile en Provence, puis dans la région de Laon, où il fonde l'ordre des Prémontés, des chanoines qui se consacrent à la prière, et au prêche dans les paroisses. Nommé évêque de Magdebourg, en Saxe, il y meurt le 6 juin 1134.

CARACTÈRE
C'est un grand sensible. Imaginatif et brouillon, il sait séduire, mais, aussi, être volage. Son esprit inventif et son à-propos lui permettent d'exceller dans les métiers de commerce. Mais son manque de rigueur parfois, peut le desservir. Toutefois il finit toujours par retomber sur ses pieds ; la chance, qui aime les séducteurs, est avec lui.

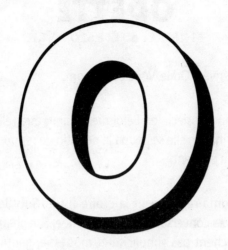

OCTAVE

CHIFFRE : **3** FÊTE : 20 NOVEMBRE

ORIGINE

Octave vient du latin *octavius*, le huitième.

HISTOIRE

L'Octave (ou Octavien) le plus célèbre est le petit-neveu de Jules César, qui devint empereur sous le nom d'Auguste. Saint Octavien fut, lui, un prêtre martyr de Carthage, au Ve siècle.

CARACTÈRE

Naturel et enjoué, ambitieux, il ne compte pas sur les autres pour arriver où il le souhaite. Timide dans les situations nouvelles, il lui faut parfois du temps pour s'adapter. Amoureux et indépendant, il a du mal à gérer ces deux aspects de sa vie.

CÉLÉBRITÉS ET ANECDOTES

Saint Octavien, bien invoqué, hâtait la cicatrisation des petites plaies.

ODETTE

CHIFFRE : **6** FÊTE : 20 AVRIL

ORIGINE
Odette est un dérivé d'Odile. Voire ce prénom.

HISTOIRE
Sainte Odette, au XIIe siècle en Belgique, désirait être religieuse; ses parents voulant la marier, elle se coupa le nez afin de repousser son prétendant, et entrer au couvent.

CARACTÈRE
Émotive et volontaire, on peut la croire futile. Subtile et spirituelle, quoique timide, sa conversation est recherchée. Son charme et son intelligence n'empêchent pas simplicité et modestie, gentillesse et bonté. Son solide sens pratique se double d'une obstination qui peut aller jusqu'à l'entêtement. Au paraître elle préfère l'efficacité. Avec elle, professionnellement ou sentimentalement, c'est "du solide".

ODILE

CHIFFRE : **9** FÊTE : 13 DÉCEMBRE

ORIGINE
Odile vient du germain *Odo*, la richesse.

HISTOIRE
Sainte Odile, à l'époque mérovingienne, naquit aveugle. Son père, comte d'Alsace, qui désirait un garçon, voulut la tuer. Sa mère la mit à l'abri dans un monastère. Baptisée, Odile recouvra miraculeusement la vue. Elle revint chez son père, qui voulut la marier. Elle dut s'enfuir, avant de revenir. Son père lui offrit un château dont elle fit un monastère et un hôpital (sur le mont Saint-Odile) où elle mourut en 720. Patronne de l'Alsace, elle était invoquée contre la varicelle.

CARACTÈRE
Elle préfère le passé au futur, sans pour autant sombrer dans la nostalgie. Bonne vivante et sensible, elle a le sens de l'accueil, et le sourire toujours chaleureux. Elle sait séduire au moment opportun. Chanceuse en amour et en amitié, elle s'emploie avec talent à ce que sa vie soit sereine.

ODILON

CHIFFRE : **6** FÊTE : 11 MAI

ORIGINE
Odilon est un dérivé masculin d'Odile. Voir ce prénom.

HISTOIRE
Saint Odilon au XIe siècle, porta l'abbaye de Cluny à son apogée ; on lui doit la fête de la Toussaint.

CARACTÈRE
Il peut se montrer sévère et réservé, mais, quand il vous accorde sa confiance, c'est un ami proche et sensible, plein de délicatesse et d'humour. Lucide, il aspire aussi bien à une réussite professionnelle que familiale. Ce qui peut parfois le faire paraître sans ambition. Mais il se soucie peu du regard des autres, et suit la route qu'il s'est tracée sans en dévier. C'est souvent un chercheur, un homme de science.

CÉLÉBRITÉS ET ANECDOTES
Saint Odilon accompagnait les morts jusqu'au purgatoire.

OLAF

CHIFFRE : **7** FÊTE : 29 JUILLET

ORIGINE
Olav, en germanique, signifie d'aïeul, donc le sage.

HISTOIRE
Saint Olav Ier, roi de Norvège au XIe siècle, voulut imposer le christianisme à ses sujets, mais périt lors d'une bataille contre un autre Olav, roi de Suède.

CARACTÈRE
Ambitieux et honnête, c'est un travailleur rigoureux et organisé, qui aime le travail bien fait. D'un tempérament solitaire, les femmes l'intimident ; mis en confiance, c'est un séducteur discret, un compagnon attentionné.

CÉLÉBRITÉS ET ANECDOTES
Olav a été l'un des prénoms favoris des rois scandinaves, de Suède, de Norvège ou du Danemark

OLGA

CHIFFRE : **8** FÊTE : 11 JUILLET

ORIGINE
Olga vient d'un mot scandinave signifiant chance.

HISTOIRE
Sainte Olga, au Xe siècle, épouse d'un grand-duc russe, se convertit au catholicisme et commença à l'imposer à ses sujets russes.

CARACTÈRE
Elle est généreuse et femme de caractère. Gaie et communicative, à la fois tempérée et fonceuse, elle a appris à séduire sans être pour autant provocante. Lucide sur ses capacités, elle sait mettre en avant ce qu'elle a de meilleur. Les chaînes de l'amour sont paradoxalement indispensables à cette indépendante.

OLIVIA

CHIFFRE : **5** FÊTE : 5 MARS

ORIGINE
Olivia vient du mot olive.

HISTOIRE
Sainte Olivia (ou Olive) fut, au IIe siècle, une chrétienne martyrisée en Italie.

Une autre sainte Olive (fête le 10 juin) fut, à 13 ans, au IXe siècle en Sicile, enlevée par des pirates qui l'abandonnèrent dans une forêt près de Tunis afin qu'elle soit dévorée par les bêtes sauvages. Mais parce qu'elle était chrétienne, les fauves l'épargnèrent. Comme elle convertissait, depuis sa forêt, chasseurs et visiteurs, le gouverneur de Tunis la fit arrêter, et lui ordonna de se convertir à l'Islam. Elle refusa. Il voulut la faire brûler vive ; mais elle convertit ses bourreaux. Alors il la fit décapiter : lorsque sa tête tomba, son âme devint colombe et monta vers le ciel.

CARACTÈRE
Elle est gaie et vive. Capricieuse, souvent. Elle s'amuse de ce qui est nouveau. D'une grande curiosité, elle aime faire ses découvertes en bonne compagnie, surtout masculine. Elle a bon cœur, à tous les sens du terme. Si elle a besoin d'autonomie, d'indépendance, elle n'en est pas pour au-

tant une fanatique de la solitude. À ceux qui savent la comprendre, elle donne si généreusement sa tendresse, et son amour qu'on lui pardonne d'être légère, voire infidèle.

OLIVIER

CHIFFRE : **9** FÊTE : 12 JUILLET

ORIGINE
Olivier vient du mot olive.

HISTOIRE
Saint Olivier, au XVIIᵉ siècle, évêque irlandais, s'opposa à ce que les Irlandais soient spoliés de leurs terres au profit des protestants. Il fut pendu à Londres, après avoir pardonné à ses bourreaux.

CARACTÈRE
D'un tempérament jaloux, il est courageux et volontaire, compétent dans son milieu professionnel. Chez les femmes, il apprécie l'intelligence et la finesse d'esprit. Exigeant avec sa famille, d'humeur changeante, il est parfois difficile à vivre. En fait, c'est un introverti avide d'amour et d'amitié qui s'ignore.

OLYMPE

CHIFFRE : **5**

ORIGINE
Olympe est le nom du mont où séjournaient leurs dieux, selon les Anciens Grecs.

CARACTÈRE
Elle a un caractère bouillonnant, aime la vie, et la vivacité. Intuitive, elle est aussi fantaisiste. Émotive, sensible, et sensuelle, elle est aussi capable, malgré son attrait pour la nouveauté, d'une grande fidélité. Même si elle déteste la vie sédentaire. C'est un feu follet dont l'éclat illumine son entourage.

OLYMPIA

CHIFFRE : **1**

ORIGINE
Olympia est un dérivé d'Olympe. Voir ce prénom.

CARACTÈRE
Souriante, elle a un tempérament explosif. Responsable dans sa vie professionnelle et familiale, elle admet difficilement ses erreurs. Dynamique, elle aime être entourée de sa famille et lui accorde beaucoup de temps et de tendresse. Facilement accessible, ses ami(e) s proches apprécient sa franchise. En amour, elle s'engage rarement à la légère.

CÉLÉBRITÉS ET ANECDOTES
Olympia, tableau de Manet, fit scandale en 1865 : il représentait une femme nue langoureusement allongée sur un sofa.

OMAR

CHIFFRE : **3**

HISTOIRE
Omar, successeur de Mahomet, conquit la Perse, et la Syrie, jusqu'à l'Égypte, avant d'être assassiné à Médine, au VIIe siècle.

CARACTÈRE
Naturel et enjoué, ambitieux, il ne compte pas sur les autres pour arriver où il le souhaite. Timide dans les situations nouvelles, il lui faut parfois du temps pour s'adapter. Amoureux et indépendant, il a du mal à gérer ces deux aspects de sa vie.

CÉLÉBRITÉS ET ANECDOTES
Omar Khayam, savant persan du XIIe siècle, et aussi délicat poète des roses, des femmes et du vin.

OMER

CHIFFRE : **6** FÊTE : 9 SEPTEMBRE

ORIGINE
Omer vient du germanique *ald* l'ancien, et *ward* le garde.

HISTOIRE

Saint Omer, moine du VIIe siècle, fonda le monastère qui a donné son nom à la ville qui a été bâtie autour.

CARACTÈRE

Sérieux et d'humeur toujours égale, c'est un rêveur. Calme et serein, il est très apprécié de son entourage, professionnel ou privé. Ses passions amoureuses sont souvent orageuses. Il attend de ses compagnes le respect de son indépendance et de sa personnalité. Mais ce charmeur un peu roué a de nombreux atouts pour convaincre, quand il le veut.

CÉLÉBRITÉS ET ANECDOTES

Saint Omer, aveugle sur la fin de sa vie, était invoqué pour rendre la vue aux aveugles ou… contre la constipation.

OPHÉLIE

CHIFFRE : 7

ORIGINE

Ophélie vient du grec *ophis*, le serpent.

CARACTÈRE

Elle est susceptible, et ses colères sont spectaculaires. Peu rigoureuse, elle a du mal à aller au bout de ses projets. Mais bien entourée, et mise en confiance, elle fait preuve de beaucoup de pertinence et de dynamisme. L'action et le concret ne lui font pas peur. Elle a le goût de l'humour et du rire. Généreuse en amour et amitié, elle partage volontiers son énergie. Heureux celui qui réussira à la convaincre de renoncer à son indépendance : c'est une compagne agréable, mais qui joue volontiers à se faire désirer.

CÉLÉBRITÉS ET ANECDOTES

Ophélie, héroïne de Shakespeare, amoureuse éconduite de Hamlet, dont la fin tragique a inspiré à Arthur Rimbaud l'un de ses plus beaux poèmes :

Sur l'onde calme et noire où flottent des étoiles
La blanche Ophélia flotte comme un grand lys…

ORESTE

CHIFFRE : **1** FÊTE : 13 DÉCEMBRE

ORIGINE
Oreste est le prénom d'un héros de la mythologie grecque.

HISTOIRE
Saint Oreste, évêque en Arménie au début du IVe siècle, y fut martyrisé.

CARACTÈRE
Il est épanoui, et porté sur les autres. Il aime la vie en famille, privilégie le mariage aux aventures sans lendemain. Gros travailleur, adepte du principe "mieux vaut un petit chez soi qu'un grand chez les autres", il préfère garder son indépendance, quitte à renoncer à ses ambitions - justifiées. Bon gestionnaire, il sait où il va, quitte, parfois, à déconcerter son entourage, qu'il ne met pas toujours dans la confidence.

CÉLÉBRITÉS ET ANECDOTES
Oreste, fils d'Agamemnon, tué à son retour de la guerre de Troie par son épouse Clytemnestre, le venge et pour payer ce matricide, doit errer longtemps avant que le tribunal d'Athènes ne l'acquitte. Il devient alors roi de Mycènes.

ORLANDO

CHIFFRE : **7** FÊTE : 15 SEPTEMBRE

ORIGINE
Orlando est un dérivé italien de Roland. Voir ce prénom.

CARACTÈRE
Séducteur, il est instable dans sa vie affective, mais très apprécié de ses amis. C'est un rebelle qui a des difficultés à se plier à une discipline. Il est brillant, et généreux au point de promettre ce qu'il n'a pas. En amour, il apporte sa fougue et sa loyauté, quand il a trouvé la femme de sa vie.

OSCAR

CHIFFRE : **2** FÊTE : 13 FÉVRIER

ORIGINE

Oscar vient d'un mot germanique, "la lance du brave".

HISTOIRE

Saint Oscar, au IXe siècle, évangélisa la Scandinavie.

CARACTÈRE

Sous des dehors assurés, c'est un grand sensible. Imaginatif, fringant, volage. Son à-propos et son charme lui permettent d'exceller dans les métiers de commerce. Mais son manque de rigueur peut le desservir. Toutefois, la chance est avec lui. Surtout qu'il est prêt à la bousculer, par des moyens pas toujours très orthodoxes...

CÉLÉBRITÉS ET ANECDOTES

Oscar, l'un des prénoms favoris des rois de Suède et de Norvège, dont Oscar II (1872-1902) qui traduisit Goethe et Shakespeare pour ses sujets. Oscar Wilde, grand écrivain irlandais de langue anglaise, mort à Paris, où il s'était exilé, au début du XXe siècle.

OSWALD

CHIFFRE : **2**

ORIGINE

Oswald vient d'un mot germanique signifiant règne divin.

HISTOIRE

Saint Oswald, roi de Northumbrie (Nord de l'Angleterre) de 635 à 642, aida les missionnaires chrétiens dans leur entreprise. Il fut tué au combat par le roi des Angles (centre de l'Angleterre).

CARACTÈRE

Intelligent et parfois impertinent, il se distingue par sa franchise. Certain de son charme, elle n'en abuse pas. Peu souriant, ses éclats de rire sont toujours une surprise pour son entourage. Dynamique et parfois coléreux dans son activité professionnelle, il a besoin, pour son équilibre, d'une compagne. Peu bavard en public, c'est le contraire dans l'intimité. Fidèle, sa compagnie est rassurante en cas de difficultés.

OTHON

CHIFFRE : **9** FÊTE : 2 JUILLET

ORIGINE

Othon est un prénom romain, celui d'un chef des légions d'Espagne, favori de Néron qui le renversa pour devenir empereur à sa place ; il se suicida quand Vitellius le détrôna.

HISTOIRE

Saint Othon, évêque, évangélisa la Prusse au XIIe siècle.

CARACTÈRE

C'est un passionné qui recherche l'amour et l'amitié dans des relations sans complications. Courageux et audacieux, il sait séduire par son équilibre et son dynamisme. Il a une grande vitalité et une grande capacité de travail. Un obstacle, il ne le contourne pas, il l'affronte.

OTTO

CHIFFRE : **7** FÊTE : 2 JUILLET

ORIGINE

Otto est un dérivé d'Othon. Voir ce prénom.

CARACTÈRE

Beaucoup de réflexion, et d'à propos. Doué pour les arts, il est sensible et d'une grande richesse intérieure. Il n'aime pas se perdre dans des bavardages, fuit les mondanités. Pour se sentir en confiance, il a besoin de se sentir entouré, et soutenu. En amour, ce tendre donne au centuple ce qu'il reçoit.

CÉLÉBRITÉS ET ANECDOTES

Otto von Bismarck, le "chancelier de fer" de Prusse, qui provoqua la guerre de 1870.

PABLO

CHIFFRE : **1** FÊTE : 29 JUIN

ORIGINE
Pablo est une forme hispanique de Paul. Voir ce prénom.

CARACTÈRE
Il s'épanouit en société. Il tombe aussi fréquemment amoureux. Il aime l'indépendance, mais sait aussi écouter, et obéir aux autres, pour apprendre. Il préfère la création à la routine.

CÉLÉBRITÉS ET ANECDOTES
Pablo Picasso.

PALOMA

CHIFFRE : **4** FÊTE : 31 DÉCEMBRE

ORIGINE
Paloma est la version espagnole de Colomba, qui vient du latin *colomba*, la colombe.

HISTOIRE
Au IIIe siècle, Colombe, une jeune fille venue d'Espagne, se fait baptiser à Vienne et gagne Sens où elle est dénoncée comme chrétienne. Ayant refu-

sé d'abjurer, elle est fouettée, puis déchirée avec des peignes de fer, puis conduite hors de la ville pour avoir la tête tranchée, le 31 décembre 274.

CARACTÈRE
Sérieuse et d'humeur égale, c'est une rêveuse et une réaliste à la fois. Sereine, elle est très appréciée de son entourage, professionnel ou privé. Ses passions amoureuses sont souvent orageuses, car elle exige de ses compagnons le respect de son indépendance et de sa personnalité.

CÉLÉBRITÉS ET ANECDOTES
Sainte Colombe, exemplaire lors de son martyre, était invoquée pour donner du courage aux agonisants.

PAMELA
CHIFFRE : **3**

ORIGINE
Pamela est un dérivé féminin de Pamphile, qui vient du grec *pan*, tout, et *melos*, miel.

CARACTÈRE
Elle est impatiente, en amour comme en affaires. Cette nerveuse, pleine de vivacité, se lasse vite de ses soupirants. Mais quand elle a trouvé l'âme sœur pour son foyer et le compagnon sûr dans son travail, elle est d'une fidélité et d'une efficacité qui la rendent méconnaissable. Plutôt que d'avouer ses angoisses, elle préfère jouer la maladroite et la futile.

PAOLA
CHIFFRE : **9** FÊTE : 26 JANVIER

ORIGINE
Paola est un dérivé féminin (et italien) de Paula.

CARACTÈRE
Douée d'une grande faculté d'adaptation, charmeuse et réservée, elle sait mener à bien ses entreprises. Créative, elle préfère agir seule, Sous son apparente indifférence, elle mûrit longtemps ses projets, car elle déteste l'échec. Son dynamisme est complété par une intuition très sûre.

PASCAL

CHIFFRE : **3** FÊTE : 17 MAI

ORIGINE
Pascal signifie en latin *l'homme de Pâques.*

HISTOIRE
Saint Pascal, né dans une famille de pauvres paysans en Espagne au XVIe siècle, devint un humble moine franciscain. Sa piété était telle qu'il pouvait guérir des malades en priant, ou faire tomber la pluie en cas de sécheresse, mais uniquement sur les champs des plus pauvres !

CARACTÈRE
Sociable et agréable à vivre, il a de nombreux amis. Sa vie sentimentale tumultueuse ne l'empêche pas d'être sérieux dans son travail. Il n'hésite pas à s'engager dans des causes qu'il estime juste au risque parfois de se trouver en conflit avec son entourage. Entier et réservé, il sait retourner une situation à son avantage. Charmeur, il fait preuve d'une grande tendresse envers ceux qui l'entourent.

CÉLÉBRITÉS ET ANECDOTES
Saint Pascal était invoqué contre les maux de gorge parce qu'il avait failli étrangler une jolie fille dans le corps de laquelle le diable s'était caché pour le mettre à l'épreuve… Le diable, qui ne l'était pas si mauvais, se retira juste avant qu'elle n'expire sous la poigne de saint Pascal, qui ne badinait pas avec sa chasteté !

PASCALE

CHIFFRE : **8** FÊTE : 17 MAI

ORIGINE
Pascale est le féminin de Pascal. Voir ce prénom.

CARACTÈRE
Intelligente, travailleuse, elle manque de spontanéité, et peut paraître froide et lointaine. Il faut pour l'apprécier, la fréquenter longtemps car elle est plutôt introvertie. Sa générosité sincère reste discrète. Elle a le goût du luxe ce qui parfois lui fait faire des choix plus superficiels qu'utiles. Séduisante, elle sait se faire pardonner ses écarts amoureux.

PASCALINE

CHIFFRE : **4** FÊTE : 17 MAI

ORIGINE

Pascaline est un dérivé féminin de Pascal. Voir ce prénom.

CARACTÈRE

Adaptable, elle mène sa vie avec prudence et ténacité. Originale et créative, les idées nouvelles la dynamisent. Son besoin d'isolement peut parfois créer des tensions. Le secret qu'elle entretient sur ses rencontres et ses amours l'amuse, et elle en joue. Mais cette mystérieuse a le culte de l'amour vrai, et de l'amitié.

PATRICE

CHIFFRE : **9** FÊTE : 17 MARS

ORIGINE

Patrice est un dérivé de Patrick.

CARACTÈRE

Il est doué d'une grande faculté d'adaptation. Tenace et prudent, charmeur, il sait mener à bien ses entreprises. Créatif, il préfère agir seul. Sous son apparente indifférence, il mûrit ses projets, car il est fier, et n'aime pas l'échec. Son dynamisme est complété par une intuition très sûre.

PATRICIA

CHIFFRE : **5** FÊTE : 13 MARS

ORIGINE

Patricia est un dérivé féminin de Patrick.

HISTOIRE

Sainte Patricia fut martyrisée au début du IVe siècle.

CARACTÈRE

Sérieuse dans sa vie professionnelle, elle entretient, dans sa vie privée, un fouillis continuel, qui se retrouve dans ses amitiés et ses amours. Rien ne se passe jamais comme elle le souhaite. Cependant, elle arrive toujours à s'en sortir. Elle adore gagner, mais sait se montrer aussi bonne perdante.

CÉLÉBRITÉS ET ANECDOTES

On invoquait sainte Patricia pour apaiser les disputes conjugales. Patricia Highsmith, l'une des reines du suspense policier.

PATRICK

CHIFFRE : **6** FÊTE : 17 MARS

ORIGINE

Patrick vient du latin *pater*, qui a donné patricien, équivalent latin de noble.

HISTOIRE

Saint Patrick, né Gallois, est le saint protecteur de l'Irlande. Enlevé par des pirates, il fut vendu à des païens irlandais et, après de multiples aventures, réussit à convertir, car il était chrétien, et à réconcilier les rois d'Irlande, au Ve siècle.

CARACTÈRE

Serein en toutes circonstances, son caractère est franc et agréable. Subtil et spirituel, quoique timide, sa conversation est recherchée. Son charme et son intelligence n'empêchent pas gentillesse et bonté. Son solide sens pratique se double d'une obstination qui peut aller jusqu'à l'entêtement.

PAUL

CHIFFRE : **5** FÊTE : 25 JANVIER / 29 JUIN

ORIGINE

Paul vient du latin *paulus,* faible.

HISTOIRE

Saul persécutait les chrétiens en Palestine jusqu'à ce que, sur le chemin de Damas, une vive clarté (qui l'aveugla) le jette à bas de son cheval et que le Christ s'adresse à lui. Arrivé à Damas, il se fit baptiser, devint Paul, recouvra la vue, rencontra les apôtres et parcourut l'empire romain en prêchant jusqu'à ce que Néron le fasse arrêter et décapiter en 67.

CARACTÈRE

D'aspect froid, on peut vite en conclure qu'il n'est pas émotif. Raisonnable, d'aspect froid, il a du mal à montrer ses sentiments. C'est un intellectuel qui peut manquer de réalisme et de goût pour l'aventure. Droit voir rigide, il fait preuve d'une grande assurance dans son travail. Ses relations intimes sont plus diverses qu'il ne le laisse paraître ; il s'avère être un humoriste agréable et original, surtout auprès des femmes.

CÉLÉBRITÉS ET ANECDOTES

Un saint Paul (fête le 15 janvier), ermite en Égypte pendant presque cent ans au IIIe siècle, était invoqué contre les morsures de serpent.

Un saint Paul (fête le 8 février), conseiller du roi Dagobert et évêque de Verdun au VIIe siècle, patron des boulangers, était invoqué lorsqu'on n'avait pas de bois pour se chauffer.

Saint Paul de Narbonne (fête le 22 mars), évangélisa au IIIe siècle le sud-ouest de la Gaule ; il, était invoqué contre les cas de folie douce et de mélancolie.

Saint Paul de la Croix (fête le 19 octobre), au XVIIIe siècle, fonda un ordre en Italie pour former prédicateurs et missionnaires ; il était invoqué par les étudiants avant de passer un examen.

Ont porté ce prénom des papes, des empereurs russes, des poètes (Verlaine, Claudel, Valéry, Éluard)…

PAULA

CHIFFRE : **7** FÊTE : 26 JANVIER

ORIGINE

Paula est un dérivé féminin de Paul. Voir ce prénom.

CARACTÈRE

Elle a tendance, sentimentalement, à vite s'emporter, puis à se laisser dévorer par l'incertitude. Mais l'instabilité amoureuse n'est pas toujours pour déplaire à cette romantique qui n'oublie pas que pour recevoir, il faut aussi donner. Elle déteste la routine, et sait se remettre en cause.

PAULE

CHIFFRE : **1** FÊTE : 26 JANVIER

ORIGINE

Paule est un dérivé féminin de Paul. Voir ce prénom.

HISTOIRE

Sainte Paule était une noble romaine qui, veuve, alla retrouver saint Jérôme en Palestine où elle fonda deux monastères, un pour les hommes, l'autre pour les femmes, au Ve siècle.

CARACTÈRE

Elle est simple et sophistiquée à la fois. Sensible et émotive, elle se montre directe dans les situations amicales et amoureuses. Toujours prête à rendre service, elle a parfois tendance à se couper des réalités. Sa conversation spirituelle fait qu'on lui pardonne volontiers ses changements d'opinion. Elle ne confond jamais sa vie professionnelle, dans laquelle elle se montre très active, avec sa vie privée.

PAULINE

CHIFFRE : **6** FÊTE : 26 JANVIER

ORIGINE

Pauline est un dérivé féminin de Paul, et de Paule.

CARACTÈRE

Sa douceur et gentillesse font d'elle une séductrice qui s'ignore. Optimiste dans les pires moments, elle sait faire preuve d'un grand courage. Elle aime rire et apprécie la fidélité en amitié et en amour.

CÉLÉBRITÉS ET ANECDOTES

Pauline Bonaparte, cadette de Napoléon, ne fut pas un modèle de vertu; à une personne qui s'indignait qu'elle ait, bien que princesse Borghèse, posé nue pour un tableau, elle répondit ingénument qu'il n'y avait pas matière à scandale : la pièce était chauffée…

PEARL

CHIFFRE : 7

ORIGINE

Pearl est la version anglo-saxonne de Perle. Voir ce prénom.

CARACTÈRE

D'un naturel gai, elle s'intéresse à tout ce qui l'entoure. Sa vie professionnelle est parfois chaotique mais elle s'en sort toujours avec intelligence. Sensible et susceptible, il lui arrive de perdre son sang-froid. Généreuse, elle sait rendre service tout en restant discrète. Sincère et loyale avec ses amis, sa vie amoureuse est faite de douceur et de tendresse.

PEGGY

CHIFFRE : 6

ORIGINE

Peggy est un dérivé de Marguerite. Voir ce prénom.

CARACTÈRE

Sérieuse et d'humeur toujours égale, c'est une rêveuse. Calme et sereine, elle est très appréciée de son entourage, professionnel ou privé. Ses passions amoureuses sont souvent orageuses. Elle attend de ses compagnons de vie le respect de son indépendance et de sa personnalité. Mais cette charmeuse un peu rouée a de nombreux atouts pour convaincre, quand elle le veut vraiment.

PÉNÉLOPE

CHIFFRE : 7

ORIGINE ET HISTOIRE

Pénélope est le prénom de la femme d'Ulysse ; elle l'attend de longues années, malgré les sollicitations des prétendants qui veulent l'épouser pour s'emparer du trône vacant ; elle a promis de choisir l'un d'entre eux lorsqu'elle aurait achevé la tapisserie qu'elle tisse devant eux le jour, mais défait la nuit.

CARACTÈRE

Plutôt calme et réfléchie, elle peut s'entêter quand il s'agit de son avenir professionnel. Sa franchise est souvent déconcertante. Légèrement indolent, e elle a tendance à se laisser porter par les événements, mais pallie ce défaut par une grande intuition. Ayant insuffisamment confiance en elle, il a besoin d'être rassurée. Chez cette émotive, la colère monte aussi vite qu'elle redescend. Fidèle en amitié comme en amour, possessive, elle s'entoure d'amis en lesquels elle a toute confiance. Elle s'engage toujours avec beaucoup de conviction et on peut s'appuyer sur elle.

PÉPITA

CHIFFRE : **4** FÊTE : 9 FÉVRIER

ORIGINE

Pépita est un dérivé espagnol de Joséphine. Voir ce prénom.

CARACTÈRE

Elle aime être entourée de gens qui l'aime et qui le lui disent. Son quotidien n'est pas toujours facile à vivre. D'un tempérament rêveur, parfois fuyante, elle vit pour elle-même, en dehors des réalités. Elle a, de temps en temps, besoin d'un "coup de gueule" de ses proches pour la ramener sur terre. Lorsqu'elle est amoureuse, elle se métamorphose, usant de sa douceur et de sa séduction avec une tendre efficacité.

PÉPITO

CHIFFRE : **9** FÊTE : 19 MARS

ORIGINE

Pépito est un dérivé espagnol de Joseph. Voir ce prénom.

CARACTÈRE

D'un tempérament réservé, qu'on prend pour de la timidité, il est en réalité gai. Intelligent, il manque souvent de confiance en lui. Volontaire dans son travail, tendre avec sa compagne, il cultive fidélité et sincérité.

PERLE

CHIFFRE : **2**

ORIGINE
Perle vient du latin *perla*, la perle.

CARACTÈRE
L'intelligence est sa qualité principale. Peu coquette, elle ne manque pas cependant de séduction. Elle recherche avec passion le vrai dans ses relations. Réaliste, elle sait faire preuve d'audace dans son milieu professionnel. Souvent mélancolique et rêveuse, elle n'en laisse rien voir au dehors.

PERRINE

CHIFFRE : **4** FÊTE : 31 MAI

ORIGINE
Perrine est un dérivé de Pierre, et Pierrette. Voir ces prénoms.

CARACTÈRE
Volontaire et persévérante, c'est une travailleuse acharnée, qui sait ménager sa vie privée tout en poursuivant ses ambitions professionnelles. Réaliste et droite, elle est toujours de bon conseil. Sentimentale et affectueuse, passionnée, elle conçoit l'amour comme un engagement fort, durable, fondé sur la confiance et la fidélité.

PHILIBERT

CHIFFRE : **9** FÊTE : 20 AOÛT

ORIGINE
Philibert est la germanisation du prénom Philippe. Voir ce prénom.

HISTOIRE
Saint Philibert (ou Philbert) fonda, au VIIe siècle, les monastères de Jumièges et de Noirmoutier.

CARACTÈRE
D'un tempérament jaloux, courageux et volontaire, il apprécie l'intelligence et la finesse d'esprit. Exigeant avec ceux qu'il aime, d'humeur changeante, il est parfois difficile à vivre. C'est un introverti avide d'amour qui s'ignore.

CÉLÉBRITÉS ET ANECDOTES

Est-ce parce qu'il implanta ses monastères en des contrées humides?
Saint Philibert était invoqué contre les angines.

PHILIPPE

CHIFFRE : **1** FÊTE : 3 MAI

ORIGINE

Philippe vient des mots grecs *philein*, aimer, et *Hippos*, cheval.

HISTOIRE

Saint Philippe fut l'une des douze apôtres. Venue de Galilée, il alla évangéliser les Scythes, au nord de la mer Noire, qui le crucifièrent, la tête en bas, comme saint Pierre.

Saint Philippe Néri (fête le 26 mai) qui, au XVIe siècle, allait parler d'Évangile dans les bouges devint prêtre vers 40 ans et fut le confesseur à la mode à Rome. Il fonda l'ordre des Oratoriens, qui se spécialisèrent dans l'éducation des jeunes gens de bonne famille.

CARACTÈRE

D'une nature très sensible et généreuse, il fait preuve d'une grande sincérité dans ses sentiments. Parfois coléreux, grand travailleur, sûr de lui, il sait prendre des décisions rapides. Il a du mal à admettre que les gens ne soient pas tous à son image. Grand amoureux, il sait rester fidèle à celle qu'il aime.

CÉLÉBRITÉS ET ANECDOTES

Saint Philippe (l'apôtre) était invoqué par les boiteux, et contre les serpents; il était aussi le protecteur des chapeliers, à cause de son martyre, la tête en bas. Ce prénom, porté par des rois de France, y fut implanté par Anne de Kiev, qui avait épousé le petit-fils d'Hugues Capet.

PHILIPPINE

CHIFFRE : **6** FÊTE : 3 MAI

ORIGINE
Philippine est un dérivé féminin de Philippe. Voir ce prénom.

CARACTÈRE
Calme et organisée, elle est toujours agréable et souriante. Gaie, elle sait apprécier la vie. C'est une femme d'intérieur qui aime recevoir. Heureuse en ménage rien ne semble l'arrêter dans la conquête de son bonheur.

PIERRE

CHIFFRE : **8** FÊTE : 29 JUIN

ORIGINE
Pierre vient du latin *petra,* la pierre.

HISTOIRE
Saint Pierre, pêcheur sur le lac de Tibériade, quitta tout pour suivre Jésus, avec son frère André. Jésus le désigna comme chef des apôtres. À sa mort, il prêcha à Jérusalem, puis en Samarie, à Antioche et à Rome, dont il fut le premier évêque (et le premier pape), et mourut sous le règne de Néron. Condamné à être crucifié, il demanda à ce que ce soit la tête en bas, par humilité par rapport au Christ.

CARACTÈRE
Possédant le goût du travail collectif, il ne déteste pas pour autant être mis en avant. Réfléchi et honnête, il ne prend pas de décision à la hâte. Doté d'une force de caractère redoutable, il assume pleinement ses responsabilités, quitte à en bousculer l'ordre établi. S'il est entier dans ses points de vue, l'écoute et la compréhension des autres lui permettent d'évoluer dans le bon sens. Sentimentalement, c'est un fidèle qui, pour le rester, saura tenir tête aux entreprises de séduction de celles qui voudraient partager l'intimité de ce fonceur.

CÉLÉBRITÉS ET ANECDOTES
Saint Pierre d'Alcantara (fête le 19 octobre), de noblesse espagnole, au XVIe siècle, abandonna gloire et richesse pour devenir franciscain. Mystique, en proie à des extases, il réforma une branche de son ordre, impo-

sant encore plus de rigueur, et aida sainte Thérèse d'Avila à réformer le carmel. Saint Pierre, l'apôtre, patron des banquiers, des menuisiers, de ceux qui vivent du poisson et des tailleurs de pierre était invoqué pour attendrir les… cors au pied. Pierre est l'un des prénoms chrétiens les plus répandus… De nombreux saints, et papes (Pie) l'ont porté.

PIERRETTE

CHIFFRE : **8**

ORIGINE

Pierrette est la version féminine de Pierre. Voir ce prénom.

CARACTÈRE

Elle a tendance, sentimentalement, à trop vite s'emporter, puis à se laisser dévorer par l'incertitude. Mais l'instabilité amoureuse n'est pas pour déplaire à cette affectueuse romantique qui déteste la routine et sait qu'elle peut compter sur ses amis, car elle en a beaucoup…

PIERRICK

CHIFFRE : **8** FÊTE : 29 JUIN

ORIGINE

Pierrick est la version bretonne de Pierre. Voir ce prénom.

CARACTÈRE

Original dans son mode de vie, il est difficile de compter sur lui. Sûr de lui et spontané, il change vite d'avis. Pour lui seul compte l'instant présent. Généreux et altruiste, il peut parfois être un bagarreur acharné. Cet amateur de voyages et d'aventure a besoin qu'on l'aime.

PRISCILLA

CHIFFRE : **9** FÊTE : 18 JANVIER

ORIGINE

Priscilla est un dérivé de Prisca, prénom latin emprunté au mot *priscus*, ancien, et la version anglo-saxonne de Priscille (même origine que Prisca).

HISTOIRE

Sainte Priscilla, ou Priscille, au Ier siècle, serait l'une des premières Romaines chrétiennes à avoir été martyrisées. Elle aurait accueilli saint Pierre et mit ses biens à sa disposition, lorsqu'il était venu s'installer à Rome.

CARACTÈRE

D'un tempérament ferme mais sans autoritarisme, elle est appréciée pour sa rigueur et sa franchise. Scrupuleuse et honnête, elle réussit ce qu'elle entreprend. Très économe, elle sait toutefois se montrer généreuse avec ses proches. Sociable, elle est appréciée pour sa bonne humeur et sa gentillesse. Elle sait profiter des plaisirs que lui offre l'existence. L'amour fait partie des passe-temps favoris de cette fausse ingénue qui papillonne volontiers avant de trouver le grand amour, celui pour lequel elle deviendra fidèle et passionnée.

CÉLÉBRITÉS ET ANECDOTES

Sainte Priscille était invoquée lors des crises de folie

PROSPER

CHIFFRE : **8** FÊTE : 25 JUIN

ORIGINE

Prosper vient du latin *prosperus*, prospère, favorable.

HISTOIRE

Saint Prosper, originaire d'Aquitaine, fut au Ve siècle, évêque en Italie ; cet érudit, qui aida le pape à combattre des hérésies, aimait à s'exprimer en vers.

CARACTÈRE

Il est plus volontaire qu'imaginatif, plus passionné que sentimental. Il aime la gloire, mais aussi la fidélité. Avec lui, en amour comme en affaires, pas de tricheries ou de faux-semblants ; il va droit au but, et s'il y en a qui redoutent sa franchise, de nombreux autres apprécient sa sérénité et son sens de l'honneur. Exigeant avec lui-même, il l'est aussi avec les autres, avant d'accorder son amitié ou son amour.

CÉLÉBRITÉS ET ANECDOTES

Saint Prosper, patron des poètes, était invoqué (par le geste !) par les muets pour les aider à combattre leur infirmité.

QUENTIN

CHIFFRE : **1** FÊTE : 31 OCTOBRE

ORIGINE

Quentin vient du latin *quintus*, le cinquième.

HISTOIRE

Saint Quentin, issu d'une grande famille romaine, s'installa dans la région d'Amiens au IIIe siècle afin de l'évangéliser. Le chef franc local le fit percer avec des broches du cou aux cuisses, puis lui fit enfoncer des clous rougis au feu dans le crâne, avant de le décapiter. Le lieu de son supplice est devenu la ville de Saint-Quentin, dans l'Aisne.

CARACTÈRE

Mari fidèle, il ne s'épanouit bien qu'en société. Sa liberté et son esprit d'indépendance, il les met au service de la collectivité, qui apprécie son esprit d'initiative et son dévouement.

CÉLÉBRITÉS ET ANECDOTES

Saint Quentin, était invoqué contre la toux.

RACHEL

CHIFFRE : **2**

ORIGINE
Rachel vient d'un mot hébreu signifiant brebis.

HISTOIRE
Héroïne de la Bible, Rachel est la seconde épouse de Jacob qui malgré son amour pour elle, a dû épouser en premières noces Léa, sa sœur aînée, après avoir été trompé par Laban, père des deux jeunes filles. De Jacob, Rachel a deux fils, Joseph, et Benjamin (elle meurt en le mettant au monde).

CARACTÈRE
L'intelligence est sa qualité principale. Peu coquette, elle ne manque pas cependant de charme. Elle recherche avec passion le vrai dans ses relations. Réaliste, elle sait faire preuve d'audace dans son milieu professionnel. Souvent rêveuse, elle n'en laisse rien voir au dehors, souriante et joyeuse.

CÉLÉBRITÉS ET ANECDOTES
Sainte Rachel était la patronne des mutilés de guerre. Rachel, dans les jeux de cartes, est la dame de carreau. Rachel, célèbre tragédienne française du XIXe siècle.

RAINIER

CHIFFRE : **2**

ORIGINE
Rainier vient du germanique *ragin*, conseiller, et *hard*, courageux

CARACTÈRE
Grand sensible. Imaginatif et brouillon, il sait séduire, mais, aussi, être volage. Son esprit inventif et son à-propos lui permettent d'exceller dans les métiers de commerce. Mais son manque de rigueur parfois, peut le desservir. Toutefois il finit toujours par retomber sur ses pieds ; la chance, qui aime les séducteurs, est avec lui.

CÉLÉBRITÉS ET ANECDOTES
Le prince Rainier, "roi" de Monaco.

RAÏSSA

CHIFFRE : **4** FÊTE : 5 SEPTEMBRE

ORIGINE
Raïssa vient d'un mot arabe désignant le chef (raïs).

HISTOIRE
Sainte Raïssa fut martyrisée à Alexandrie au IIe siècle.

CARACTÈRE
Adaptable comme un caméléon, elle mène sa vie avec prudence et ténacité. Originale et créative, les idées nouvelles la dynamisent. Son besoin d'isolement peut parfois créer des tensions dans son travail. Solitude qui se retrouve souvent dans sa vie intime. Le secret qu'elle entretient sur ses rencontres et ses amours l'amuse, et elle en joue. Mais cette mystérieuse a le culte de l'amour vrai et de l'amitié.

RALPH

CHIFFRE : **1** FÊTE : 7 JUILLET

ORIGINE
Ralph (ou Ralf) est un dérivé de Raoul. Voir ce prénom.

HISTOIRE

Saint Ralph (fête le 7 juillet), vécut en Angleterre à la fin du XVIᵉ siècle, sous le règne d'Élisabeth Iᵉʳᵉ, qui pourchassait les catholiques. Mis en prison pour avoir assisté à un office religieux, il refusa d'assister, pour être libéré, à un office anglican, et fut pendu.

CARACTÈRE

Peu expansif, c'est un travailleur assidu. Rigueur et droiture ne l'empêchent pas d'aimer la vie, et d'aller au bout de ses entreprises. En amour, il est secret, mais fidèle.

RAMON

CHIFFRE : **7** FÊTE : 7 JANVIER

ORIGINE

Ramon est la version hispanique de Raymond.

CARACTÈRE

Séducteur, et instable, mais très apprécié de ses nombreux amis, c'est un rebelle qui a des difficultés à se plier à une discipline. Il est brillant, dans ses études et sa profession, et généreux au point de promettre ce qu'il n'a pas.

RAOUL

CHIFFRE : **4** FÊTE : 7 JUILLET

ORIGINE

Raoul vient du germanique *rad*, conseil, et *wolf*, loup.

HISTOIRE

Saint Raoul (fête le 21 juin), issu d'une famille noble de l'entourage de Charlemagne, évêque de Bourges, couronna roi d'Aquitaine le fils de Charles le Chauve et fut son conseiller éclairé ; il fonda plusieurs abbayes dans le sud-ouest de la France, et rédigea des "instructions pastorales" à l'intention des prêtres.

CARACTÈRE

D'une nature franche, plutôt têtu, il se laisse facilement séduire par un sourire. Simple dans sa vie et dans ses choix, il a besoin d'être mis en confiance. Peu expressif, il sait être un ami fidèle et sincère en cas de besoin. Il déteste le superficiel. Tendre avec sa femme et ses enfants, il est avec eux patient et compréhensif.

CÉLÉBRITÉS ET ANECDOTES
Raoul fut un prénom fréquemment utilisé au Moyen Âge.

RAPHAËL
CHIFFRE : **7** FÊTE : 29 SEPTEMBRE

ORIGINE
Raphaël, en hébreu, signifie "Dieu nous guérit".

HISTOIRE
Raphaël est l'un des sept archanges de la Bible qui guérit Tobie devenu aveugle, ou qui délivre Sara d'un démon qui l'avait rendue sept fois veuve.

CARACTÈRE
D'apparence rude au premier contact, il peut se révéler bien romantique. Inquiet ou. optimiste, têtu ou généreux, selon les circonstances et l'humeur du jour, il est toujours droit et honnête, fidèle à la parole donnée. La famille lui est indispensable. L'amour aussi, qu'il vit avec une naïveté roublarde et beaucoup d'humour.

CÉLÉBRITÉS ET ANECDOTES
Saint Raphaël était patron des voyageurs. Raphaël Sanzio, dit Raphaël, peintre de la Renaissance…

RAPHAËLLE
CHIFFRE : **9** FÊTE : 29 SEPTEMBRE

ORIGINE
Raphaëlle est le féminin de Raphaël. Voir ce prénom.

CARACTÈRE
C'est une passionnée qui recherche l'amour et l'amitié dans des relations sans complication. Courageuse, elle séduit par son dynamisme. Elle a une grande vitalité et une grande capacité de travail, et lorsqu'un obstacle se dresse sur sa route, elle ne le contourne pas, mais en part à l'assaut.

RAY

CHIFFRE : **8** FÊTE : 7 JANVIER

ORIGINE

Ray est la version anglo-saxonne de Raymond.

CARACTÈRE

Il a tendance, sentimentalement, à vite s'emporter, puis à se laisser dévorer par l'incertitude. Mais l'instabilité amoureuse n'est pas pour déplaire à ce romantique aux nombreux ami(e) s qui déteste la routine.

RAYMOND

CHIFFRE : **9** FÊTE : 7 JANVIER

ORIGINE

Raymond vient du germanique *rad*, conseil, et *mund* protection.

HISTOIRE

Saint Raymond de Penafort (Catalogne) fut, au XIIIe siècle, général des Dominicains et évêque de Barcelone. Il appartenait à la famille des rois d'Aragon, ce qui ne l'empêchait pas d'être exigeant avec eux: Jacques Ier s'étant rendu dans l'île de Majorque (où saint Raymond séjournait alors) avec sa maîtresse, Raymond exigea son départ. Le roi ayant refusé, Raymond décida de regagner, lui, le continent. Comme il n'y avait pas de bateau, il jeta son manteau sur l'eau, y planta son bâton comme mât, en relevant un pan pour faire voile, et fit la traversée jusqu'à Barcelone, en six heures!

CARACTÈRE

Il est doué d'une grande faculté d'adaptation. Tenace et prudent, charmeur et réservé, il sait mener à bien ses entreprises. Créatif, il préfère agir seul. Sous son apparente indifférence, il mûrit ses projets, car il est fier, et n'aime pas l'échec.

CÉLÉBRITÉS ET ANECDOTES

Saint Raymond, patron des théologiens, était invoqué contre le hoquet, et contre les naufrages. Saint Raymond Nonnat (fête le 31 août), chef au XIIIe siècle d'un ordre monastique espagnol chargé de racheter les chrétiens prisonniers des musulmans s'offrit lui-même en otage. Pour l'empêcher de convertir ses geôliers, on lui ferma la bouche avec un cadenas jusqu'à la remise d'une rançon. Il était invoqué par ceux qui étaient injustement emprisonnés. Saint Raymond Lulle (fête le 3 juillet) moine franciscain espagnol du XIIIe siècle fut alchimiste, philosophe et missionnaire. Octogénaire, il se rendit en Algérie pour prêcher ; la population le lapida. Six comtes de Toulouse portèrent ce prénom, comme les hommes politiques Poincaré et Barre, le cycliste Poulidor ou l'écrivain Queneau…

RAYMONDE

CHIFFRE : **5** FÊTE : 7 JANVIER

ORIGINE
Raymonde est le féminin de Raymond. Voir ce prénom.

CARACTÈRE
Sérieuse dans sa vie professionnelle, elle entretient, dans sa vie privée, un fouillis continuel, qui se retrouve dans ses amitiés et ses amours. Rien ne se passe jamais comme elle le souhaite. Cependant, elle arrive toujours à s'en sortir. Elle adore gagner, mais sait se montrer aussi bonne perdante.

RÉBECCA

CHIFFRE : **1**

ORIGINE
Rébecca vient d'un mot hébreu synonyme de flatterie.

HISTOIRE
Rébecca est la femme d'Isaac, dont elle a eu Ésau et Jacob. Isaac, aveugle sur la fin de sa vie, doit désigner son héritier en lui donnant sa bénédiction ; il a choisi Ésau, qui est très velu. Mais Rebecca, qui préfère Jacob, fait endosser à celui-ci une peau de bête ; Isaac, croyant identifier au toucher Ésau, le bénit. Ainsi Jacob va-t-il devenir l'ancêtre du peuple juif.

CARACTÈRE
Elle trouve son épanouissement auprès des autres, mari, enfants, collègues de travail. Sa sérénité et son enthousiasme sont communicatifs. Pour elle, le bonheur est dans le pré, pas sous les dorures des palais. Son ambition, c'est d'être heureuse, tout simplement. Mais ce n'est pas parce qu'elle fait fréquemment des concessions, pour éviter les tracas, qu'il faut la croire faible ; sous sa douceur apparente, c'est un roc.

RÉGINALD

CHIFFRE : **7** FÊTE : 16 JUIN

ORIGINE

Réginald est un dérivé de Régis. Voir ce prénom.

CARACTÈRE

Plutôt calme et réfléchi, il peut s'entêter quand il s'agit de son avenir. Sa franchise est déconcertante. Indolent, il a tendance à se laisser porter par les événements, mais compte sur son intuition. Il a besoin d'être rassuré. Chez cet émotif, la colère monte aussi vite qu'elle redescend. Fidèle en amitié comme en amour, il s'engage avec beaucoup de conviction et on peut s'appuyer sur lui, quand on est membre de son clan.

RÉGINE

CHIFFRE : **4** FÊTE : 7 SEPTEMBRE

ORIGINE

Régine est un dérivé de Reine. Voir ce prénom.

CARACTÈRE

Volontaire et possessive ; sa vie amoureuse est intense. Active, elle ne tient pas en place ce qui déplaît à son entourage. Sa moralité s'adapte aux situations qu'elle affronte. Capricieuse et insatisfaite, elle peut changer d'opinion ou de projet à chaque instant. L'amitié sincère la touche profondément et fait ressortir ce qu'il y a de meilleur en elle. Sensible et douce, elle ne le montre que rarement ne souhaitant pas dévoiler cette fragilité. Amoureuse, elle est exclusive.

REINE

CHIFFRE : **6** FÊTE : 7 SEPTEMBRE

ORIGINE

Reine vient du latin *regina*, la reine.

HISTOIRE

Sainte Reine, bergère dans la région d'Autun au IIIe siècle, repoussa les assauts galants du gouverneur romain de la région. Lequel, de dépit, parc qu'elle était chrétienne, la fit martyriser, notamment en lui faisant appliquer des fers rouges sur sa peau, dont elle guérit miraculeusement. Aussi la fit-il, en dernier ressort, décapiter.

CARACTÈRE

Flegmatique, elle a parfois du mal à se faire comprendre des autres. Belle et naturelle, intuitive, elle s'adapte facilement à son entourage. Elle aime faire la fête autour d'un verre. Ses amitiés et ses amours sont très épisodiques, elle n'a pas pour habitude de s'attacher. L'amour et le mariage, elle y pense, mais pour s'y décider, attendra d'avoir épuisé toutes les gaîtés de l'indépendance et du célibat.

CÉLÉBRITÉS ET ANECDOTES

Sainte Reine (dont le lieu du martyre est la ville d'Alise-Sainte-Reine, emplacement supposé de la bataille d'Alésia), patronne des charpentiers, était invoquée contre l'impétigo et autres affections de la peau… Une autre sainte Reine (fête le 1er juillet) est fêtée à Denain comme fondatrice de cette ville.

RÉJANE

CHIFFRE : **8** FÊTE : 7 SEPTEMBRE

ORIGINE

Réjane est un dérivé de Reine. Voir ce prénom.

CARACTÈRE

Elle est éprise d'absolu. Elle a l'audace et le goût du pouvoir de ceux qui sont avides de réussite. Mais cet appétit n'est-il pas un complexe d'infériorité déguisé ? Lorsqu'elle se met en ménage, elle s'emploie avec talent à maintenir l'harmonie dans son couple. Généreuse, dévouée, elle ne semble pas donner prise à la fatigue. Elle apprécie les tâches de longue haleine et, sans être passéiste, aime ce qui est ancien.

RÉGIS

CHIFFRE : **4** FÊTE : 16 JUIN

ORIGINE

Régis vient du latin *rex*, le roi.

HISTOIRE

Saint Jean-François Régis (devenu saint Régis), né à Narbonne, fut un jésuite qui, au XVIIᵉ siècle, prêcha les protestants cévenols. Il mourut lors d'une tempête de neige à La Louvesc (Ardèche), lieu de pèlerinage.

CARACTÈRE

Adaptable, il mène sa vie avec prudence et ténacité. Original et créatif, les idées nouvelles le dynamisent. Son besoin d'isolement peut parfois créer des tensions dans sa vie intime. Le secret qu'il entretient sur ses rencontres et ses amours l'amuse. Mais ce mystérieux, qui en rajoute parfois dans l'aspect "ours mal léché" a le culte de l'amour vrai, et de l'amitié.

CÉLÉBRITÉS ET ANECDOTES

Saint Régis était invoqué pour obtenir la rédemption des prostituées.

RÉMI / RÉMY

CHIFFRE : **9** FÊTE : 15 JANVIER

ORIGINE

Rémi vient du latin *remedius*, celui qui guérit (d'où remède).

HISTOIRE

Saint Rémi, d'origine gauloise, évêque de Reims, sut, au VIᵉ siècle, convaincre Clovis de se convertir au catholicisme et de placer son administration sous l'autorité de l'Église (les évêques faisaient alors office de préfets).

Un autre saint Rémi (fête le 19 janvier), fils bâtard de Charles Martel, fut évêque de Rouen au VIIIᵉ siècle.

CARACTÈRE

Susceptible et émotif, il réclame beaucoup d'attention de la part de ses proches. Sensible et inquiet, il a besoin de prendre du recul avant de se décider. Intelligent, il sait séduire, mais se révèle exigeant avec son entourage. Conscient de ce défaut, il le compense par une affection sincère.

CÉLÉBRITÉS ET ANECDOTES
Saint Rémi de Reims était invoqué par ceux qui cherchaient un emploi.

RENATO
CHIFFRE : **1** FÊTE : 19 OCTOBRE

ORIGINE
Renato est la version italienne de René. Voir ce prénom.

CARACTÈRE
Souriant, jamais dépassé par les événements, il aime la découverte, l'aventure et les voyages. L'originalité des autres le séduit et le dynamise. Les encouragements de son entourage lui sont indispensables. Il donne beaucoup et se sent pourtant redevable envers les autres. Bavard, il en est parfois impoli. Ses principes sont la loyauté, la sincérité, et la joie.

RENAUD
CHIFFRE : **9** FÊTE : 17 SEPTEMBRE

ORIGINE
Renaud vient du germanique *ragin*, conseiller, et *waldun*, gouverner.

HISTOIRE
Saint Renaud aurait été, dans la région du Mans, un ermite ami de Robert d'Arbissel, fondateur de l'abbaye de Fontevrault, au XIIe siècle.

CARACTÈRE
Il est doué d'une intelligence vive, et parfois s'entête… Les difficultés le stimulent. C'est un battant, capable de rudesse contre ceux qui se mettent en travers de sa route. Mais il peut aussi, dans l'intimité, se révéler sensible et spirituel, surtout pour séduire.

CÉLÉBRITÉS ET ANECDOTES
Renaud, prénom médiéval, est illustré par la vieille et triste chanson *Le roi Renaud, de guerre revient, tenant ses tripes dans ses mains*… et par Renaud de Montauban, l'un des Quatre fils Aymon, qui combat Charlemagne dans la forêt d'Ardenne, et se pétrifie pour échapper aux guerriers lancés à sa poursuite ; le rocher surplombe toujours le confluent de la Semoy et de la Meuse, vers Charleville-Mézières.

RENÉ

CHIFFRE : **6** FÊTE : 19 OCTOBRE

ORIGINE
René vient du latin *renatus*, né une seconde fois (d'où renaissance).

HISTOIRE
Saint René Goupil, missionnaire jésuite au Canada au XVIIe siècle, y fut massacré par les Iroquois. Saint René (fête le 12 novembre), un évêque d'Angers du Ve siècle. Une femme demande à l'évêque d'Angers Maurille de l'aider par ses prières à avoir un enfant. Un garçon lui naît, peu après. Sept ans plus tard, Maurille dit la messe quand la mère, affolée, vient lui annoncer que son fils se meurt. Maurille achève son office, et lorsqu'il se porte au chevet de l'enfant, celui-ci est mort. Désespoir de Maurille, qui s'enfuit en Angleterre où il devient jardinier. Mais ses fidèles le ramènent à Angers. Maurille va s'incliner alors sur la tombe de l'enfant, qui, ressuscite, et deviendra saint René.

CARACTÈRE
Aussi émotif que volontaire, ce qui peut faire croire à son entourage qu'il est futile. Subtil et spirituel, ses réparties font mouche, et sa conversation est recherchée. Son solide sens pratique se double d'une obstination qui peut aller jusqu'à l'entêtement. Au paraître il préfère l'efficacité. Avec lui, professionnellement ou sentimentalement, c'est du solide.

CÉLÉBRITÉS ET ANECDOTES
Prénom d'artistes, qu'ils soient écrivains (Chateaubriand, Descartes, Char) cinéastes (Clair, Clément), peintre (Magritte)…

RENÉE

CHIFFRE : **2** FÊTE : 19 OCTOBRE

ORIGINE
Renée est le féminin de René. Voir ce prénom.

CARACTÈRE
L'intelligence est sa qualité principale. Peu coquette, elle ne manque pas cependant de charme. Elle recherche avec passion le vrai dans ses relations intimes et professionnelles. Réaliste, elle sait faire preuve d'audace. Sous son sourire se cache sa nature mélancolique et rêveuse.

REYNALD

CHIFFRE : **7** FÊTE : 17 SEPTEMBRE

ORIGINE

Reynald est un dérivé de Renaud. Voir ce prénom.

CARACTÈRE

Intelligent, il prend de la distance par rapport aux événements., et n'accorde que peu d'importance aux honneurs et aux flatteries. Exigeant avec son entourage, il trouve toujours les mots pour expliquer une situation. Le charme, le sourire et la bonne humeur sont ses armes de séduction. Il aime particulièrement le naturel et l'esprit d'initiative chez les femmes et déteste la sophistication exagérée.

RICCARDO

CHIFFRE : **8** FÊTE : 3 AVRIL

ORIGINE

Riccardo (ou Ricardo) est une version méditerranéenne de Richard. Voir ce prénom.

CARACTÈRE

Sceptique, il passe de l'agitation au flegme, travaille pendant une longue période et peut ensuite rester longtemps inactif. Peu facile à comprendre, il peut être très cynique ou très tendre. Il est idéaliste, mais sait rester pratique. Amoureux, il tombe facilement dans des passions dévoreuses. Sentimental, il ne s'extériorise que rarement.

RICHARD

CHIFFRE : **7** FÊTE : 3 AVRIL

ORIGINE

Richard vient du germanique *ric*, puissant, et *hard*, fort.

HISTOIRE

Saint Richard, au XIIe siècle, né dans une famille modeste, devint chancelier de l'université d'Oxford et évêque ; il eut à résister à l'hostilité du roi d'Angleterre qui cherchait à restreindre les pouvoirs du clergé.

CARACTÈRE

Plutôt calme et réfléchi, il peut s'entêter quand il s'agit de son avenir. Sa franchise est souvent déconcertante. Légèrement indolent, il a tendance à se laisser porter par les événements, mais pallie ce défaut par une grande intuition. Ayant insuffisamment confiance en lui, il a besoin d'être rassuré. Chez cet émotif, la colère monte aussi vite qu'elle redescend. Fidèle et exigeant en amitié comme en amour, presque possessif ; malheur à qui trahit sa confiance !

CÉLÉBRITÉS ET ANECDOTES

Saint Richard, patron des charretiers, était invoqué contre le paludisme.

Richard Cœur de Lion, flamboyant roi d'Angleterre, dont la vie aurait pu être un opéra de Richard Wagner…

RITA

CHIFFRE : **3** FÊTE : 22 MAI

ORIGINE

Rita est un diminutif de Marguerite. Voir ce prénom.

HISTOIRE

Sainte Rita, dans l'Italie au XVe siècle, entra au couvent après la disparition tragique de son mari et de ses deux fils, où elle finit ses jours dans l'ascèse, malgré le mal incurable qui la rongeait.

CARACTÈRE

D'un tempérament réservé, qu'on prend pour de la timidité, elle est en réalité gaie. Intelligente, elle manque souvent de confiance en elle. Volontaire dans son travail, tendre avec son compagnon, elle cultive fidélité et sincérité.

CÉLÉBRITÉS ET ANECDOTES

Sainte Rita, patronne des charcutiers, était invoquée lors des cas et situations désespérés.

Rita Hayworth, beauté fatale et star à l'époque où Hollywood était à son apogée.

ROBERT

CHIFFRE : **6** FÊTE : 30 AVRIL

ORIGINE

Robert vient du germanique *hrod*, la gloire, et *behrt*, illustre.

HISTOIRE

Saint Robert de Molesme, né près de Troyes au XIe siècle, bénédictin, devint ermite en Bourgogne ; son ermitage étant devenu monastère, il repartit pour un autre ermitage, et s'installa à Citeaux, où il fonda la première abbaye cistercienne, avant de retourner, sur ordre du pape à Molesme, son premier ermitage, pour en remettre les moines dans le chemin de rigueur qu'il leur avait tracé, et y mourir en 1110.

CARACTÈRE

Flegmatique, il a parfois du mal à se faire comprendre. Beau et intuitif, il s'adapte facilement aux changements de son entourage. Il aime faire la fête autour d'un verre. Ses amitiés et ses amours sont très épisodiques, il n'a pas pour habitude de s'attacher. L'amour, oui, le mariage, plus tard…

CÉLÉBRITÉS ET ANECDOTES

Un autre saint Robert, au XIe siècle, se fit lui aussi ermite, mais dans le Massif Central, où il fonda l'abbaye de la Chaise-Dieu. On l'invoquait pour ne pas se perdre, lorsqu'on marchait dans la nuit noire. Robert, prénom très en vogue au Moyen Âge, a été notamment porté par un duc de Normandie, Robert le Diable, par le corsaire malouin Robert Surcouf, par le musicien romantique allemand, Robert Schumann, ou par le romancier écossais auteur de *L'Île au trésor*, Robert Stevenson.

ROBERTO

CHIFFRE : **3** FÊTE : 30 AVRIL

ORIGINE

Roberto est une forme italienne de Robert. Voir ce prénom.

CARACTÈRE

Il s'épanouit facilement en société. Il tombe aussi fréquemment amoureux. Il aime l'indépendance, mais sait aussi écouter, et obéir aux autres, pour apprendre. C'est un inventif qui préfère la création à la routine.

ROBIN

CHIFFRE : **4** FÊTE : 30 AVRIL

ORIGINE

Robin est un diminutif de Robert. Voir ce prénom.

CARACTÈRE

D'un tempérament de battant, il a tout pour être un chef. Toujours actif, il aime les optimistes et l'humour. Au travail, il fait preuve d'une très grande autorité. Il aime l'ordre. Il a besoin que sa famille et ses amis l'entourent. Il aime séduire et plaire, mais reste fidèle, à sa manière, à sa compagne.

CÉLÉBRITÉS ET ANECDOTES

Robin des bois, héros anglais qui prenait aux riches pour donner aux pauvres et menait la vie dure au shérif de Sherwood.

ROCCO

CHIFFRE : **9** FÊTE : 16 AOÛT

ORIGINE

Rocco est une forme italienne de Roch. Voir ce prénom.

CARACTÈRE

Il est doué d'une intelligence vive, et il le sait… Les difficultés le stimulent. C'est un battant, capable de rudesse contre ceux qui se mettent en travers de sa route. Mais il peut aussi, dans l'intimité, se révéler sensible, fin et spirituel, surtout avec celles qu'il veut - et sait - séduire.

ROCH

CHIFFRE : **8** FÊTE : 16 AOÛT

ORIGINE

Roch vient du latin *rocca*, la pierre.

HISTOIRE

Saint Roch, fils de bonne famille à Montpellier au XIVe siècle, mena une vie errante, au service des pèlerins et des pestiférés.

CARACTÈRE

Possédant le goût du travail collectif, réfléchi et honnête, il ne prend pas de décision à la hâte. Doté d'une force de caractère redoutable, il assume ses responsabilités, quitte à en bousculer l'ordre établi. S'il est entier dans ses points de vue, l'écoute et la compréhension des autres lui permet d'évoluer dans le bon sens. Sentimentalement, c'est un fidèle qui, pour le rester, saura tenir tête aux entreprises de séduction de celles qui voudraient partager l'intimité de ce fonceur.

CÉLÉBRITÉS ET ANECDOTES

Saint Roch, patron des chirurgiens et des employés de pompes funèbres, était invoqué par les marcheurs lorsqu'ils avaient mal aux genoux.

RODOLPHE

CHIFFRE : **3** FÊTE : 21 JUIN

ORIGINE

Rodolphe est un dérivé de Raoul. Voir ce prénom.

CARACTÈRE

De caractère entier, il refuse systématiquement les compromissions. Résolu et imaginatif, intelligent, ambitieux, il met tout en œuvre pour progresser. Il peut être sévère avec son entourage professionnel, mais se montre tendre et agréable en famille. L'amour est pour lui source de plaisir et de séduction, qui savoure les femmes comme un gastronome le bon vin…

RODRIGUE

CHIFFRE : **7** FÊTE : 13 MARS

ORIGINE

Rodrigue est une version hispanique de Rodolphe (voir ce prénom), et de Rodéric (ou Rodérick), prénom wisigoth.

HISTOIRE

Saint Rodrigue chrétien de Cordoue, fut dénoncé par son frère, qui s'était converti à l'Islam, et décapité au IXᵉ siècle.

CARACTÈRE

Sérieux et droit, il manque parfois d'assurance. Pourtant, son originalité a le don de séduire les plus réservés. Il brille en société par sa perspicacité. Détestant la solitude, il a besoin, pour son équilibre, d'amour et de passion. Le charme et la séduction sont des armes qu'il n'hésite pas à utiliser.

CÉLÉBRITÉS ET ANECDOTES

Rodrigue, le *Cid* immortalisé par Corneille, et personnage légendaire de la Reconquête espagnole sur les Maures, au XIe siècle…

ROGER

CHIFFRE : **9** FÊTE : 30 DÉCEMBRE

ORIGINE

Roger vient du germanique *Hrod,* la gloire, et *gari,* la lance.

HISTOIRE

Des Italiens des Pouilles, au XIIe siècle, n'ayant pas de reliques, allèrent en voler à Canossa, dont les ossements d'un ancien évêque de cette ville, Roger. Le pape exigea qu'ils rendent toutes les reliques, à l'exception des os de l'évêque, car il n'était alors ni saint, ni célèbre ; même les habitants de Canossa l'avaient oublié ! Aussi, pour donner de la valeur à ses restes, les Italiens des Pouilles décidèrent-ils d'en faire un saint, et le pape n'osant intervenir, de peur de les fâcher davantage, le culte de saint Roger se répandit dans toute l'Europe, sans que l'on ne sache rien de lui !

CARACTÈRE

Doué d'une intelligence vive, il le sait, et parfois s'entête… Les difficultés le stimulent. C'est un battant, capable de rudesse contre ceux qui se mettent en travers de sa route. Mais il sait aussi, dans l'intimité, se révéler sensible, fin et spirituel.

CÉLÉBRITÉS ET ANECDOTES

Les Normands qui prirent la Sicile y imposèrent ce prénom, porté par plusieurs romanciers français : Martin du Gard, Caillois, Vaillant…

ROLAND

CHIFFRE : **1** FÊTE : 15 SEPTEMBRE

ORIGINE
Roland vient du germanique *Hrod*, la gloire, et *Land*, le pays.

HISTOIRE
Saint Roland, au XIVᵉ siècle, dans les forêts du nord de l'Italie, vécut pendant un quart de siècle, ne se nourrissant que de fruits et d'herbes crues, sans prononcer un mot, et capable de rester en extase pendant plusieurs heures face au ciel, en équilibre sur une jambe. Ramené de force à la civilisation par des chasseurs, il mourut peu après ; on s'aperçut alors qu'il était membre de la prestigieuse famille des Médicis.

CARACTÈRE
Romantique et utopique, on le lui reproche souvent... Son originalité séduit. Rêveur, il sait aussi être un fonceur. Dans les situations difficiles, il utilise avec brio séduction et humour. Sa vie familiale et amicale est dense, même s'il ressent parfois le besoin d'être seul pour sauvegarder son équilibre.

CÉLÉBRITÉS ET ANECDOTES
Saint Roland était invoqué pour avoir du beau temps car, prétendait sa légende, Dieu, parce qu'il vivait nu, sans abri, n'avait ni fait geler ni fait trop pleuvoir tout le temps qu'avait duré son ermitage.

Roland, vieux prénom germanique, est celui du mythique neveu de Charlemagne, mort à Roncevaux, et du pionnier de l'aviation, Roland Garros.

ROLANDE

CHIFFRE : **6** FÊTE : 13 MAI

ORIGINE
Rolande est le féminin de Roland. Voir ce prénom.

CARACTÈRE
Sa douceur et gentillesse font d'elle une séductrice qui s'ignore. Optimiste dans les pires moments, elle sait faire preuve d'un grand courage. Elle aime rire et apprécie la fidélité en amitié et en amour.

ROLF

CHIFFRE : **6** FÊTE : 21 JUIN

ORIGINE

Rolf est un dérivé de Raoul. Voir ce prénom.

CARACTÈRE

Il peut se montrer sévère et réservé, mais, quand il vous accorde sa confiance, c'est un ami plein de délicatesse et d'humour. Lucide, il aspire aussi bien à une réussite professionnelle que familiale. Ce qui peut le faire paraître sans ambition. Mais il se soucie peu du regard des autres, et suit sa route sans en dévier. C'est souvent un chercheur, un scientifique.

ROMAIN / ROMAN

CHIFFRE : **7** FÊTE : 28 FÉVRIER

ORIGINE

Romain vient du latin *romanus*, le… Romain !

HISTOIRE

Saint Romain, au Ve siècle, se fit ermite dans les forêts du Jura, puis des disciples l'ayant rejoint, édifia un monastère autour duquel s'éleva la ville de Saint-Claude.

CARACTÈRE

Plutôt calme et réfléchi, il peut s'entêter quand il s'agit de son avenir professionnel. Sa franchise est souvent déconcertante. Légèrement indolent, il a tendance à se laisser porter par les événements, mais pallie ce défaut par une grande intuition. Ayant insuffisamment confiance en lui, il a besoin d'être rassuré. Chez cet émotif, la colère monte aussi vite qu'elle redescend. Fidèle en amitié comme en amour, possessif, il s'entoure d'amis en lesquels il a toute confiance. Il s'engage toujours avec beaucoup de conviction et on peut s'appuyer sur lui.

CÉLÉBRITÉS ET ANECDOTES

Un autre saint Romain (fête le 23 octobre) fut évêque de Rouen au VIIe siècle. Patron des colporteurs, il était invoqué contre la noyade, et les crises d'épilepsie.

Deux écrivains français, Romain Rolland, et Romain Gary.

ROMANE

CHIFFRE : **3** FÊTE : 28 FÉVRIER

ORIGINE

Romane est un dérivé féminin de Romain. Voir ce prénom.

CARACTÈRE

Naturelle et enjouée, ambitieuse, elle ne compte pas sur les autres pour arriver où elle le souhaite. Timide dans les situations nouvelles, il lui faut parfois du temps pour s'adapter. Amoureuse et indépendante, elle a du mal à gérer ces deux aspects de sa vie.

ROMANO

CHIFFRE : **4** FÊTE : 28 FÉVRIER

ORIGINE

Romano est une version italienne de Romain. Voir ce prénom.

CARACTÈRE

Gentil et agréable, d'une nature franche, il lui arrive d'être agressif quand on se montre irrespectueux en vers lui ou ses proches. Il se laisse facilement séduire par un sourire. Simple dans sa vie et ses choix, il essaye d'être toujours le plus honnête possible. Inquiet parfois, il a besoin d'être mis en confiance. Peu expressif, il sait toutefois être un ami fidèle et sincère. Il déteste le superficiel. Tendre avec sa femme et ses enfants, il montre, en amour, beaucoup de patience et de compréhension.

ROMUALD

CHIFFRE : **3** FÊTE : 19 JUIN

ORIGINE

Romuald vient du germanique *Hrod*, gloire, et *walden*, régner.

HISTOIRE

Saint Romuald, fils du duc de Ravenne au XIe siècle, fut témoin d'un crime commis par son père ; il l'expia à sa place et partit vivre en ermite dans les Pyrénées.

CARACTÈRE

Il s'exprime toujours avec franchise. Il est connu pour avoir un mauvais caractère qui avec le temps s'atténue. Sa personnalité très affirmée lui confère une influence incontestable sur les autres. Intelligent mais peu perspicace, souvent seul, il reprend confiance et vivacité dans le giron familial. En amour, il respecte ses engagements.

CÉLÉBRITÉS ET ANECDOTES

Saint Romuald était invoqué afin que des proche, s dont on était sans nouvelles, en donnent.

RON

CHIFFRE : **2** FÊTE : 17 SEPTEMBRE

ORIGINE

Ron, diminutif de Ronald, est un dérivé anglo-saxon de Renaud.

CARACTÈRE

Peu expressif dans ses premiers contacts, il est cependant un confident discret et sincère. Fidèle en amitié et en amour., grand travailleur, généreux, il sait en qui il peut avoir confiance. Il fait preuve de beaucoup de tendresse et de douceur avec sa compagne. Parfois maladroit, rarement excessif, il a son franc-parler et un mépris total pour les apparences.

RONALD

CHIFFRE : **1** FÊTE : 17 SEPTEMBRE

ORIGINE

Ronald, est un dérivé anglo-saxon de Renaud. Voir ce prénom.

CARACTÈRE

D'une nature généreuse, il fait preuve d'une grande sincérité dans ses sentiments. Parfois coléreux, grand travailleur, sûr de lui, il sait prendre des décisions rapides. Il a du mal à admettre que les gens ne soient pas tous à son image. Grand amoureux, il sait rester fidèle à celle qu'il aime.

CÉLÉBRITÉS ET ANECDOTES

Ronald Reagan, acteur californien et président des États-Unis…

ROSA

CHIFFRE : **8** FÊTE : 23 AOÛT

ORIGINE
Rosa, en latin la rose.

CARACTÈRE
Elle est généreuse et femme de caractère. Gaie et communicative, à la fois tempérée et fonceuse, elle a appris à séduire sans être pour autant provocante. Lucide sur ses capacités, elle sait mettre en avant ce qu'elle a de meilleur. Les chaînes de l'amour sont paradoxalement indispensables à cette indépendante.

ROSALIE

CHIFFRE : **7** FÊTE : 23 AOÛT

ORIGINE
Rosalie et Roseline sont des dérivés de Rose. Voir de prénom.

CARACTÈRE
Discrète et douce, elle est sincère dans ses amitiés et ses amours. D'un naturel peu ambitieux, c'est la passion de son métier qui la rend si active. Parfois capricieuse, charmante et gourmande, elle plaît aux hommes. Lucide en amour, elle prend son temps avant de s'engager.

ROSE

CHIFFRE : **3** FÊTE : 23 AOÛT

ORIGINE
Rose vient du latin *rosa*, la rose.

HISTOIRE
Sainte Rose de Lima, au XVIᵉ siècle, est une dominicaine issue d'une riche famille qui vécut dans l'austérité et le mysticisme.

CARACTÈRE
D'un tempérament réservé, elle est en réalité gaie et gracieuse, mais manque parfois de confiance en elle. Courageuse et volontaire, elle est efficace dans son travail. Sensible et tendre avec son compagnon, elle

prend des décisions irrévocables. Elle est reconnue pour ses qualités, et fidèle en amitié.

CÉLÉBRITÉS ET ANECDOTES
Sainte Rose de Lima, patronne de l'Amérique du Sud, était invoquée contre l'eczéma et la toux,

ROSELINE
CHIFFRE : **7** FÊTE : 23 AOÛT

ORIGINE
Roseline est dérivé de Rose. Voir ce prénom.

ROSE-MARIE
CHIFFRE : **4** FÊTE : 23 AOÛT

ORIGINE
Rose-Marie est un dérivé de Rose, et de Marie.

CARACTÈRE
Séductrice, arriviste, elle veut être la première. Travailleuse acharnée, il faut compter avec elle. Sentimentalement, sa jalousie maladive et son orgueil peuvent décourager ceux qui veulent partager la vie de ce tourbillon. Mais quand elle se laisse aller à la fantaisie, elle devient irrésistible.

ROSEMONDE
CHIFFRE : **9** FÊTE : 23 AOÛT

ORIGINE
Rosemonde est un dérivé de Rose. Voir ce prénom.

CARACTÈRE
Rêveuse, elle n'attache pas d'importance au présent. Vive et romanesque, elle a du mal à concrétiser ses projets. Ne serait-elle pas, en réalité, solitaire ? Sa morale et sa droiture sont à toute épreuve. L'amour est un jeu pour elle, l'amitié un idéal. Malgré un côté superficiel, elle est de bon conseil pour ses ami(e)s.

ROSINE

CHIFFRE : **4** FÊTE : 23 AOÛT

ORIGINE

Rosine est un dérivé de Rose. Voir ce prénom.

CARACTÈRE

D'une nature calme, elle sait être utile aux gens qui l'entourent. Sa spontanéité et sa curiosité séduisent. Professionnellement, elle est sérieuse et persévérante. Ses attirances amoureuses sont spontanées : avec elle, un coup de foudre est toujours possible.

RUDOLF

CHIFFRE : **4** FÊTE : 21 JUIN

ORIGINE

Rudolf est un dérivé allemand de Rodolphe, donc de Raoul.

CARACTÈRE

Volontaire et possessif, sa vie amoureuse est intense. Il ne tient pas en place. Insatisfait, il peut vite changer d'opinion. L'amitié le touche. Il cache sa sensibilité, qu'il considère comme une faiblesse. En amour, il est aussi lucide qu'exigeant.

RUDY

CHIFFRE : **5** FÊTE : 21 JUIN

ORIGINE

Rudy est un dérivé anglo-saxon de Rudolf, donc de Raoul.

CARACTÈRE

Gai et capricieux, il s'amuse de ce qui est nouveau. D'une grande curiosité, il aime faire ses découvertes en bonne compagnie, surtout féminine. Il a bon cœur, à tous les sens du terme. S'il a besoin d'autonomie, d'indépendance, il n'en est pas pour autant une fanatique de la solitude. À ceux qui savent le comprendre, il donne si généreusement son amour qu'on lui pardonne d'être parfois léger, voire infidèle.

RUGGERO

CHIFFRE : **1** FÊTE : 30 DÉCEMBRE

ORIGINE

Ruggero est la version italienne de Roger. Voir ce prénom.

CARACTÈRE

Il aime le contact, ne s'épanouit qu'en société. Mari fidèle, il apprécie la notoriété, le succès. Sa liberté, il est capable de la mettre au service de la collectivité, qui saura récompenser l'esprit d'initiative de cet altruiste.

RUPERT

CHIFFRE : **8** FÊTE : 30 AVRIL

ORIGINE

Rupert est une forme allemande de Robert. Voir ce prénom.

CARACTÈRE

Intelligent, il manque de spontanéité, et peut paraître froid. Il faut pour l'apprécier, le fréquenter longtemps. Sa générosité sincère reste discrète. Il a le goût du luxe ce qui peut lui fait faire des choix plus superficiels qu'utiles. Séduisant, il sait se faire pardonner ses écarts amoureux.

RUTH

CHIFFRE : **4**

ORIGINE

Ruth vient d'un mot hébreu synonyme de réconfort.

HISTOIRE

Ruth, héroïne biblique, est l'épouse du riche et vieux Booz ; de leur union naîtra, trois générations plus tard, le roi David.

CARACTÈRE

Volontaire et persévérante, c'est une travailleuse acharnée, qui sait ménager sa vie privée tout en poursuivant ses ambitions professionnelles. Réaliste et droite, elle est toujours de bon conseil. Sentimentale et affectueuse, passionnée, elle conçoit l'amour comme un engagement fort, durable, fondé sur la confiance et la fidélité.

SABINE

CHIFFRE : **5** FÊTE : 29 AOÛT

ORIGINE

Sabine vient du latin *sabinus*; les Sabins étaient voisins des Romains lesquels, parce qu'ils en manquaient pour peupler Rome, leur enlevèrent leurs femmes.

HISTOIRE

Sainte Sabine fut une vierge martyrisée à Rome au IVe siècle pour avoir donné une sépulture à sa servante, une chrétienne martyrisée elle aussi.

Autre sainte Sabine (fête le 8 décembre) au destin tout aussi cruel, une jeune Anglaise du VIIIe siècle qui voulait aller à Rome pour se faire religieuse. Le noble anglais qui voulait l'épouser contre son gré la rattrapa, et l'assassina.

CARACTÈRE

Elle a un caractère bouillonnant, voire brouillon, tant elle aime la vie, et la vivacité. Intuitive, elle est aussi fantaisiste. Émotive, sensible, et sensuelle, elle est aussi capable, malgré son attrait pour la nouveauté, d'une grande fidélité. Même si elle déteste la vie sédentaire. C'est un feu follet dont l'éclat illumine son entourage.

CÉLÉBRITÉS ET ANECDOTES

Sainte Sabine était invoquée contre les cauchemars.

SACHA

CHIFFRE : **5** FÊTE : 22 AVRIL

ORIGINE

Sacha est un diminutif slave d'Alexandre. Voir ce prénom.

CARACTÈRE

Sérieux dans sa vie professionnelle, il entretient, dans sa vie privée, un fouillis continuel, qui se retrouve dans ses amitiés et ses amours. Rien ne se passe jamais comme il le souhaite. Cependant, il arrive toujours à s'en sortir. Il adore gagner, mais sait se montrer aussi bon perdant.

CÉLÉBRITÉS ET ANECDOTES

Sacha Guitry, roi du boulevard et de la réplique.

SALOMÉ

CHIFFRE : **2**

ORIGINE

Salomé vient d'un mot hébreu qui signifie paisible.

HISTOIRE

Sainte Salomé, mère des apôtres Jean et Jacques (le Majeur), assista à l'agonie de Jésus et embauma son corps. Selon la légende, elle aurait, après la résurrection du Christ, débarqué aux Saintes-Maries-de-la-mer.

CARACTÈRE

D'un tempérament réservé, elle n'est pas pour autant timide. Plutôt optimiste, sans ambition, malgré ses capacités intellectuelles indéniables, elle préfère vivre dans le calme, sans avoir de compte à rendre à quiconque. Elle aime les hommes séduisants et raffinés, qui doivent savoir la retenir, car la fidélité n'est pas la qualité première de cette sensuelle.

CÉLÉBRITÉS ET ANECDOTES

Autre Salomé, pas sainte du tout, la fille d'Hérodiade, une courtisane qui vivait avec le roi Hérode, et à laquelle Jean le Baptiste avait reproché ses mœurs. Salomé, qui était très belle, dansa pour Hérode et le charma tant qu'il lui proposa de lui donner ce qu'elle voudrait lui réclamer. Poussée par sa mère, Salomé demanda la tête de Jean le Baptiste, alors en prison. Il fut immédiatement décapité, et sa tête portée à Salomé sur un plateau.

SALOMON

CHIFFRE : **8**

ORIGINE

Salomon, comme Salomé, vient d'un mot hébreu dérivé de *shalom*, paix.

HISTOIRE

Salomon, personnage fastueux, fils de David, fut roi à Jérusalem, dont il fit bâtir le temple, pendant quarante ans.

CARACTÈRE

Il a tendance, sentimentalement, à trop vite s'emporter, puis à se laisser dévorer par l'incertitude. Mais l'instabilité amoureuse n'est pas pour déplaire à ce romantique qui déteste la routine et sait qu'il peut compter sur ses nombreux amis.

SALVADOR

CHIFFRE : **2** FÊTE : 18 MARS

ORIGINE

Salvador est l'équivalent espagnol de Sauveur.

CARACTÈRE

Sous des dehors assurés, c'est un grand sensible. Imaginatif, fringant, il adore séduire, quitte à se révéler volage. Son à-propos et son charme lui permettent d'exceller dans le commerce. Mais son manque de rigueur parfois, peut le desservir. Toutefois, la chance, qui aime les séducteurs, est avec lui. Surtout qu'il est prêt à la bousculer, et à aider le hasard à lui être favorable, par des moyens pas toujours très orthodoxes…

CÉLÉBRITÉS ET ANECDOTES

Salvador Dali, peintre de génie et mystificateur notoire. Salvador Allende, président chilien assassiné par les militaires.

SALVATORE

CHIFFRE : **5** FÊTE : 18 MARS

ORIGINE

Salvatore est l'équivalent italien de Sauveur. Voir ce prénom.

CARACTÈRE

Il est affectueux, et apprécie la vie familiale. Il fait passer son romantisme avant son désir d'autonomie. Ce qui ne l'empêche pas d'apprécier le changement, et, s'il ne survient pas assez vite, de le provoquer. Ce séducteur discret mais efficace, à l'argent et à la réussite, préfère l'amour et la sincérité.

SAM

CHIFFRE : **6**

ORIGINE

Sam est un diminutif de Samuel. Voir ce prénom.

CARACTÈRE

Flegmatique, il a parfois du mal à se faire comprendre des autres. Beau et intuitif, il s'adapte facilement au changement d'humeur de son entourage. Peu susceptible, il n'a peur de rien. Il aime faire la fête autour d'un verre. Ses amitiés et ses amours sont très épisodiques, il n'a pas pour habitude de s'attacher. L'amour et le mariage, il y pense, mais pour s'y décider, attendra d'avoir épuisé toutes les gaîtés du célibat.

SAMMY

CHIFFRE : **8**

ORIGINE

Sammy est un diminutif anglo-saxon de Samuel. Voir ce prénom.

CARACTÈRE

Il est épris d'absolu, et a l'audace et le goût du pouvoir. Lorsqu'il se met en ménage, il s'emploie avec talent à maintenir l'harmonie dans son couple, grâce à son intuition. Généreux, dévoué, il ne semble pas donner prise à la fatigue. Sa tendresse, il la réserve aux siens.

SAMSON

CHIFFRE : **9** FÊTE : 28 JUILLET

ORIGINE

Samson vient d'un mot hébreu synonyme de soleil.

HISTOIRE

Saint Samson, fut, au VIe siècle, l'un des évangélisateurs de l'Irlande, avant de mourir en Bretagne évêque de Dol.

CARACTÈRE

Doué d'une intelligence vive, il le sait, et parfois veut imposer ses idées, les estimant les meilleures… Les difficultés le stimulent. C'est un battant, capable de rudesse contre ceux qui se mettent en travers de sa route. Mais il sait aussi, dans l'intimité, se révéler sensible, fin et spirituel, surtout avec celles qu'il veut - et sait - séduire.

CÉLÉBRITÉS ET ANECDOTES

Samson, un géant au service d'Israël, contre les Philistins, avait une force proportionnelle à la longueur de sa chevelure. Il fut séduit par Dalila, qui, pendant son sommeil, lui coupa les cheveux. Les Philistins purent alors s'en emparer, et l'enfermer dans un cachot. Lorsqu'ils l'en firent sortir pour le juger et condamner, les cheveux de Samson avaient repoussé. De ses deux bras tendus, il écarta les colonnes du temple dans lequel se précipitaient les Philistins, et le toit s'effondra sur eux, entraînant leur mort, et la sienne…

SAMUEL

CHIFFRE : **8**

ORIGINE

Samuel signifie en hébreu "instrument de Yavhé."

HISTOIRE

Samuel est un prophète qui nomma Saül et David rois d'Israël.

CARACTÈRE

Il est plus volontaire qu'imaginatif, plus passionné que sentimental. Il aime la gloire, mais aussi la fidélité. Avec lui, en amour comme en affaires, pas de tricheries ou de faux-semblants ; il va droit au but, et s'il y en a qui redoutent sa franchise, de nombreux autres apprécient sa sérénité et son sens de l'honneur. Exigeant avec lui-même, il l'est aussi avec les autres, avant d'accorder son amitié ou son amour.

CÉLÉBRITÉS ET ANECDOTES
Samuel Champlain qui explora le Canada pour la France.

SANDRINE
CHIFFRE : **3** FÊTE : **2** AVRIL

ORIGINE
Sandrine est un dérivé d'Alexandrine, donc d'Alexandra.

CARACTÈRE
Gaie, sensible et timide, elle aime rire des autres mais est très susceptible quand on se moque d'elle. Imaginative, ses idées inattendues séduisent son entourage, qu'il soit familial ou professionnel. Intelligente et émotive, elle reste secrète en ce qui concerne ses sentiments amoureux. Elle fait toujours de son mieux pour atteindre les buts qu'elle se fixe ou qu'on lui fixe. Si la colère n'est pas l'un de ses arguments, pour se faire entendre, elle peut se montrer violente devant l'injustice.

SARAH / SARA
CHIFFRE : **2**

ORIGINE
Sarah est un mot hébreu signifiant reine.

HISTOIRE
Sara, malgré ses 90 ans, eut d'Abraham, 99 ans, un fils, Isaac, comme un ange le lui avait annoncé.

CARACTÈRE
Sous des dehors assurés, c'est une grande sensible. Imaginative, fringante, voire désinvolte, elle adore séduire, quitte à se révéler volage. Son à-propos et son charme lui permettent d'exceller dans les métiers de commerce. Mais son manque de rigueur parfois, peut la desservir. Toutefois, elle finit toujours par retomber sur ses pieds ; la chance, qui aime les sé-

ductrices, est avec elle. Surtout qu'elle est prête à la bousculer, et à aider le hasard à lui être favorable, par des moyens pas toujours très orthodoxes...

CÉLÉBRITÉS ET ANECDOTES

Sainte Sarah était invoquée par les femmes stériles. Sainte Sarah, la patronne des Gitans aux Saintes-Maries-de-la-Mer, serait, selon la légende, la servante noire de Marie Madeleine, Marie Jacobé, et Salomé.

SATURNIN

CHIFFRE : **6** FÊTE : 29 NOVEMBRE

ORIGINE

Saturnin vient de Saturne, dieu romain du temps.

HISTOIRE

Saint Saturnin, martyrisé au IIIe siècle (on le livra à un taureau dans les arènes), fut le premier évêque de Toulouse.

CARACTÈRE

D'un caractère fort, il est ouvert au monde et ne souhaite qu'une seule chose : réussir. Il sait canaliser son émotion, et rester maître de lui en toutes circonstances. Lucide sur son milieu professionnel, il s'attache peu. En amour, il réfléchit longtemps avant de s'abandonner ; mais ce froid en apparence peut se révéler un passionné, à qui lui embrase le cœur.

CÉLÉBRITÉS ET ANECDOTES

Saint Saturnin était invoqué lorsqu'on avait les mains gonflées ou des engelures, ou lorsque l'on était (supplice oblige) chargé par un taureau.

SAUVEUR

CHIFFRE : **8** FÊTE : 18 MARS

ORIGINE

Sauveur est la francisation de *salvator*, le sauveur.

HISTOIRE

Saint Sauveur, un cordonnier espagnol devenu franciscain se rendit célèbre par ses miracles, au XVIe siècle.

CARACTÈRE

Émotif et généreux, volontaire, c'est, dans ses activités professionnelles, un créatif. Fidèle et à l'écoute des autres, il est toujours prêt à rendre service à ses ami(e)s. Mais son enthousiasme cache souvent un manque de confiance en lui. Il a besoin d'être choyé et entouré. Côté cœur, il s'engage avec une entière sincérité ; l'amour pour lui se construit sur le long terme avec, pour piliers, confiance et fidélité.

SÉBASTIEN

CHIFFRE : **4** FÊTE : 2O JANVIER

ORIGINE

Sébastien vient d'un mot grec signifiant honoré.

HISTOIRE

Saint Sébastien, officier originaire de la Narbonnaise, fut martyrisé à Rome au IVe siècle. Percé de flèches et laissé pour mort, il fut recueilli et soigné par une Romaine. Puis il se rendit auprès de l'empereur Dioclétien pour lui demander de libérer les chrétiens. L'empereur le fit fouetter à mort. Une autre femme recueillit son corps et l'enterra là où s'élève la basilique qui porte son nom.

CARACTÈRE

Gentil et agréable, d'une nature franche et plutôt têtu, il lui arrive d'être agressif quand on se montre irrespectueux en vers lui ou ses proches. Il se laisse facilement séduire par un sourire. Simple dans sa vie et ses choix, il essaye d'être toujours le plus honnête possible. Inquiet parfois, il a besoin d'être mis en confiance. Peu expressif, il sait toutefois être un ami fidèle et sincère. Il déteste le superficiel. Tendre avec sa femme et ses enfants, il montre, en amour, beaucoup de patience et compréhension.

CÉLÉBRITÉS ET ANECDOTES

Patron des archers et des ferrailleurs, saint Sébastien était invoqué contre la poliomyélite.

SÉGOLÈNE

CHIFFRE : **1** FÊTE : 24 JUILLET

ORIGINE

Ségolène, prénom du Sud-Ouest, vient du celtique *ségal*, seigle.

HISTOIRE

Sainte Ségolène, au IXᵉ siècle, était fille et épouse de seigneurs d'Aquitaine. Veuve, elle entra en religion.

CARACTÈRE

Peu expansive, c'est une travailleuse assidue. Rigueur et droiture sont les termes qui la qualifient le mieux. Aimant la vie, elle va au bout de tout ce qu'elle entreprend avec parfois des déboires mais souvent avec beaucoup de réussite. En amour, elle est secrète et fidèle.

CÉLÉBRITÉS ET ANECDOTES

Sainte Sigolène était la protectrice des veuves.

SERGE

CHIFFRE : **9** FÊTE : 7 OCTOBRE

ORIGINE

Serge, en russe Sergueï, viendrait du latin *serica*, fait en soie.

HISTOIRE

Serge, soldat dans l'armée romaine fut exécuté (à coups de fouet) en Syrie, au IIIᵉ siècle, pour ne pas avoir voulu sacrifier aux dieux païens, et après avoir dû traverser la ville déguisé en femme et chaussé de souliers garnis de pointes à l'intérieur. Saint Serge, né en Russie au XIVᵉ siècle, dans une famille noble, se fit ermite, puis bâtisseur de monastères. Il aida, par ses conseils, les princes russes à chasser de la domination mongole, et à reconnaître la primauté du grand-duc de Moscovie.

CARACTÈRE

Il recherche l'amour et l'amitié dans des relations sans complication. Audacieux, il séduit par son équilibre et son dynamisme. Il a une grande vitalité et une grande capacité de travail, et lorsqu'un obstacle se dresse sur sa route, il ne le contourne pas, mais en part à l'assaut.

CÉLÉBRITÉS ET ANECDOTES

Saint Serge (le soldat) était invoqué contre le mal aux pieds et par ceux qui avaient du mal à assumer leur sexe. Beaucoup de Serge artistes, chanteurs (Gainsbourg, Reggiani, Lama), compositeurs (Prokofiev, Rachmaninov), cinéastes (Eisenstein, Leone)…

SERGIO

CHIFFRE : **1** FÊTE : 7 OCTOBRE

ORIGINE

Sergio, traduction italienne de Serge. Voir ce prénom.

CARACTÈRE

Il aime le contact avec autrui, ne s'épanouit qu'en société. Mari fidèle, il apprécie la notoriété, le succès. Sa liberté, il la met au service de la collectivité, qui apprécie l'esprit d'initiative et le dévouement de cet altruiste.

SÉVERIN

CHIFFRE : **2** FÊTE : 27 NOVEMBRE

ORIGINE

Séverin vient du latin *severus*, sévère. C'était un nom de famille (dont celui de l'empereur Septime-Sévère).

HISTOIRE

Saint Séverin, moine bourguignon, aurait sauvé la vie de Clovis un jour que celui-ci était ivre. Est-ce pour cette raison qu'il était invoqué contre les maladies de la vigne ?

CARACTÈRE

Séducteur, c'est un rebelle qui a des difficultés à se plier à une discipline. Il est brillant, dans ses études et sa profession, et généreux au point que certains en abusent. Il accorde une grande importance au couple et à la vie familiale.

SÉVERINE

CHIFFRE : **7** FÊTE : 27 NOVEMBRE

ORIGINE
Séverine est le féminin de Séverin. Voir ce prénom.

CARACTÈRE
Calme et réfléchie, franche, elle a tendance à se laisser porter par les événements, et réagit par intuition. Elle a besoin d'être rassurée. Fidèle et exigeante en amitié comme en amour, malheur à qui trahit sa confiance !

SIBYLLE

CHIFFRE : **3** FÊTE : 23 MARS

ORIGINE
La sibylle, chez les Grecs, était la femme qui, dans les temples, prédisait l'avenir.

HISTOIRE
Sainte Sibylle, au XIVᵉ siècle, orpheline italienne devenue aveugle et recueillie par des dominicaines, guérissait par imposition des mains.

CARACTÈRE
Vive et rieuse, elle aime séduire. Ce qui n'empêche pas, dans sa vie sociale, lucidité et rigueur. En amour, elle est facilement insatisfaite, et déteste les jaloux. Elle n'aime l'amour que partagé, et brûlant.

CÉLÉBRITÉS ET ANECDOTES
Sainte Sibylle était invoquée pour améliorer la vue.

SIDONIE

CHIFFRE : **3** FÊTE : 21 AOÛT

ORIGINE
Sidonie vient du latin *sidonius*, originaire de la ville de Sidon.

HISTOIRE
Il n'y a pas de sainte Sidonie, mais un saint Sidoine Apollinaire, gendre d'un empereur et préfet de Rome au Vᵉ siècle, qui fut évêque de Cler-

mont-Ferrand, bien que laïc. Lorsqu'il y avait péril (attaques barbares, épidémies…) il organisait des prières collectives et des processions.

CARACTÈRE
Gaie et souriante, agréable à côtoyer, d'un tempérament déterminé, elle réagit à tout ce qui la dérange ou la choque. Son charme tient à son style. Prête à tout pour conquérir l'homme qu'elle aime, elle sait lui rester fidèle et fait preuve parfois d'une jalousie excessive à son égard.

SIGOLÈNE
CHIFFRE : **5** FÊTE : 24 JUILLET

ORIGINE
Sigolène est un dérivé de Ségolène. Voir ce prénom.

CARACTÈRE
Elle est gaie et vive. Capricieuse, souvent. Elle s'amuse de ce qui est nouveau. D'une grande curiosité, elle aime faire ses découvertes en bonne compagnie, surtout masculine. Elle a bon cœur, à tous les sens du terme. Si elle a besoin d'autonomie, d'indépendance, elle n'en est pas pour autant une fanatique de la solitude. À ceux qui savent la comprendre, elle donne si généreusement sa tendresse, et son amour qu'on lui pardonne d'être légère, voire infidèle.

SIMÉON
CHIFFRE : **3** FÊTE : 18 FÉVRIER

ORIGINE
Siméon (comme Simon) vient d'un mot hébreu signifiant celui qui obéit (à Dieu).

HISTOIRE
Saint Siméon était un cousin germain de Jésus. Il devint évêque de Jérusalem derrière à son frère saint Jacques et mourut martyrisé à 120 ans : on le fouetta puis on le crucifia.

CARACTÈRE

Naturel et enjoué, ambitieux, il ne compte pas sur les autres pour arriver où il le souhaite. Timide dans les situations nouvelles, il lui faut parfois du temps pour s'adapter. Amoureux et indépendant, il a du mal à gérer ces deux aspects de sa vie.

CÉLÉBRITÉS ET ANECDOTES

Saint Siméon était invoqué pour vivre longtemps.

Autre saint Siméon (fête le 5 janvier), dit le stylite, un berger turc du IVe siècle qui, d'abord ermite dans le désert, s'imposa de telles privations et mortifications que des moines refusèrent ensuite de le recevoir parmi eux. Il s'installa alors à Antioche, où il se fit murer, pendant quarante jours, sans eau et sans pain dans une cellule, avant de s'installer au sommet d'une colonne, exposé au soleil, au froid et au vent, et de s'y tenir debout, pendant plusieurs années, jusqu'à sa mort.

SIMON

CHIFFRE : **7** FÊTE : 28 OCTOBRE

ORIGINE

Simon veut dire en hébreu *celui qui obéit* (à Dieu). Selon d'autres sources, ce sera un dérivé germanique de *Sig*, victoire, et *Mund*, protection.

HISTOIRE

Saint Simon (le Cananéen) est l'un des douze apôtres, à ne pas confondre avec Simon Pierre (saint Pierre). Après la Pentecôte, il serait parti évangéliser l'Afrique, ou la Grande-Bretagne. Selon une autre légende, il serait allé jusqu'en Perse, où on l'aurait mis à mort en l'attachant sur une planche et en le sciant dans le sens de la longueur.

CARACTÈRE

Il est susceptible, et ses colères sont spectaculaires. Peu rigoureux, il a du mal à aller au bout de ses projets. Mais bien entouré, et mis en confiance, il fait preuve de beaucoup de pertinence et de dynamisme. L'action et le concret ne lui font pas peur. Il a le goût de l'humour et du rire. Généreux en amour et amitié, il partage volontiers son énergie. Heureuse celle qui réussira à le convaincre de renoncer à son indépendance : c'est un compagnon agréable, mais qui joue volontiers à se faire désirer.

CÉLÉBRITÉS ET ANECDOTES

Saint Simon était le patron de ceux qui travaillaient le cuir. Il était invoqué contre les morsures de serpent.

SIMONE

CHIFFRE : **3** FÊTE : 28 OCTOBRE

ORIGINE

Simone et le féminin de Simon. Voir ce prénom.

CARACTÈRE

Joyeuse et heureuse de vivre, elle a la gaieté communicative. Sa philosophie personnelle la pousse à attendre les événements plutôt qu'à les provoquer. Ceux qui la prennent pour une superficielle se trompent. Derrière la cigale, se cache une fourmi qui atteint les objectifs qu'elle s'est fixés, en affaires comme en amour où, elle refuse la frivolité, exige la fidélité et se révèle capable d'une passion insoupçonnée.

CÉLÉBRITÉS ET ANECDOTES

Simone Weil et Simone de Beauvoir, femmes-philosophes, Simone Veil femme politique.

SOIZIC

CHIFFRE : **9**

ORIGINE

Soizic est l'adaptation bretonne de Françoise.

CARACTÈRE

Tenace et franche, elle préfère le passé au futur, sans pour autant sombrer dans la nostalgie. Bonne vivante, elle a le sens de l'accueil, et son sourire toujours chaleureux. Elle sait séduire au moment opportun. Chanceuse en amour et en amitié, elle s'emploie avec talent à ce que sa vie soit sereine.

SOLANGE

CHIFFRE : **1** FÊTE : 10 MAI

ORIGINE
Solange vient du latin *solemnis*, solennel.

HISTOIRE
Sainte Solange, au IXe siècle, gardait les moutons dans la région de Bourges. Un hobereau, passant par là, voulut attenter à sa virginité ; pour le mettre en fuite, elle pria et des trombes d'eau rafraîchirent les ardeurs de son agresseur qui, de rage, trancha d'un coup d'épée la tête de la bergère.

CARACTÈRE
Peu expansive, c'est une travailleuse assidue. Rigueur et droiture sont les termes qui la qualifient le mieux. Aimant la vie, elle va au bout de tout ce qu'elle entreprend avec parfois des déboires mais souvent avec beaucoup de réussite. En amour, elle est secrète et fidèle.

CÉLÉBRITÉS ET ANECDOTES
Sainte Solange était invoquée, légende oblige, pour faire tomber la pluie ; elle était aussi protectrice des enfants.

SOLÈNE

CHIFFRE : **7** FÊTE : 17 OCTOBRE

ORIGINE
Solène (ou Solemne, ou Soline) a la même racine que Solange. Voir ce prénom.

HISTOIRE
Sainte Solène, au IIIe siècle, était une jeune fille de Gascogne promise à un seigneur païen dont elle ne voulait pas. Elle s'enfuit pour lui échapper, mais il la retrouva à Chartres, et la décapita. On notera les similitudes entre cette légende et celle de Solange.

CARACTÈRE
Plutôt calme et réfléchie, elle peut s'entêter quand il s'agit de son avenir. Sa franchise est souvent déconcertante. Légèrement indolente, elle a

tendance à se laisser porter par les événements, mais pallie ce défaut par une grande intuition. Ayant insuffisamment confiance en elle, elle a besoin d'être rassurée. Chez cette émotive, la colère monte aussi vite qu'elle redescend. Fidèle et exigeante en amitié comme en amour, presque possessive ; malheur à qui trahit sa confiance !

CÉLÉBRITÉS ET ANECDOTES
Sainte Solène était invoquée contre les escarres.

SONIA
CHIFFRE : **4** FÊTE : 25 MAI

ORIGINE
Sonia est la forme slave de Sophie.

CARACTÈRE
Volontaire et possessive, sa vie amoureuse est intense. Active, elle ne tient pas en place ce qui déplaît à son entourage. Sa moralité s'adapte aux situations qu'elle affronte. Capricieuse et insatisfaite, elle peut changer d'opinion ou de projet à chaque instant. L'amitié sincère la touche profondément et fait ressortir ce qu'il y a de meilleur en elle. Sensible et douce, elle ne le montre que très rarement ne souhaitant pas trop dévoiler cette fragilité. Amoureuse, elle est exclusive. Pour autant, cela ne l'empêche pas d'être lucide et exigeante sur ses relations de couple.

SOPHIA
CHIFFRE : **5** FÊTE : 25 MAI

ORIGINE
Sophia est la version italienne de Sophie. Voir ce prénom.

CARACTÈRE
Bavarde, élégante et raffinée, elle aime être en société. La discrétion, chez cette sentimentale, n'est par la qualité première. Pas farouche, frivole, elle aime se faire de nouveaux amis.

SOPHIE

CHIFFRE : **9** FÊTE : 25 MAI

ORIGINE

Sophie vient de *sophia*, la sagesse, en grec.

HISTOIRE

Sainte Sophie, Madeleine-Sophie Barrat pour l'état-civil, née en 1779 dans l'Yonne, était fille d'un vigneron illettré, mais sœur cadette d'un prêtre qui lui apprenait le latin et le grec en la battant. Elle rencontra un jésuite qui lui suggéra de fonder une institution pour l'éducation des jeunes filles de bonnes familles ; sainte Sophie créa et dirigea un demi-siècle durant, les Dames du Sacré-Cœur, avant de mourir en 1865.

CARACTÈRE

C'est une passionnée qui recherche l'amour et l'amitié dans des relations sans complication. Audacieuse, elle sait séduire par son dynamisme. Elle a une grande vitalité et une grande capacité de travail, et lorsqu'un obstacle se dresse sur sa route, elle ne le contourne pas, mais en part à l'assaut.

CÉLÉBRITÉS ET ANECDOTES

Sainte Sophie légendaire, une Romaine martyrisée au IIe siècle en même temps que ses trois filles prénommées Foi, Espérance, et Charité, ce qui permettra, a posteriori, aux prêcheurs d'expliquer que ces trois vertus sont filles de la Sagesse (Sophia). La *Sophie* de la comtesse de Ségur (née Sophie Rostopchine) a eu bien des malheurs, et bien des lecteurs…

SOSTHÈNE

CHIFFRE : **6** FÊTE : 20 MARS

HISTOIRE

Saint Sothène, au IVe siècle, était bourreau en Chalcédoine ; chargé d'exécuter sainte Euphémie, il fut subjugué par son courage et se fit baptiser, pour être, à son tour, martyrisé, passant de l'état de bourreau à celui de victime, non sans avoir démontré, dans l'arène où on l'avait jeté, son pouvoir sur les fauves, qui refusèrent de le dévorer, obligeant ses anciens confrères à le décapiter.

CARACTÈRE

D'un naturel enjoué, il fait parfois aussi preuve de beaucoup (de trop?) de fermeté avec les siens. Intelligent et droit, il est exigeant avec lui-même et ne se trouve aucune excuse en cas d'échec. Brillant, il sait s'attirer la réussite professionnelle. Ses amis sont nombreux, ses amies aussi, car il est aussi sincère que tendre, séduisant que sensuel. Peu enclin à critiquer les autres, il déteste les bavards et les mauvaises langues. Sa gaieté et sa bonne humeur ravissent son entourage familial qui a tendance parfois a le surestimer. En amour, il ne s'engage pas à la légère.

CÉLÉBRITÉS ET ANECDOTES

Saint Sothène, patron des dompteurs, était invoqué contre les attaques des bêtes sauvages.

STAN

CHIFFRE : **9** FÊTE : 11 AVRIL

ORIGINE

Stan est un dérivé de Stanislas.

CARACTÈRE

Il est doué d'une grande faculté d'adaptation. Tenace et prudent, charmeur et réservé, il sait mener à bien ses entreprises. Créatif, il préfère agir seul. Sous son apparente indifférence, il mûrit ses projets, car il est fier, et n'aime pas l'échec.

STANISLAS

CHIFFRE : **6** FÊTE : 11 AVRIL

ORIGINE

Stanislas vient du slave signifiant "se dresser glorieusement".

HISTOIRE

Saint Stanislas, fils d'un noble polonais et évêque de Cracovie au XIe siècle, excommunia, à la suite d'une querelle, le roi de Pologne qui, pour se venger, le fit dépecer sur son autel.

CARACTÈRE

Il est toujours agréable et souriant. Aucune tâche ne le rebute, tout semble lui plaire. Gai, il sait apprécier chaque instant de la vie. Il aime recevoir. Heureux en ménage rien ne semble l'arrêter dans la conquête de son bonheur.

CÉLÉBRITÉS ET ANECDOTES

Saint Stanislas était invoqué contre les coupures.

STANLEY

CHIFFRE : **6** FÊTE : 11 AVRIL

ORIGINE

Stanley est la version anglo-saxonne de Stanislas.

CARACTÈRE

Il a une personnalité riche et intéressante. Il ne se contente pas d'une réflexion superficielle, ni d'un jugement hâtif. Ce réfléchi, ce réservé, qui se livre peu, aime la distinction. Fidèle en amour comme en amitié, c'est un être solide, mais qui garde une longue rancune envers ceux qui l'ont trahi, ou déçu.

STELLA

CHIFFRE : **6** FÊTE : 11 MAI

ORIGINE

Stella est un diminutif d'Estelle. Voir ce prénom.

CARACTÈRE

Sérieuse et d'humeur toujours égale, c'est une rêveuse appréciée de son entourage, professionnel ou privé. Ses passions amoureuses sont souvent orageuses. Elle attend de ses compagnons de vie le respect de son indépendance et de sa personnalité. Mais cette charmeuse un peu rouée a de nombreux atouts pour convaincre, quand elle le veut vraiment.

STÉPHANE

CHIFFRE : **7** FÊTE : 26 DÉCEMBRE

ORIGINE

Stéphane vient du grec *stéphanos*, celui qui est couronné. Étienne en est la contraction. Voir ce prénom.

CARACTÈRE

D'un caractère capricieux, il a une haute opinion de lui-même. Il sait pourtant se montrer affectueux et gentil. On a beaucoup de mal à lui refuser quoi que ce soit. Intelligent, il sait exactement ce qu'il veut être (même s'il dit le contraire) et rien ne semble pouvoir le détourner. L'amour tient moins de place dans sa vie que sa réussite professionnelle.

CÉLÉBRITÉS ET ANECDOTES

Stéphane Mallarmé, poète symboliste chantre du Beau…

STÉPHANIE

CHIFFRE : **7** FÊTE : 26 DÉCEMBRE

ORIGINE

Stéphanie est le féminin de Stéphane. Voir ce prénom.

CARACTÈRE

Elle a tendance, sentimentalement, à trop vite s'emporter, puis à se laisser dévorer par l'incertitude. Mais l'instabilité amoureuse n'est pas toujours pour déplaire à cette affectueuse qui sait que pour recevoir, il faut aussi donner. Elle déteste la routine, et réussit dans les professions où l'on se remet constamment en cause. Sa situation financière s'en ressent ; il y a des hauts, mais aussi des bas… Mais elle sait qu'elle peut compter sur ses amis, tant elle sait s'en faire…

STÈVE

CHIFFRE : **8** FÊTE : 26 DÉCEMBRE

ORIGINE

Stève est un diminutif anglo-saxon de Stéphane. Voir ce prénom.

CARACTÈRE

Émotif, il est parfois capricieux. Lucide et déterminé, il excelle dans son travail. Pour ses amies il sait toujours se rendre disponible. Il déteste les beaux parleurs, et apprécie particulièrement les idéalistes, car ce pragmatique sait qu'il a besoin de rêve. Pour le séduire, il faut l'étonner.

SUE

CHIFFRE : **9** FÊTE : 11 AOÛT

ORIGINE

Sue est un diminutif anglo-saxon de Suzanne Voir ce prénom.

CARACTÈRE

Elle est douée d'une grande faculté d'adaptation. Tenace et prudente, charmeuse et réservée, elle sait mener à bien ses entreprises. Créative, elle préfère agir seule, mais si on lui propose de l'aide, elle ne la repoussera pas. Sous son apparente indifférence, elle mûrit ses projets, car elle n'aime pas l'échec. Son dynamisme est complété par une intuition très sûre.

SUSAN

CHIFFRE : **2** FÊTE : 11 AOÛT

ORIGINE

Susan est un diminutif anglo-saxon de Suzanne

CARACTÈRE

Sous des dehors assurés, c'est une grande sensible. Imaginative, fringante, voire désinvolte, elle adore séduire, quitte à se révéler volage. Son à-propos et son charme lui permettent d'exceller dans les métiers de commerce. Mais son manque de rigueur parfois, peut la desservir. Toutefois, elle finit toujours par retomber sur ses pieds; la chance, qui aime les séductrices, est avec elle. Surtout qu'elle est prêt à la bousculer, et à aider le hasard à lui être favorable, par des moyens pas toujours très orthodoxes…

SUZANNE

CHIFFRE : **1** FÊTE : 11 AOÛT

ORIGINE

Suzanne vient d'un mot hébreu signifiant la rose, ou le lis.

HISTOIRE

Sainte Suzanne vivait sous le règne de Dioclétien, au IIIe siècle. Dioclétien voulant la marier à Maximien, son successeur, elle annonça qu'elle était chrétienne. Dioclétien la fit égorger. Une autre sainte Suzanne, japonaise, fut persécutée à Nagazaki comme chrétienne au XVIIe siècle ; on la pendit par les cheveux à une potence pendant une journée avant de la décapiter. La première Suzanne est celle de la Bible : elle fut surprise en train de se baigner nue par deux vieux juges qui lui firent des propositions malhonnêtes. Elle les repoussa avec indignation ; mais ils étaient juges religieux, et se vengèrent en l'accusant d'adultère. Il fallut l'intervention d'un jeune homme inspiré par Dieu pour les confondre et les faire lapider.

CARACTÈRE

Elle est simple et sophistiquée à la fois. Sensible et émotive, elle se montre franche dans les situations amoureuses. Toujours prête à rendre service, elle a parfois, à trop se replier sur elle-même. Sa gentillesse fait qu'on lui pardonne volontiers ses changements d'avis. Elle ne confond jamais sa vie professionnelle avec sa vie privée.

CÉLÉBRITÉS ET ANECDOTES

Sainte Suzanne (de Nagazaki) était invoquée, supplice oblige, contre la chute des cheveux.

SUZY

CHIFFRE : **1** FÊTE : 11 AOÛT

ORIGINE

Suzy est un diminutif anglo-saxon de Suzanne

CARACTÈRE

Peu expansive, c'est une travailleuse assidue. Aimant la vie, elle va au bout de tout ce qu'elle entreprend souvent avec beaucoup de réussite. En amour, elle est secrète et fidèle.

SYDNEY

CHIFFRE : **2** FÊTE : 9 OCTOBRE

ORIGINE

Sydney est un dérivé anglo-saxon de Denis.

CARACTÈRE

Curieux et passionné par son travail, il lui arrive d'oublier ceux qui l'entourent. Gai et honnête, sa famille est sa plus grande réussite. Ses amitiés sont hétéroclites. Même s'il joue parfois au beau parleur, il reste fidèle à sa compagne.

SYLVAIN

CHIFFRE : **3** FÊTE : 4 MAI

ORIGINE

Sylvain vient du latin *sylva*, la forêt.

HISTOIRE

Saint Sylvain, évêque de Gaza (Palestine) au IVe siècle, fut condamné à travailler dans les mines ; lorsqu'il n'eut plus de force, on l'égorgea.

CARACTÈRE

Il s'exprime toujours avec franchise. Il est connu pour avoir un mauvais caractère qui avec le temps s'atténue. Sa personnalité très affirmée lui confère une influence incontestable sur les autres. Souvent seul, il reprend confiance et vivacité dans le giron familial. En amour, il respecte ses engagements.

SYLVESTER / SYLVESTRE

CHIFFRE : **1** FÊTE : 31 DÉCEMBRE

ORIGINE

Sylvestre vient du latin *sylva*, la forêt. Sylvester en est la version anglo-saxonne

HISTOIRE

Saint Sylvestre fut pape au IVe siècle sous le règne de l'empereur Constantin, qui fit du christianisme la religion officielle.

CARACTÈRE

Il est épanoui, aime la vie en famille, privilégie le mariage aux aventures sans lendemain. Gros travailleur, il préfère garder son indépendance, quitte à renoncer à ses ambitions - justifiées. Bon gestionnaire, il sait où il va, quitte, parfois, à déconcerter son entourage, qu'il ne met pas toujours dans la confidence.

SYLVIANE

CHIFFRE : **8** FÊTE : 5 NOVEMBRE

ORIGINE

Sylviane (ou Sylvianne, ou Silviane) est un dérivé de Sylvie.

CARACTÈRE

D'un tempérament studieux, elle persévère malgré les difficultés. Son ambition est mal acceptée par sa famille qui souhaiterait des choix plus simples. L'apparence et les convenances sont fondamentales pour elle. Ses ami(e)s sont peu nombreux mais fidèles. Curieuse, elle prend beaucoup de plaisir à voyager. Séductrice, sa vie intime est beaucoup plus tumultueuse que sa vie professionnelle.

SYLVIE

CHIFFRE : **2** FÊTE : 5 NOVEMBRE

ORIGINE

Sylvie vient du latin *sylva*, la forêt.

HISTOIRE

Sainte Sylvie, d'une grande famille romaine, était, au VIᵉ siècle, la mère du pape Grégoire le Grand, sur lequel elle veilla toujours avec attention, car il était de santé fragile.

CARACTÈRE

L'intelligence est sa qualité principale. Bohème, charmeuse, réaliste, elle sait faire preuve d'audace dans son milieu professionnel. Souvent rêveuse, elle n'en laisse rien voir au dehors, souriante et courtoise.

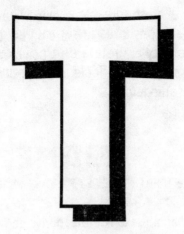

TANGUY

CHIFFRE : **7** FÊTE : 19 NOVEMBRE

ORIGINE

Tanguy vient d'un mot celtique désignant le gardien du feu.

HISTOIRE

Saint Tanguy, au IXᵉ siècle, fonda un monastère dans le Finistère pour expier le meurtre, par erreur, de sa sœur.

CARACTÈRE

Il est susceptible, et ses colères sont spectaculaires. Peu rigoureux, il a du mal à aller au bout de ses projets. Mais bien entouré, il fait preuve de beaucoup de dynamisme. L'action ne lui fait pas peur. Il a le goût du rire. Généreux en amour et amitié, il partage volontiers son énergie. En couple, c'est un compagnon agréable, mais qui aime se faire désirer.

TATANIA

CHIFFRE : **3** FÊTE : 12 JANVIER

ORIGINE

Tatania vient de *Tanius*, un roi des Sabins, voisins de Rome.

CARACTÈRE

Gaie et souriante, elle est agréable à vivre D'un tempérament déterminé, elle n'hésite pas à réagir sur tout ce qui la choque. Son charme tient à son style. Prête à tout pour conquérir l'homme qu'elle aime, elle sait lui rester fidèle et fait preuve parfois d'une jalousie excessive à son égard.

TED

CHIFFRE : **2** FÊTE : 9 NOVEMBRE

ORIGINE

Ted est un diminutif anglo-saxon de Théodore.

CARACTÈRE

Intelligent et parfois impertinent, il se distingue par sa franchise. Certain de son charme, il n'en abuse pas. Peu souriant, ses éclats de rire sont toujours une surprise pour son entourage. Dynamique et parfois coléreux dans son activité professionnelle, il a besoin, pour son équilibre, d'une compagne. Peu bavard en public, c'est le contraire dans l'intimité. Fidèle, sa compagnie est rassurante en cas de difficultés.

TEDDY

CHIFFRE : **4** FÊTE : 9 NOVEMBRE

ORIGINE

Teddy est un diminutif anglo-saxon de Théodore.

CARACTÈRE

Actif, honnête, opiniâtre, il ne manque pas de réussite. Son imagination débordante lui joue parfois de mauvais tours. Il déteste la solitude, et s'entoure volontiers d'amis auxquels il présente les multiples conquêtes d'une vie sentimentale très agitée. La recherche de la perfection féminine sert d'alibi à ce séducteur impénitent.

TÉRENCE

CHIFFRE : **7** FÊTE : 21 JUIN

ORIGINE
Térence vient du nom latin *Terencius*.

CARACTÈRE
Ambitieux et honnête, c'est un travailleur rigoureux et organisé, qui aime le travail bien fait. D'un tempérament solitaire, les femmes l'intimident ; mis en confiance, c'est un séducteur discret, un compagnon attentionné.

CÉLÉBRITÉS ET ANECDOTES
Terence, né à Carthage au Ier siècle av. J.-C. esclave affranchi par son maître romain, devenu le plus célèbre des poètes comiques latins.

TERESA

CHIFFRE : **5** FÊTE : 1ER OCTOBRE / 15 OCTOBRE

ORIGINE
Teresa est un dérivé de Thérèse. Voir ce prénom.

CARACTÈRE
Elle veut réussir sa vie. Optimiste, elle croit à la justice, au bonheur et à l'amour. Brillante en société, elle a parfois tendance à se contenter de vivre sur ses acquis. Pour la séduire, il faut la surprendre.

CÉLÉBRITÉS ET ANECDOTES
Mère Teresa, prix Nobel de la paix et providence des miséreux de Calcutta.

TERRY

CHIFFRE : **5** FÊTE : 21 JUIN

ORIGINE
Terry est un diminutif anglo-saxon de Térence.

CARACTÈRE
Il a un caractère brouillon, tant il aime la vie. Intuitif, fantaisiste, sensible, et sensuel, il est capable, malgré son attrait pour la nouveauté, d'une grande fidélité. C'est un feu follet dont l'éclat illumine son entourage.

TESS

CHIFFRE : **9** FÊTE : 1ER OCTOBRE / 15 OCTOBRE

ORIGINE

Tess est un diminutif de Thérèse. Voir ce prénom.

CARACTÈRE

Tenace et franche, elle préfère le passé au futur, sans pour autant sombrer dans la nostalgie. Bonne vivante, elle a le sens de l'accueil, et le sourire toujours chaleureux. Elle sait séduire au moment opportun. Chanceuse en amour et en amitié, elle s'emploie avec talent à ce que sa vie soit sereine.

THÉO

CHIFFRE : **3** FÊTE : 10 OCTOBRE

ORIGINE

Théo(s), *dieu* en grec. Ce prénom est un diminutif de Théophile.

CARACTÈRE

D'une nature sensible, ce timide gai aime les contacts, mais ne s'engage jamais en entier. Il séduit par son imagination, son intelligence et sa sensibilité. Il se dédouble : d'un côté l'homme brillant, de l'autre l'introverti cultivant dans le calme son jardin secret.

THÉODORA

CHIFFRE : **5**

ORIGINE

Théodora est le féminin de Théodore. Voir ce prénom.

HISTOIRE

Sainte Théodora, (fête le 11 septembre) fut, au Ve siècle, une dame de la haute société d'Alexandrie qui avoua à son mari ses infidélités, et qui, en remerciement de son pardon, se comporta en femme vertueuse tout le restant de sa vie.

Une autre sainte Théodora (fête le 28 avril), au comportement encore plus exemplaire, elle aussi d'une bonne famille d'Alexandrie fut, au IVe siècle, une jeune fille que le gouverneur, parce qu'elle était chrétienne, et chaste, envoya dans un lieu de débauche. Son premier visiteur fut un soldat, saint Didyme, qui lui proposa d'échanger leurs habits. Théodora, déguisée en légionnaire, put ainsi s'enfuir. Didyme, lui, fut arrêté et envoyé à l'échafaud. Sur le chemin duquel Théodora le vit passer. Elle se jeta aux pieds du gouverneur et demanda à mourir à sa place. Le gouverneur trancha… en les faisant décapiter tous les deux !

CARACTÈRE
Elle est gaie et vive. Capricieuse, souvent. Elle s'amuse de ce qui est nouveau. D'une grande curiosité, elle aime faire ses découvertes en bonne compagnie, surtout masculine. Elle a bon cœur, à tous les sens du terme. Si elle a besoin d'autonomie, d'indépendance, elle n'en est pas pour autant une fanatique de la solitude. À ceux qui savent la comprendre, elle donne si généreusement sa tendresse, et son amour qu'on lui pardonne d'être légère, voire infidèle.

CÉLÉBRITÉS ET ANECDOTES
Sainte Théodora était invoquée par les femmes adultères qui en éprouvaient des remords. Plusieurs impératrices de Byzance portèrent ce prénom, dont l'une qui fut prostituée avant de finir sur le trône, au VIe siècle.

THÉODORE
CHIFFRE : **9** FÊTE : 9 NOVEMBRE

ORIGINE
Théodore vient du grec *theodoros*, don de Dieu.

HISTOIRE
Saint Théodore, légionnaire converti au christianisme dans l'armée romaine en garnison en Turquie au IVe siècle, fut martyrisé pour avoir incendié un temple païen dédié à Cybèle : on lui ouvrit le ventre avant de le brûler. Un autre saint Théodore, lui aussi soldat, mais général, à la même époque, il aurait été crucifié pour s'être opposé à l'arrestation de soldats chrétiens. Autre saint Théodore, un évêque de Libye au IVe siècle, qui, ayant eu la langue coupée pour l'empêcher de prêcher, n'en retrouvait pas moins sa voix pour faire ses sermons.

CARACTÈRE

D'un tempérament jaloux, il est courageux et volontaire, compétent dans son milieu professionnel. Chez les femmes, il apprécie l'intelligence et la finesse d'esprit. Exigeant avec sa famille, d'humeur changeante, il est parfois difficile à vivre. En fait, c'est un introverti avide d'amour et d'amitié qui s'ignore.

CÉLÉBRITÉS ET ANECDOTES

Saint Théodore (le général) était le protecteur des soldats. Saint Théodore (l'évêque) était le patron des comédiens. Saint Théodore (le légionnaire) était invoqué, supplice oblige, avant les opérations de l'appendicite.

Théodore de Banville, poète romantique, Théodore Roosevelt, président des États-Unis.

THÉOPHILE

CHIFFRE : **8** FÊTE : 10 OCTOBRE

ORIGINE

Théophile veut dire, en grec, ami de Dieu.

HISTOIRE

Saint Théophile fut évêque d'Antioche au IIe siècle.

CARACTÈRE

Il est plus volontaire qu'imaginatif, plus passionné que sentimental. Il aime la gloire, mais aussi la fidélité. Avec lui, en amour comme en affaires, pas de tricheries ou de faux-semblants ; il va droit au but, et s'il y en a qui redoutent sa franchise, de nombreux autres apprécient sa sérénité et son sens de l'honneur. Exigeant avec lui-même, il l'est aussi avec les autres, avant d'accorder son amitié ou son amour.

THÉRÈSE

CHIFFRE : **8** FÊTE : 1[ER] OCTOBRE / 15 OCTOBRE

HISTOIRE

Sainte Thérèse d'Avila (fête le 15 octobre) née en 1515 à Avila en Castille, entra au Carmel, dont elle durcit la règle, après avoir eu des extases mystiques au cours desquelles elle s'évanouissait de plaisir, au point que les théologiens la soupçonnaient de diabolisme. Elle mourut en 1582.

Sainte Thérèse de Lisieux (fête le 1er octobre) née à Alençon en 1873 dans une famille modeste, entra au Carmel à 15 ans, où se trouvaient deux de ses sœurs. Elle n'eut guère le temps de faire épanouir autour d'elle son mysticisme et sa piété : elle mourut de tuberculose, après une longue agonie, à 24 ans.

CARACTÈRE
Elle est généreuse et femme de caractère. Gaie et communicative, à la fois tempérée et fonceuse, elle a appris à séduire sans être pour autant provocante. Lucide sur ses capacités, elle sait mettre en avant ce qu'elle a de meilleur. Les chaînes de l'amour sont paradoxalement indispensables à cette indépendante.

THIBAUD
CHIFFRE : **2** FÊTE : 8 JUILLET

ORIGINE
Thibaud (ou Thibaut) vient du germanique *Theud*, le peuple, et de *bald*, courageux.

HISTOIRE
Saint Thibaud, au XIIIe siècle, ancien chevalier de Philippe-Auguste, fut abbé au monastère des Vaux de Cernay. Malgré son poste, il était le plus humble des moines qu'il avait sous son autorité. Ce serait grâce à ses prières que saint Louis, que l'on disait stérile, aurait eu des enfants.

CARACTÈRE
Sous des dehors assurés, c'est un grand sensible. Imaginatif, fringant, voire désinvolte, il adore séduire, quitte à se révéler volage. Son à-propos et son charme rude et viril lui permettent d'exceller dans les métiers de commerce. Mais son manque de rigueur parfois, peut le desservir. Toutefois, il finit toujours par retomber sur ses pieds ; la chance, qui aime les séducteurs, est avec lui. Surtout qu'il est prêt à la bousculer, et à aider le hasard à lui être favorable, par des moyens pas toujours très orthodoxes...

CÉLÉBRITÉS ET ANECDOTES
Saint Thibaud était évoqué contre la stérilité.

THIERRY

CHIFFRE : **4** FÊTE : 1ER JUILLET

ORIGINE

Thierry vient du latin *Theodoricus*, prénom issu du germanique *Theud*, peuple, et *Ric*, puissant.

HISTOIRE

Saint Thierry était, au VIe siècle, le fils d'un chef de brigands qui écumaient la Champagne et la Lorraine. Le bandit voulant obliger son fils à se marier, celui-ci s'enfuit près de Reims où, après avoir été ermite (et converti ses père et frères), il fonda un monastère qu'il put faire vivre grâce aux dons du roi Thierry Ier d'Austrasie, qu'il avait guéri d'un furoncle à l'œil.

CARACTÈRE

Combatif et parfois coléreux, c'est un fonceur. Intelligent et ambitieux, il s'engage avec conviction dans tout ce qu'il fait, mais le manque de réalisme peut l'amener à l'échec. Séduisant, il apprécie les regards admiratifs. Il aime, dans l'intimité, être dorloté, et ne demande qu'à être conquis par celle qui pourra alors compter sur son honnêteté et sa fidélité.

THIPHAINE

CHIFFRE : **9** FÊTE : 6 JANVIER

ORIGINE

Thiphaine (ou Tiphaine) est un dérivé d'Épiphanie, "journée des rois" où l'on célèbre la venue au chevet de l'enfant Jésus, qui venait de naître, des trois rois mages Melchior, Gaspard et Balthazar.

CARACTÈRE

C'est une passionnée qui recherche l'amour et l'amitié dans des relations sans complication. Courageuse et audacieuse, elle sait séduire par son équilibre et son dynamisme. Elle a une grande vitalité et une grande capacité de travail, et lorsqu'un obstacle se dresse sur sa route, elle ne le contourne pas, mais en part à l'assaut.

CÉLÉBRITÉS ET ANECDOTES

Dame Thiphaine, riche épouse de Du Guesclin dut, à plusieurs reprises, vider ses coffres pour payer la rançon de ce connétable qui bouta l'Anglais hors de France.

THOMAS

CHIFFRE : **8** FÊTE : 3 JUILLET

ORIGINE

Thomas vient d'un mot hébreu signifiant le jumeau.

HISTOIRE

Saint Thomas est l'apôtre incrédule qui, pour croire en sa résurrection, dut mettre son doigt dans les plaies du corps du Christ. Il serait ensuite parti évangéliser en Chine, Éthiopie et en Indes, et serait mort martyr à Madras.

Saint Thomas d'Aquin (fête le 28 janvier) est un plus grand théologien qui enseigna à Paris sous le règne de saint Louis.

Thomas Becket (fête 29 décembre), au XIIe siècle, chancelier et ami du roi d'Angleterre Henri II, s'opposa à lui lorsqu'il devint archevêque ; furieux, Henri II le fit assassiner.

CARACTÈRE

Il est logique et plein de bon sens ; esprit clair et tête bien faite, mais un peu capricieux et paresseux à l'occasion. Comme il sait être tendre, on oublie ces petits défauts. En amour, c'est un passionné, et elles sont rares, celles qui résistent à son charme.

CÉLÉBRITÉS ET ANECDOTES

Saint Thomas (l'apôtre) était le patron des experts de justice.

Saint Thomas d'Aquin patron des libraires, était invoqué pour ne pas succomber à la luxure : quand il était jeune, ses frères, qui étaient contre sa vocation religieuse, l'enfermèrent en compagnie d'une prostituée d'une grande beauté ; pour la repousser, saint Thomas brandit un tison en direction du visage de la belle impure, qui s'enfuit par la fenêtre.

TIBURCE

CHIFFRE : **6** FÊTE : 14 AVRIL / 11 AOÛT

ORIGINE

Tiburce vient de Tibur, nom d'un faubourg de Rome.

HISTOIRE

Saint Tiburce (fête le 11 août), fils d'un fonctionnaire impérial fut, au IIIe siècle, compagnon de martyre de saint Sébastien.

Saint Tiburce (fête le 14 avril), frère cadet de saint Valérien et beau-frère de sainte Cécile, fut, au IIe siècle, fouetté et mis à mort pour avoir refusé d'honorer les idoles. L'officier chargé de leur exécution, saint Maxime, touché par la grâce, se convertit peu avant et périt avec eux.

CARACTÈRE

Émotif et volontaire, on peut le croire futile. Subtil et spirituel, quoique timide, sa conversation est recherchée. Son charme et son intelligence n'empêchent pas simplicité et modestie, gentillesse et bonté. Son solide sens pratique se double d'une obstination qui peut aller jusqu'à l'entêtement. Au paraître il préfère l'efficacité. Avec lui, professionnellement ou sentimentalement, c'est "du solide".

TIM

CHIFFRE : 6 FÊTE : 24 JANVIER

ORIGINE

Tim est un dérivé de Timothée. Voir ce prénom.

CARACTÈRE

D'un tempérament ferme et tranché, il s'exprime toujours avec franchise. Il est connu pour avoir un mauvais caractère qui avec le temps s'atténue. Sa personnalité très affirmée lui confère une influence incontestable sur les autres. Intelligent mais peu perspicace, souvent seul, il reprend confiance et vivacité dans le giron familial. En amour, il respecte ses engagements.

TIMOTHÉE

CHIFFRE : **5** FÊTE : 24 JANVIER

ORIGINE

Timothée vient du grec *thimotheos*, celui qui craint Dieu.

HISTOIRE

Saint Timothée fut converti par saint Paul et le suivit à travers l'Asie mineure, la Grèce et jusqu'à Rome, où il fut emprisonné. Revenu à Éphèse pour en être le premier évêque, il y fut lapidé par la population après s'être opposé au culte de Diane.

Saint Thimothée (fête le 19 décembre) ayant refusé, en Grèce, d'honorer les idoles, il eut les oreilles brûlées au fer rouge, et fut suspendu par un pied à une potence ; pour le faire céder, on amena devant lui sainte Maure, sa jeune épouse. Mais cette dernière l'encouragea dans sa foi, ce qui provoqua la fureur du gouverneur. Il fit arracher les cheveux, couper les doigts et brûler les flancs de Maure avec du soufre. Puis les deux époux furent mis en croix côte à côte.

CARACTÈRE

Réservé et distant en public, maîtrisant sa spontanéité, il est beaucoup plus exubérant avec ses proches. Réaliste, il prend toujours du recul sur les événements avant de se décider. L'amitié, la famille et l'amour sont les bases de son équilibre. Ce confident est apprécié pour sa disponibilité. Romantique - et parfois naïf -, il craque facilement au premier regard, et a parfois du mal à différencier flirt et véritable amour.

TOM

CHIFFRE : **3** FÊTE : 3 JUILLET

ORIGINE

Tom est un dérivé de Thomas. Voir ce prénom.

CARACTÈRE

Naturel et enjoué, ambitieux, il ne compte pas sur les autres pour arriver où il le souhaite. Timide dans les situations nouvelles, il lui faut parfois du temps pour s'adapter. Amoureux et indépendant, il a du mal à gérer ces deux aspects de sa vie.

TOMMY

CHIFFRE : **5** FÊTE : 3 JUILLET

ORIGINE

Tommy est un dérivé anglo-saxon de Thomas. Voir ce prénom.

CARACTÈRE

Sérieux dans sa vie professionnelle, il entretient, dans sa vie privée, un fouillis continuel, qui se retrouve dans ses amitiés et ses amours. Rien ne se passe jamais comme il le souhaite. Cependant, il arrive toujours à s'en sortir. Il adore gagner, mais sait se montrer aussi bon perdant.

TONY

CHIFFRE : **2** FÊTE : 13 JUIN

ORIGINE

Tony est un dérivé anglo-saxon d'Antoine. Voir ce prénom.

CARACTÈRE

Respectueux de la liberté des autres et de leur intimité, il est volontaire, réfléchi et honnête. On lui reproche même parfois d'en faire un peu trop. L'exigence qu'il a pour son travail agace souvent ses collègues ou subalternes. Très tranché sur ce qui est bien ou mal, il n'apprécie pas les beaux parleurs. D'un caractère entier, il sait se montrer ambitieux aux moments propices, et apprécie qu'on lui résiste (mais pas trop). L'amour, quand il le trouve, le rend tendre et beaucoup moins exigeant. Il est sincère en amour comme en amitié.

TOUSSAINT

CHIFFRE : **3** FÊTE : 1ER NOVEMBRE

ORIGINE

Toussaint est une contraction de fête de tous les saints.

CARACTÈRE

Vif et rieur, parfois versatile, il aime séduire. Ce qui n'empêche pas, dans sa vie sociale, lucidité et rigueur. Son entourage profite de sa joie de vivre et de son originalité. En amour, il est facilement insatisfait, et déteste les jalouses. il n'aime l'amour que partagé, et brûlant.

CÉLÉBRITÉS ET ANECDOTES

Toussaint Louverture, héros de la révolution d'Haïti…

TRISTAN

CHIFFRE : **2**

ORIGINE

Tristan vient d'un mot celte synonyme de tumulte.

CARACTÈRE

D'un tempérament réservé, il n'est pas pour autant timide. Plutôt optimiste, il n'a pas pour habitude de mettre en avant ses capacités intellectuelles pourtant indéniables. Sans ambition, il préfère vivre dans le calme, sans avoir de compte à rendre à quiconque. Il aime les femmes séduisantes et raffinées, qui doivent savoir le retenir, car la fidélité n'est pas la qualité première de ce sensuel qui s'ignore.

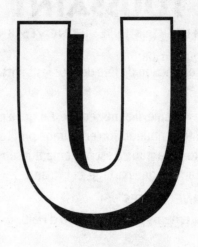

ULYSSE

CHIFFRE : **2**

ORIGINE

Ulysse est le prénom du héros grec de l'*Odyssée*, qui raconte son long retour de la guerre de Troie.

CARACTÈRE

L'intelligence est sa qualité principale. Peu élégant, il ne manque pas cependant de séduction. Il recherche avec passion le vrai dans ses relations. Réaliste, il sait faire preuve d'audace dans son milieu professionnel. Souvent mélancolique et rêveur, elle n'en laisse rien voir au dehors.

URBAIN

CHIFFRE : **2** FÊTE : 25 MAI

ORIGINE

Urbain vient du latin *urbanus*, celui de la ville.

HISTOIRE

Saint Urbain fut un pape martyrisé au IIIe siècle

Un saint Urbain, au IVe siècle (fête le 2 avril), fut évêque de Langres. C'était le patron des tonneliers et des viticulteurs.

CARACTÈRE

C'est un grand sensible. Imaginatif et brouillon. Son esprit inventif et son à-propos lui permettent d'exceller dans les métiers de commerce. Mais son manque de rigueur parfois, peut le desservir. Toutefois il finit toujours par retomber sur ses pieds ; la chance, qui aime les séducteurs, est avec lui.

URSULA

CHIFFRE : **2** FÊTE : 21 OCTOBRE

ORIGINE

Ursula est la version italienne d'Ursule. Voir ce prénom.

CARACTÈRE

C'est une grande sentimentale. Imaginative autant qu'intuitive, elle a la séduction facile, même si elle s'expose à des revers et à des déceptions amoureuses. Son esprit inventif lui permet de dominer les obstacles, son sens de l'autre lui permet de briller dans les relations sociales. Elle ne sait pas être économe, et de ses efforts, et de ses deniers ; cela la conduit parfois à de grosses fatigues, et à quelques difficultés bancaires parce que, trop sûre d'elle, elle a entrepris des dépenses inconsidérées.

URSULE

CHIFFRE : **6** FÊTE : 21 OCTOBRE

ORIGINE

Ursule vient du latin *ursus*, l'ours (animal sacré chez les Celtes).

HISTOIRE

Princesse d'Écosse du IVe siècle, sainte Ursule fut fiancée par son père au roi d'Angleterre ; elle dut alors lui avouer qu'elle avait fait, avec onze mille vierges, le vœu de chasteté, et que pour s'en défaire, il lui fallait, avec ses compagnes, faire un pèlerinage en Germanie (elle voulait, en vérité, fonder un monastère dans la région de Cologne). Aussi le roi d'Écosse mit-il à leur disposition une flotte de vaisseaux. Mais parvenues en Germanie, les onze mille vierges furent massacrées par les Huns…

CARACTÈRE

Sereine en toutes circonstances, son caractère est franc et agréable. Subtile et spirituelle, quoique timide, sa conversation est recherchée. Son charme et son intelligence n'empêchent pas gentillesse et bonté. Son solide sens pratique se double d'une obstination qui peut aller jusqu'à l'entêtement.

CÉLÉBRITÉS ET ANECDOTES

Sainte Ursule, patronne des institutrices, était invoquée par ceux qui voulaient mourir subitement...

VALENTIN

CHIFFRE : **7** FÊTE : 14 FÉVRIER

ORIGINE

Valentin désignait un originaire de Valence (Espagne). Selon une autre source, Valentin vient du latin *valens*, la vigueur.

HISTOIRE

Saint Valentin, au IIIe siècle, était évêque en Italie et avait déjà accompli plusieurs miracles (selon d'autres versions, il n'était que médecin) quand un philosophe païen lui demanda de sauver de la mort son fils malade. Valentin accepta à une condition : si l'enfant guérissait, toute la famille se convertirait. Ce qui fut fait. L'apprenant, le préfet de Rome fit mettre à mort Valentin.

CARACTÈRE

Intelligent, il prend de la distance par rapport aux événements., et n'accorde que peu d'importance aux honneurs et aux flatteries. Exigeant avec son entourage, si on le laisse faire. Disponible, il trouve toujours les mots pour expliquer une situation. Le charme, le sourire et la bonne humeur sont ses armes de séduction. Il aime particulièrement le naturel et l'esprit d'initiative chez les femmes, et déteste la sophistication exagérée.

CÉLÉBRITÉS ET ANECDOTES

Saint Valentin était le patron des apiculteurs, et des fiancés, sans que l'on sache pourquoi il protège miel et lune de miel…

VALENTINE

CHIFFRE : **3** FÊTE : 14 FÉVRIER

ORIGINE

Valentine est le féminin de Valentin. Voir ce prénom.

CARACTÈRE

Elle est impatiente, en amour comme en affaires. Pleine de vivacité, elle se lasse vite de ses soupirants, et s'épuise à trop se disperser. Mais quand elle a trouvé l'âme sœur pour son foyer et le compagnon sûr dans son travail, elle est d'une fidélité et d'une efficacité qui la rendent méconnaissable. Plutôt que d'avouer ses angoisses, elle préfère jouer la maladroite et la futile.

VALÉRIE

CHIFFRE : **7** FÊTE : 28 AVRIL

ORIGINE

Valérie est le féminin de Valéry.

HISTOIRE

Sainte Valérie, au IIIe siècle, eut son époux, saint Vital, jeté dans un puits à Ravenne et lapidé parce que chrétien ; cela n'entama pas sa foi. Aussi fut-elle torturée et tuée à son tour.

Une autre sainte Valérie (fête 10 décembre), convertie au IIIe siècle par saint Martial à Limoges fut égorgée par son fiancé païen parce qu'elle refusait de l'épouser. Ses reliques, à l'abbaye de Chambon (Creuse) guérissaient qui les touchait.

CARACTÈRE

Elle est féministe sans pour autant repousser les hommages masculins. Elle est attachante, et sa sincérité, parfois abrupte, ne laisse jamais indifférent. C'est une intellectuelle qui n'attache aucune importance à l'apparence. Quand elle aime, c'est intensément ; tout le contraire d'une frivole.

CÉLÉBRITÉS ET ANECDOTES

Sainte Valérie (de Limoges) était invoquée, supplice oblige, contre les maux de gorge, et par les célibataires qui cherchaient une femme.

VALÉRY

CHIFFRE : **2** FÊTE : 1ᴱᴿ AVRIL

ORIGINE

Valéry vient du verbe latin *valere*, être courageux.

HISTOIRE

Saint Valéry, originaire d'Auvergne, fut un moine du VIIᵉ siècle fondateur d'un monastère en Picardie.

CARACTÈRE

Respectueux de la liberté des autres et de leur intimité, il est volontaire, réfléchi et honnête. On lui reproche même parfois d'en faire un peu trop. L'exigence qu'il a pour son travail agace souvent ses collègues ou subalternes. Très tranché sur ce qui est bien ou mal, il n'apprécie pas les beaux parleurs. D'un caractère entier, il sait se montrer ambitieux aux moments propices, et apprécie qu'on lui résiste (mais pas trop). L'amour, quand il le trouve, le rend tendre et beaucoup moins exigeant. Il est sincère en amour comme en amitié.

CÉLÉBRITÉS ET ANECDOTES

Saint Valéry, patron des mariniers, était invoqué contre l'artérite, maladie qu'il soignait par imposition des mains.

Valéry Giscard d'Estaing, président de la République.

VANESSA

CHIFFRE : **9** FÊTE : 4 FÉVRIER

ORIGINE

Vanessa est un dérivé de Véronique. Voir ce prénom.

CARACTÈRE

D'une grande sensibilité de cœur, elle apporte toujours beaucoup aux autres. C'est l'amour et non l'ambition qui la fait agir, pour aller au bout de ses combats et espoirs. Sa séduction naturelle et sa sincérité sont ses armes. Sa franchise lui vaut parfois des remarques désobligeantes, mais elle peut compter sur le soutien de ses amis en cas de besoin. Les échecs ne lui font pas peur. Cependant, on a parfois du mal à comprendre sa soudaine brusquerie et ses enfantillages.

VÉRA

CHIFFRE : **1** FÊTE : 4 FÉVRIER

ORIGINE

Véra est un diminutif de Véronique. Voir ce prénom.

CARACTÈRE

Elle est simple et sophistiquée à la fois. Sensible et émotive, elle se montre franche et directe dans les situations amicales et amoureuses. Toujours prête à rendre service, elle a parfois, à trop se replier sur elle-même, tendance à se couper des réalités. Sa conversation spirituelle fait qu'on lui pardonne volontiers ses changements d'opinion. Elle ne confond jamais sa vie professionnelle, dans laquelle elle se montre très active, avec sa vie privée.

VÉRONIQUE

CHIFFRE : **9** FÊTE : 4 FÉVRIER

ORIGINE

Véronique vient du latin *verus*, ce qui est vrai, et du grec *icon*, l'image.

HISTOIRE

Sainte Véronique (qui avant l'événement s'appelait Bérénice) est celle qui essuya le visage ensanglanté du Christ, lors de son chemin de croix. Sur le linge apparut le visage du Christ, le *Verum Icon*, dont la contraction donna Véronique. Elle épousa Zachée, un homme riche, et avec lui, partit évangéliser l'Europe. Elle mourut à Soulac en Gironde, où ses reliques faisaient l'objet de pèlerinages, et Zachée à Rocamadour.

CARACTÈRE

Possédant le sens de l'amitié, elle est agréable à vivre. Elle est la confidente idéale. D'un tempérament dynamique et impatient, elle est parfois incomprise de ses proches qui n'adhèrent pas automatiquement à ses projets ou à ses changements. Drôle et fine d'esprit, elle a l'habitude de séduire son assistance aussi bien masculine que féminine. Sa morale et sa droiture sont à toute épreuve. L'amour est un jeu pour elle.

CÉLÉBRITÉS ET ANECDOTES

La véronique, en tauromachie, est une passe que le torero effectue avec sa cape.

VIC

CHIFFRE : **7** FÊTE : 21 JUILLET

ORIGINE

Vic est un diminutif de Victor.

CARACTÈRE

Il a tendance, sentimentalement, à trop vite s'emporter, puis à se laisser dévorer par l'incertitude. Affectueux, il sait que pour recevoir, il faut aussi donner. Il déteste la routine, et réussit dans les professions où l'on se remet constamment en cause. Il sait qu'il peut compter sur ses ami(e)s, et il en a beaucoup…

VICKY

CHIFFRE : **7** FÊTE : 25 MAI

ORIGINE

Vicky est un diminutif scandinave de Sophie. Selon d'autres sources, c'est un diminutif de Victoire. Voir ces prénoms.

CARACTÈRE

Elle a tendance, sentimentalement, à vite s'emporter, puis à se laisser dévorer par l'incertitude. Mais l'instabilité amoureuse n'est pas toujours pour déplaire à cette romantique qui n'oublie pas que pour recevoir, il faut aussi donner. Elle déteste la routine, et sait se remettre en cause.

VICTOIRE

CHIFFRE : **2**

ORIGINE

Victoire vient du latin *victor*, le victorieux.

CARACTÈRE

C'est une grande sentimentale. Imaginative autant qu'intuitive, elle a la séduction facile, même si elle sait qu'elle s'expose à des revers et à des déceptions amoureuses. Son esprit inventif lui permet de dominer les obstacles, son sens d'autrui lui permet de briller dans les relations sociales.

VICTOR

CHIFFRE : **6** FÊTE : 21 JUILLET

ORIGINE
Victor vient du latin *victor*, le victorieux.

HISTOIRE
Saint Victor était, au IIIᵉ siècle, confident de l'empereur. L'empereur ayant appris qu'il était chrétien le fit traîner sur le dos dans les rues de Marseille, où il était en garnison, puis le fit enfermer dans un cachot, où Victor réussit à convertir ses trois geôliers, lesquels furent décapités. Victor, lui, fut encore torturé, puis broyé par des meules à moudre le grain.

CARACTÈRE
Intelligent, réfléchi, calculateur, Victor a une volonté de fer pour aller au but qu'il s'est fixé. Il s'attendrit difficilement. Gros travailleur, il est pourtant, sous sa rude apparence, un être cultivé, sensible, grand amateur d'art.

CÉLÉBRITÉS ET ANECDOTES
Saint Victor, patron des meuniers (à cause des instruments de son supplice) était invoqué par les boiteux. Victor Hugo.

VICTORIA / VICTORINE

CHIFFRE : **7**

ORIGINE
Victoria est un diminutif de Victoire.

CARACTÈRE
Discrète et douce, elle est sincère dans ses amitiés et ses amours. D'un naturel peu ambitieux, c'est la passion de son métier qui la rend si active. Parfois capricieuse, ses rapports amicaux sont à la fois distants et rares. Charmante et gourmande, elle plaît aux hommes. Lucide en amour, elle prend son temps avant de s'engager.

VINCENT

CHIFFRE : **6** FÊTE : 22 JANVIER / 27 SEPTEMBRE

ORIGINE

Vincent vient du verbe latin *vincere*, vaincre.

HISTOIRE

Saint Vincent (fête 22 janvier) en Espagne était, au IIIe siècle, prédicateur chrétien. Le gouverneur local lui fit déchirer les muscles avec des crochets et brûler à petit feu, tandis qu'il continuait, jusqu'au dernier soupir, à chanter des psaumes.

Saint Vincent de Paul (fête le 27 septembre) né dans les Landes en 1581 dans une famille de pauvres paysans vendit ses deux bœufs d'héritage pour payer ses études et devenir prêtre. Henri IV en fit l'aumônier de la reine Margot. mais il s'intéressa davantage aux miséreux et aux galériens, aux vieillards et à tous ceux que la société laissait dans la déchéance. Il fonda la Congrégation des filles de la Charité. Il mourut d'épuisement en 1660.

CARACTÈRE

Il est équilibré, malgré ses allures bohèmes. Son esprit est fin. Cet intuitif est un réalisateur ingénieux, à l'esprit pratique. Il a le goût du beau, mais, tendu vers son objectif, il manque de souplesse. Dans les discussions, comme il sait se taire et écouter, on lui demande conseil. En amour, il met du temps à se décider, mais après, c'est du solide, et si ça ne dépend que de lui, du définitif.

CÉLÉBRITÉS ET ANECDOTES

Saint Vincent, le martyr espagnol qui chantait pendant son supplice, était invoqué par les chanteurs qui ne voulaient pas perdre leur voix. Il était aussi invoqué contre les maladies des intestins car, lors de son supplice, on lui ouvrit le ventre et on lâcha des corbeaux pour qu'ils viennent lui piquer les entrailles ; mais les corbeaux se précipitèrent sur les bourreaux et leur crevèrent les yeux à coups de bec.

Vincent van Gogh, le peintre à l'oreille coupée. Vincent Auriol, président IVe République.

VIOLAINE

CHIFFRE : **6**

ORIGINE

Violaine est un dérivé de Violette. Voir ce prénom.

CARACTÈRE

Sérieuse et d'humeur toujours égale, c'est une rêveuse. Calme et sereine, elle est très appréciée de son entourage, professionnel ou privé. Ses passions amoureuses sont souvent orageuses. Elle attend de ses compagnons de vie le respect de son indépendance et de sa personnalité. Mais cette charmeuse un peu rouée a de nombreux atouts pour convaincre, quand elle le veut vraiment.

VIOLETTE

CHIFFRE : **9**

ORIGINE

Violette vient du latin *viola*, la violette.

CARACTÈRE

Belle et charmante, elle est dotée d'un fort caractère. Avec elle, il faut faire preuve de patience! Sincère, elle ne fait mystère ni de ses déconvenues, ni de ses joies. Volontaire, elle aime être la meilleure en tout. L'amour est pour cette idéaliste qui a parfois du mal à assumer les exigences terrestres une source d'apaisement et d'équilibre.

VIRGILE

CHIFFRE : **1**

ORIGINE

Virgile est un hommage au nom du poète latin du Ier siècle.

CARACTÈRE

Il s'épanouit facilement en société. Il tombe aussi fréquemment amoureux. Il aime l'indépendance, mais sait aussi écouter, et obéir aux autres, pour apprendre. C'est un inventif qui préfère la création à la routine.

VIRGINIE

CHIFFRE : **3** FÊTE : 7 JANVIER

ORIGINE
Virginie vient du latin, *virgo*, la vierge.

HISTOIRE
Sainte Virginie était bergère dans le Poitou, assurément pieuse, sans doute vierge. On n'en sait pas plus sur cette sainte certainement mythique.

CARACTÈRE
D'un tempérament actif, cette perfectionniste ne ménage pas sa peine, dans sa vie professionnelle comme dans sa vie privée. Souple, diplomate, elle a de grandes capacités d'adaptation. Elle aime les plaisirs simples et les réunions entre intimes. Cette loyale est, en amour, d'une fidélité à toute épreuve.

CÉLÉBRITÉS ET ANECDOTES
Virginie, héroïne, avec *Paul*, du roman de Bernardin de Saint-Pierre qui fit sangloter des générations entières.

L'État américain de la Virginie fut ainsi baptisé par ses explorateurs anglais en l'honneur d'Élisabeth Iʳᵉ, la "reine-vierge".

VITAL

CHIFFRE : **1** FÊTE : 28 AVRIL

ORIGINE
Vital vient du latin *viva*, la vie.

HISTOIRE
Saint Vital, époux de sainte Valérie, fut, à Ravenne, au début du IIᵉ siècle enterré vif pour avoir donner une sépulture à un martyr chrétien. Son épouse, elle, fut massacrée par des paysans pour avoir refusé de participer à une fête païenne.

CARACTÈRE
Il aime le contact avec autrui, ne s'épanouit qu'en société. Mari fidèle, il apprécie la notoriété, le succès. Sa liberté, il est capable de la mettre au service de la collectivité, qui saura récompenser l'esprit d'initiative et le dévouement de cet altruiste.

VIVIANE

CHIFFRE : **1** FÊTE : 2 DÉCEMBRE

ORIGINE
Viviane vient du latin *viviana*, ardente.

CARACTÈRE
Elle s'épanouit facilement en société. Elle tombe aussi fréquemment amoureuse. Elle aime l'indépendance, a le goût de l'action, mais sait aussi écouter, et obéir, même si elle a un peu trop confiance en elle. C'est une imaginative qui préfère la création à la routine, et que les échecs stimulent.

CÉLÉBRITÉS ET ANECDOTES
La fée Viviane, qui fait tourner la tête de Merlin et des chevaliers de la Table ronde...

VLADIMIR

CHIFFRE : 7

ORIGINE
Vladimir vient d'un mot slave signifiant règne de la paix.

HISTOIRE
Saint Vladimir le Grand (956-1015) grand prince de Kiev, fut d'abord un conquérant. allié de Basile II, empereur de Byzance, il épousa Anne, sa sœur, et se convertit au christianisme grec. Comme il ne faisait rien à moitié, il obligea tous ses sujets à se convertir.

CARACTÈRE
Séducteur, il est instable dans sa vie affective, mais très apprécié de ses nombreux amis, quand il daigne les écouter. C'est un rebelle qui a des difficultés à se plier à une discipline. Il est brillant, dans ses études et sa profession, et généreux au point de promettre ce qu'il n'a pas.

CÉLÉBRITÉS ET ANECDOTES
Vladimir Illitch Oulianof Lénine, révolutionnaire, père de l'URSS, Vladimir Nabokof, romancier, père de *Lolita*.

WALTER

CHIFFRE : **7** FÊTE : 9 AVRIL

ORIGINE
Walter est un dérivé de Gautier. Voir ce prénom.

CARACTÈRE
Il a tendance, sentimentalement, à vite s'emporter, puis à se laisser dévorer par l'incertitude. Affectueux, il sait que pour recevoir, il faut aussi donner. Il déteste la routine, et réussit dans les professions où l'on se remet constamment en cause.

WILLIAM

CHIFFRE : **7** FÊTE : 10 JANVIER

ORIGINE
William est un diminutif de Guillaume. Voir ce prénom.

CARACTÈRE
Calme et réfléchi, il peut s'entêter quand il s'agit de son avenir. Sa franchise est souvent déconcertante. Indolent, il a tendance à se laisser porter par les événements, mais pallie ce défaut par une grande intuition. Il a besoin d'être rassuré. Chez cet émotif, la colère monte aussi vite qu'elle

redescend. Fidèle en amitié comme en amour, possessif, il préfère s'entourer d'amis de longue date, en lesquels il a toute confiance. Il s'engage toujours avec beaucoup de conviction et on peut s'appuyer sur lui, quand on est membre de son clan.

CÉLÉBRITÉS ET ANECDOTES
William Shakespeare, dramaturge anglais, William Cody, dit Buffalo-bill, cow-boy.

WOLFGANG
CHIFFRE : **4**

ORIGINE
Wolfgang vient du germanique *wolf*, le loup et *angil*, la lance.

CARACTÈRE
Adaptable comme un caméléon, il mène sa vie avec prudence et ténacité. Original et créatif, les idées nouvelles le dynamisent. Son besoin d'isolement peut parfois créer des tensions dans son travail. Solitude qui se retrouve souvent dans sa vie intime. Le secret qu'il entretient sur ses rencontres et ses amours l'amuse, et il en joue. Mais ce mystérieux a le culte de l'amour vrai, et de l'amitié.

CÉLÉBRITÉS ET ANECDOTES
Wolfgang Amadeus Mozart, génie musical.

XAVIER

CHIFFRE : **7** FÊTE : 3 DÉCEMBRE

ORIGINE

Xavier vient d'un mot basque signifiant maison neuve.

HISTOIRE

Saint François Xavier, né en Navarre au début du XVIe siècle, devint un disciple de saint Ignace de Loloya et l'un des premiers jésuites. Missionnaire, il fonda une communauté chrétienne au Japon, et parcourut les côtes de la Chinè, où il mourut d'épuisement.

CARACTÈRE

Intelligent, il se distingue par son autoritarisme excessif. Pourtant il est sensible et affectueux et, quand il le veut, sait user de son charme. Mais il ne se laisse jamais dominer par la passion. Séducteur, il est instable dans sa vie affective.

YANIS

CHIFFRE : **5** FÊTE : 24 JUIN

ORIGINE

Yanis est un dérivé grec de Jean. Voir ce prénom.

CARACTÈRE

Sérieux dans sa vie professionnelle, il entretient, dans sa vie privée, un fouillis continuel, qui se retrouve dans ses amitiés et ses amours. Rien ne se passe jamais comme il le souhaite. Cependant, il arrive toujours à s'en sortir. Il adore gagner, mais sait se montrer aussi bon perdant.

YANN

CHIFFRE : **9** FÊTE : 24 JUIN

ORIGINE

Yann est un dérivé de Jean. Voir ce prénom.

CARACTÈRE

Il est doué d'une grande faculté d'adaptation. Tenace, charmeur et réservé, il sait mener à bien ses entreprises. Créatif, il préfère agir seul. Sous son apparente indifférence, il mûrit ses projets, car il est fier, et n'aime pas l'échec. Son dynamisme est complété par une intuition très sûre.

YANNICK

CHIFFRE : **9** FÊTE : 24 JUIN

ORIGINE

Yannick est un dérivé breton de Jean. Voir ce prénom.

CARACTÈRE

D'aspect froid, on peut vite en conclure qu'il n'est pas émotif. Raisonnable, d'aspect froid, il a du mal à montrer ses sentiments. C'est un intellectuel qui peut manquer de réalisme et de goût pour l'aventure. Droit voir rigide, il fait preuve d'une grande assurance dans son travail. Ses relations intimes sont plus diverses qu'il ne le laisse paraître ; il s'avère être un humoriste agréable et original, surtout auprès des femmes.

YOLANDE

CHIFFRE : **4**

ORIGINE

Yolande vient du germanique *vel*, maîtrise, et *land*, patrie.

CARACTÈRE

Très adaptable, elle mène sa vie familiale et professionnelle avec prudence et ténacité. Originale et créative, les idées nouvelles la dynamisent et son intuition lui permet de poursuivre les projets les plus fous. Son besoin d'isolement peut parfois créer des tensions dans son travail. Solitude qui se retrouve souvent dans sa vie intime. Le secret qu'elle entretient sur ses rencontres et ses amours la rend attirante, mais cette mystérieuse a le culte de l'amour vrai, et de l'amitié.

YVAIN

CHIFFRE : **6** FÊTE : 19 MAI

ORIGINE

Yvain est un dérivé d'Yves. Voir ce prénom.

CARACTÈRE

D'un naturel enjoué, il fait parfois aussi preuve de beaucoup (de trop ?) de fermeté avec les siens. Intelligent et droit, il est exigeant avec lui-même et ne se trouve aucune excuse en cas d'échec. Brillant, il sait s'attirer la réussite professionnelle. Ses amis sont nombreux, ses amies aussi, car il est aussi sincère que tendre, séduisant que sensuel. Peu enclin à critiquer les autres, il déteste les bavards et les mauvaises langues. Sa gaieté et sa bonne humeur ravissent son entourage familial qui a tendance parfois a le surestimer. En amour, il ne s'engage pas à la légère.

YVES

CHIFFRE : **8** FÊTE : 19 MAI

ORIGINE

Yves vient d'un mot celtique désignant l'if.

HISTOIRE

Saint Yves, au XIIIe siècle, avocat et curé à Tréguier, installa dans son manoir un hospice et s'employa à venir en aide aux paysans ruinés par les seigneurs dont ils dépendaient.

CARACTÈRE

Possédant le goût du travail collectif, il ne déteste pas pour autant être mis en avant. Réfléchi et honnête, il ne prend pas de décision à la hâte. Doté d'une force de caractère redoutable, il assume pleinement ses responsabilités, quitte à en bousculer l'ordre établi. S'il est entier dans ses points de vue, l'écoute et la compréhension des autres lui permet d'évoluer dans le bon sens. Sentimentalement, c'est un fidèle qui, pour le rester, saura tenir tête aux entreprises de séduction de celles qui voudraient partager l'intimité de ce fonceur.

CÉLÉBRITÉS ET ANECDOTES

Yves Saint-Laurent, couturier, Yves Montand, chanteur-acteur, Yves Kerguélen, navigateur-explorateur…

YVETTE

CHIFFRE : **7** FÊTE : 13 JANVIER

ORIGINE

Yvette est le féminin d'Yves.

CARACTÈRE

Plutôt calme et réfléchie, elle peut s'entêter quand il s'agit de son avenir. Sa franchise est déconcertante. Légèrement indolente, elle a tendance à se laisser porter par les événements, mais pallie ce défaut par une grande intuition. Elle a besoin d'être rassurée. Chez cette émotive, la colère monte aussi vite qu'elle redescend. Exigeante en amitié comme en amour, presque possessive, malheur à qui trahit sa confiance !

YVONNE

CHIFFRE : **5** FÊTE : 19 MAI

ORIGINE

Yvonne est un féminin d'Yves.

CARACTÈRE

Elle est gaie et vive. Capricieuse, souvent. Elle s'amuse de ce qui est nouveau. D'une grande curiosité, elle aime faire ses découvertes en bonne compagnie, surtout masculine. Elle a bon cœur, à tous les sens du terme. Si elle a besoin d'autonomie, d'indépendance, elle n'en est pas pour autant une fanatique de la solitude. À ceux qui savent la comprendre, elle donne si généreusement de sa tendresse, et de son amour qu'on lui pardonne d'être légère, voire infidèle.

ZACHARIE

CHIFFRE : **8**

ORIGINE

Zacharie est un prophète biblique.

CARACTÈRE

Il ne déteste pas être mis en avant. Réfléchi, il ne prend pas de décision à la hâte. Il assume pleinement ses responsabilités, quitte à en bousculer l'ordre établi. S'il est entier dans ses points de vue, l'écoute et la compréhension des autres lui permet d'évoluer. Sentimentalement, c'est un fidèle qui, pour le rester, saura tenir tête à la séduction de celles qui voudraient partager l'intimité de ce fonceur.

ZOÉ

CHIFFRE : **1** FÊTE : 2 MAI

ORIGINE

Zoé vient de la racine grecque *zoo*, la vie.

HISTOIRE

Sainte Zoé, esclave en Turquie, au IIᵉ siècle, refusa la viande provenant d'un sacrifice païen que lui proposait son maître. Il comprit qu'elle était chrétienne, et il la fit brûler vive dans le four de la villa, avec son mari, et leurs deux enfants.

CARACTÈRE

Elle est simple et sophistiquée à la fois. Sensible, elle se montre directe dans les situations amicales et amoureuses. Elle a parfois, trop repliée sur elle-même, tendance à se couper des réalités, d'autant qu'elle est d'humeur changeante.

normandie
roto
impression
s.a.

61250 Lonrai

Reproduit et achevé d'imprimer en juillet 2001
N° d'édition 01122 / N° d'impression 011545
Dépôt légal août 2001
Imprimé en France

ISBN 2-7382-1520-3